VICTOR HUGO

DU MÊME AUTEUR

Explications françaises, Delalain, 1946.

La Fantaisie de Victor Hugo, José Corti, 1949-1960 ; nouveau tirage Klincksieck, 1972-1973 (T. I, 1802-1851 ; T. II, 1852-1885 ; T. III, *Thèmes et Motifs).*

Hugo, l'homme et l'œuvre, Boivin, 1952 ; « Connaissance des Lettres », Hatier, dernière édition, 1976.

Romain Rolland par lui-même, Editions du Seuil, 1955.

Le Regard d'Orphée, Cambridge University Press, 1956.

La Cure d'amaigrissement du roman, Albin Michel, 1964.

Critique de Chambre (Du Bos, Anouilh, Montherlant, Mauriac, Malraux, Sartre), La Palatine, 1964 ; Minard, 1968.

Un carnet des « Misérables », Minard, 1965.

Victor Hugo devant Dieu, Desclée De Brouwer, 1965.

Romain Rolland, l'âme et l'art, Albin Michel, 1966.

Victor Hugo à l'œuvre : le poète en exil et en voyage, Klincksieck, 1966 ; nouveau tirage, 1970.

L'idée de Goût, de Pascal à Valéry, Klincksieck, 1972.

Ma Mère qui boîte, Nouvelles Editions Latines, 1975.

Le Regard d'Orphée ou l'Échange poétique, SEDES, 1977.

Claudel. Le destin et l'œuvre, SEDES, 1979.

JEAN-BERTRAND BARRÈRE

Professeur de Littérature française
à l'Université de Cambridge

VICTOR HUGO

L'HOMME ET L'ŒUVRE

Editions SEDES réunis

88, boulevard Saint-Germain
PARIS Ve

© 1984, C.D.U. et SEDES réunis
ISBN 2-7181-0524-0

Tu es fait pour la joie, la gloire, le triomphe et tout ce qui est resplendissant. Ne manque pas ta destinée, mon ami, tu sais, la seule chose que je ne te pardonnerais pas, ce serait d'être peu heureux.

Adèle à Victor Hugo,
16 aout 1836.

Je vois bien clair dans mon avenir, car je vais avec foi, l'œil fixé au but. Je tomberai peut-être en chemin, mais je tomberai en avant. Quand j'aurai fini ma vie et mon œuvre, fautes et défauts, volonté et fatalité, bien et mal, on me jugera.

Victor Hugo à Victor Pavie,
25 juillet 1933.

INTRODUCTION

Cent ans après la mort de Victor Hugo, les remous de sa gloire n'ont pas fini d'influencer dans un sens ou dans l'autre notre connaissance de l'homme et notre jugement sur son œuvre. Les faits mêmes de sa biographie, par exemple son baptême, la crise intime de 1830, ne sont pas établis avec la certitude et la précision désirables.

De quoi disposons-nous, en effet ? Au départ et pour la première moitié de son existence, du récit de sa femme, *Victor Hugo raconté par un témoin de sa vie*, qu'il a prétendu ne pas connaître avant sa publication, mais qu'il a largement inspiré. Or, ce livre, paru en 1863, accrédite certaines de ses chimères et se tait sur la vie intime du poète. Pour l'exil, le *Journal d'Adèle*, sa fille, deux volumes parus, est assez disparate. Ses lettres, qui sont loin d'être toutes rassemblées, ses albums, ses carnets peuvent fournir des faits et des dates qu'il n'avait pas pris soin de déformer ou d'altérer. Mais ces documents n'ont joui encore que d'une publication incomplète et dispersée. A l'opposé les livres d'E. Biré, bien anciens, représentent un parti pris de rectification, nuancé par l'esprit de dénigrement. Cependant, leurs assertions ont ici ou là laissé trace. Entre les deux, les témoignages de ses intimes ou de ses contemporains portent la marque d'un sentiment caractérisé.

Dans ce cadre, c'est l'écrivain et son œuvre qui ont surtout retenu notre attention. Sa physionomie, après une éclipse partielle, n'a cessé de grandir et de se modifier. On n'a pas fini de relever les traces de son passage dans notre littérature et son génie continue de susciter plus d'une interprétation. Dans un passé encore récent, quelques pages d'Albert Thibaudet, de Marcel Raymond ou d'Henri Guillemin ont plus fait pour notre connaissance du poète qu'autrefois des volumes entiers de panégyrique. D'autre part, des travaux d'ensemble sur un grand aspect du dix-neuvième siècle, tels ceux d'H.J. Hunt sur le socialisme, sur l'épopée, de R. Schwab sur l'étude et le goût de l'Orient, d'A. Viatte et de L. Cellier sur l'illuminisme, ont permis d'enrichir et d'encadrer cette connaissance. Enfin, d'importants ouvrages comme ceux de J. Gaudon, de P. Albouy, d'A. Ubersfeld, parmi d'autres, l'ont approfondie, cependant que des équipes de chercheurs, au premier rang desquels on a plaisir à nommer G. Robert et R. Journet, l'ont renouvelée patiemment dans le détail.

Ainsi, on a vu l'intérêt se déplacer du jeune chef de « l'école romantique » au « mage » de l'exil, et, en particulier, à celui qu'un écrivain contemporain appelait « le poète des larves et des spectres ». De façon complémentaire, nous avons travaillé ailleurs à éclairer le profil riant, parfois délicat, souvent exubérant, de son imagination, de ce qu'il appelait avec son temps la « fantaisie ». Ces études modernes ne nous ont pourtant pas fait négliger la première partie de son œuvre, que nous cache aujourd'hui la stature démesurée du proscrit. Car elle l'a préparée. Sainte-Beuve le pressentait dès cette époque : « Hugo, disait-il à Thiers, n'est pas de la race des hommes. Il est né des dents du dragon. » Or, ce poète sait être aussi très humain.

Cet équilibre du caractère et de la création ressort de l'examen suivi de ses œuvres. Chacune d'elles mériterait une étude de genèse. Les éléments n'en sont pas toujours réunis, et nous nous sommes borné à des esquisses. La biographie leur fournit le contexte psychologique. Celui-ci éclaire leur signification et permet de restituer à leur place la plupart de celles dont la publication fut ultérieure ou posthume. Mieux qu'un classement factice selon les genres, cette perspective chronologique laisse apparaître l'unité de développement de l'œuvre. Les divisions indiquées par les événements ne correspondent pas toujours à l'évolution artistique du poète, mais elles scandent les grands moments de ce que nous aimerions appeler le *destin littéraire* de Victor Hugo.

1952-1984

PREMIERE PARTIE

CONQUÉRANT

CHAPITRE I

ENFANCE ET JEUNESSE (1802-1819)

Les origines et l'enfance de Victor Hugo se dérobent aux théories de Taine : c'est surtout le hasard qui les a déterminées.

Conçu dans les Vosges, quand son père était gouverneur de Lunéville, c'est à Besançon, où le commandant venait d'être affecté à la 20e demi-brigade, que Victor-Marie vint au monde, le septième du mois de ventôse, l'an X de la République (26 février 1802). Ses parents, Joseph-Léopold-Sigisbert Hugo et Sophie-Françoise Trébuchet, nés respectivement à Nancy et à Nantes et mariés depuis cinq ans, avaient atteint la trentaine et donné naissance à deux fils, Abel, à Paris en 1798, et Eugène, à Nancy en 1800. Il importe peu que le troisième ait vu le jour dans une prétendue « vieille ville espagnole », après avoir été, au dire invérifiable de son père, « créé, non sur le Pinde, mais sur un des pics les plus élevés des Vosges ». Lorsque Victor Hugo, dans une page émouvante des *Misérables* (II, V,I), évoquera sa ville « natale », il désignera Paris, où il est venu à l'âge de deux ans.

Cependant, on ne sent pas en lui l'enfant de Paris comme chez Boileau ou Voltaire ; et il serait aussi vain de spéculer sur cet enracinement terrien qu'appelle un Péguy. Le poète s'est plu à tirer de ses origines un argument de caractère :

> Car Dieu, qui dans mon sang, composé de trois races,
> Mit Bretagne et Lorraine et la Franche-Comté,
> D'un triple entêtement forma ma volonté.

A dire vrai, il ne tient pas plus à la Bretagne qu'à la Lorraine ; il ne les connut guère avant trente ans passés et il ne semble pas avoir éprouvé la curiosité de voir Besançon : « Vous m'avez fait connaître la Franche-Comté, écrira-t-il à Max Buchon en 1863... Je n'ai guère fait qu'y naître. » Du fameux poème des *Feuilles d'automne*, le vers à retenir est celui-ci :

> Jeté comme la graine au gré de l'air qui vole...

Hugo n'est, pour ainsi dire, de nulle part, et son enfance voyageuse a accentué ce caractère.

L'aspect social de sa généalogie est un peu plus significatif. Ses ascendances étaient bourgeoises du côté de sa mère (hommes de mer et hommes de loi), plébéiennes du côté de son père (cultivateurs et artisans). Il serait plaisant, mais gratuit, d'y voir le signe d'une alliance de traits propres à l'un et à l'autre de ces groupements sociaux : d'un côté, la dignité, parfois l'audace, le sens des affaires, que l'écrivain apportera dans l'exercice de son métier ; de l'autre, l'économie, l'opiniâtreté, l'astuce même, qu'aimera reconnaître en lui Péguy. Les bouleversements de la Révolution et de l'Empire ont permis au père de s'élever dans la hiérarchie militaire jusqu'au grade de général et de laisser à son fils l'exemple d'une ascension sociale qui semble avoir gouverné la première partie de sa vie. De plus, celui-ci eut, très tôt, une sorte d'instinct aristocratique (1), que sa mère et l'avènement de la Restauration ont développé en lui. Jouant, sous ce régime, sur le titre nobiliaire conféré en Espagne à son père par le roi Joseph, et, en même temps, sur son homonymie avec une vieille famille émigrée de Lorraine, dont l'ancêtre, le capitaine Georges Hugo, avait été anobli en 1531, Victor Hugo nourrit un sentiment mêlé de privilégié et d'arriviste qui le portait à caresser vaguement cette illusion et à édifier sur elle, avec son génie personnel, une carrière brillante. Mode d'époque, qu'il partage avec Balzac et d'autres écrivains contemporains, subterfuge destiné à leur procurer un visa pour les salons, comme la profession de *propriétaire*, déclarée par les mêmes et Chateaubriand sur leurs passeports, à leur donner un état civil, en un temps où la qualité d'homme de lettres n'en constituait pas un.

On attribue d'ordinaire, assez arbitrairement, à la souche plébéienne la robustesse de son esprit, sa puissance de travail, la force de son imagination, qui tiennent plutôt au tempérament dit colérique. Elles sont liées à une vitalité extraordinaire, qu'il semble avoir héritée de son père, nuancée, du côté de sa mère, par une sensibilité fine, un goût du romanesque, qui n'excluaient pas chez celle-ci les calculs et l'indépendance de jugement d'une tête froide. On constate, là encore, une composition des tendances, où la réserve et la pondération maternelles équilibrent la pente du père à l'exagération, accusée chez le fils dans la seconde partie de sa vie. Il serait toutefois excessif de voir dans ce dernier trait, avec A. Ciana et quelques autres, le germe d'une folie qui, déclarée chez son frère Eugène, puis chez sa fille Adèle, aurait avorté en Victor juste au point d'en faire un génie. Une telle explication rend compte du malaise que nous cause parfois son imagination exceptionnelle, mais laisse de côté l'élément raisonnable qui a conduit la vie et l'œuvre du poète.

Cette alternance a joué également, par le fait des circonstances, dans la formation de Victor Hugo, qui paraît avoir été un enfant docile. On est bien renseigné sur cette enfance par le *Victor Hugo raconté*. Trop bien. Ce luxe de détails pittoresques nous cache les

---

1. Au « collège des Nobles », à Madrid, il signe *Vittore de Hugo* sur l'exemplaire de Tacite que lui a donné son parrain Lahorie.

misères conjugales de ses parents, qui, combinées avec les mutations de la vie militaire, ont déterminé l'instabilité morale et matérielle de ses seize premières années. Dès avant sa naissance, en effet, la mésentente régnait entre les deux époux et devait les conduire, moins d'un an après, à chercher ailleurs des consolations : Sophie auprès du général Victor Lahorie, attaché à l'état-major du général Moreau, protecteur du commandant Hugo et parrain de son dernier fils ; Léopold-Sigisbert près d'une jeune corse, Catherine Thomas, qu'il avait connue en 1803 à Bastia, en l'absence de sa femme retenue à Paris par les affaires de son mari et ses propres amours ; elle le suivit dans ses déplacements, et, aussitôt devenu veuf, en 1821, il l'épousa. L'effet pratique de cette désunion fut de livrer la direction de Victor tantôt à sa mère, tantôt à son père. Celui-ci, autant pour le soustraire à l'influence maternelle que par souci de ses études, insista en 1811 et en 1814 pour mettre l'enfant en pension. Sa mère, au contraire, imprégnée des idées du XVIIIe siècle, lui avait laissé plus de liberté. Mais ni l'un ni l'autre ne semble s'être soucié de lui faire donner une instruction religieuse, et même, selon son père qui le lui apprit au moment de son mariage, il n'aurait pas été baptisé. La question reste obscure. Sa mère seule aurait pu l'éclairer. L'ignorance de Victor Hugo paraît de bonne foi, mais montre que la question ne s'était pas posée auparavant, pour une première communion qu'il ne dut pas faire. Conseillé par Lamennais et pressé par le temps, il obtint, sur présentation d'une attestation paternelle, la confirmation d'un hypothétique baptême en Italie qui le sauvait d'une situation incongrue. C'est du moins ce qui ressort de la correspondance échangée entre le père et le fils en août-septembre 1822. Ce détail n'est qu'un exemple de l'imprécision qui règne encore sur la biographie de Victor Hugo.

Avant la fin de l'année 1802, le commandant Hugo reçut son ordre de mise en route et, ayant envoyé sa femme à Paris, emmena avec lui ses enfants à Marseille, Bastia et Porto-Ferrajo (île d'Elbe). Mme Hugo les rejoignit en juillet 1803 dans cette dernière localité, où, d'un commun accord, elle ne séjourna pas au delà de l'automne. Revenue à Paris en février 1804 avec ses enfants, elle se fixa bientôt 24, rue de Clichy : ils y restèrent plus de trois ans. De ce premier séjour parisien, Hugo a conservé quelques images d'école enfantine. Cependant, Lahorie, compromis dans la conspiration de Cadoudal et Pichegru et poursuivi par la police, s'était réfugié chez son amie. De son côté, Léopold, promu colonel en 1803, fut nommé après la campagne d'Italie gouverneur d'Avellino, près de Naples, dans le royaume du prince Joseph. En décembre 1807, Lahorie ayant fui Paris et la délégation de solde ne suffisant plus, Mme Hugo se décida à rejoindre son mari, qui l'installa à Naples, se réservant la résidence d'Avellino. Victor, trop jeune pour être interne avec ses frères au Collège royal, jouit d'un an de vacances, coupé d'études à la maison et de promenades avec son père ou son oncle, le capitaine Louis Hugo. En juillet 1808, le colonel Hugo suivit le roi Joseph en Espagne, et, à la fin de l'année, sa femme retournait à Paris, tous deux décidés à ne pas donner suite à cette nouvelle expérience.

Après un voyage laborieux, elle s'installa en février 1809 rue Saint-Jacques, puis, au printemps, rue des Feuillantines, dans une dépendance de l'ancien couvent désaffecté, à l'ombre du Val-de-Grâce. Mme Hugo l'avait choisie pour sa solitude — elle y cacha Lahorie — et pour son jardin, goût dont Victor a hérité. Ce coin de parc abandonné a pris, dans sa mémoire d'enfant et plus tard dans son imagination de poète, une place considérable et la valeur d'un mythe (2) :

> Au milieu, presque un champ ; dans le fond, presque un bois.

Les jeux avec ses frères parmi les fleurs sauvages et les herbes folles, la grâce d'une petite fille, Adèle Foucher, fille d'amis du père, les rêveries désœuvrées du matin ou du soir ont inscrit, dans le cadre disparu et peut-être médiocre des « vertes Feuillantines », une rime automatique aux « amours enfantines », dont le charme frais garde un pouvoir poétique sur son génie, sur d'autres poètes (le « vert paradis » de Baudelaire s'en souvient) et encore sur nous. Or, ce séjour aux Feuillantines n'a duré que trois ans et demi, coupés d'une année en Espagne, mais il se plaça dans la vie de l'enfant entre sept et douze ans, au moment où son esprit et ses sens s'éveillaient : ils se développèrent dans la douceur de ce refuge et l'amour de sa mère, sous les leçons de l'ex-abbé Larivière et du mystérieux parrain, qui lui apprenaient à écrire l'Évangile et à lire les auteurs latins.

Le séjour en Espagne dut sans doute au même phénomène de marquer à ce point l'imagination du futur poète d'*Hernani* et de *Ruy Blas*. L'arrestation de Lahorie (décembre 1810), le manque d'argent et le désir exprimé par le roi Joseph de faire venir les familles de ses officiers déterminèrent Mme Hugo en mars 1811 à rejoindre son mari, promu général. Le *Victor Hugo raconté* nous donne d'amples détails sur ce voyage de trois mois : l'arrêt à Bayonne, où, en attendant la pacification des routes, Victor noue sa première aventure avec une jeune Rose, le relais d'Ernani, et, parmi beaucoup de noms, des images vives, mais non pas toujours aussi exactes qu'il l'a cru. Entre les deux époux, la situation empira et le divorce ne fut évité que par l'intervention du roi Joseph et un changement de poste. Transféré à Madrid, le général mit ses fils internes au collège de San Antonio Abad, tenu par des religieux et fréquenté par des enfants nobles. De ce premier contact avec l'école dans toute sa rigueur, Victor Hugo a gardé un mauvais souvenir et quelques silhouettes pittoresques : le concierge, surnommé *Corcova* à cause de sa bosse, lointain modèle de Quasimodo, et un condisciple, dégingandé et noiraud, dont il a donné le nom, *Elespuru*, à l'un des fous de *Cromwell*. Ces deux traits, parmi d'autres, indiquent la part authentique du souvenir dans cette veine espagnole qui traverse son œuvre. Il s'est familiarisé avec les sonorités et les éléments d'une langue étrangère qui est restée la seule qu'il connût. Sans doute ne retournera-t-il qu'une fois dans sa vie en Espagne, en 1843, remportant jusque dans l'exil la nostalgie des pays de soleil et de

---

2. On trouvera dans ma *Fantaisie de Victor Hugo*, t.III, p.80, une série d'invocations adressées au jardin des Feuillantines à tous les âges de sa vie.

couleur ; mais entre ces deux dates, que de témoignages de cette affinité ! L. Mabilleau n'a pas hésité à dire que l'esprit de V. Hugo avait été *naturalisé* par ces premières impressions. Toutefois, Hugo n'aurait pas été marqué si fortement par l'Espagne s'il n'y avait été prédisposé par son tempérament, sensible aux contrastes et au pittoresque : elle le lui révélait.

Le scandale du ménage était devenu public. Le général rendit Eugène et Victor à leur mère et les renvoya à Paris, où reprirent pour vingt mois, en mars 1812, la vie heureuse des Feuillantines et les études sous M. Larivière. Celui-ci acheva d'inculquer à Victor de solides notions de latin. Hugo se proclamera dans une de ses premières poésies « un jeune élève de Virgile » et il est indéniable que, comme il y a un côté espagnol de son génie, sa formation a une forte base latine. Jusqu'à la fin de sa vie, il restera un excellent latiniste, trouvant sous sa plume des vers latins et relisant dans le texte Horace, Juvénal, Lucrèce. Citations, tours, images attestent dans son œuvre, d'une manière frappante pour le lecteur moderne, un poète imprégné de culture classique, peut-être le dernier. Lorsqu'il écrira en 1864 à son éditeur Lacroix : « Je suis un Latin. J'aime le soleil », il est bien vrai qu'il voudra rejeter les obscurités de la pensée indienne au nom d'une clarté et d'une logique qui, même dans ses conceptions métaphysiques, resteront fort caractéristiques de la formation classique de ce génie tumultueux. Seul, le désordre des lectures abondantes parmi les romanciers, philosophes et voyageurs du XVIIIe siècle contribue, avec ses « courses lointaines », à y mettre un ferment de liberté et de fantaisie qui rappelle l'éducation de Rousseau.

En 1814, le jeune Victor suit sa mère à leur nouveau domicile parisien, 2, rue des Vieilles-Tuileries, sur l'emplacement de la rue du Cherche-Midi. Mais en mai, à Thionville, que le général a héroïquement défendue, une dernière crise conjugale dégénère en procès et, en attendant le jugement, les enfants retombent sous l'autorité paternelle. De février 1815 au mois d'août 1818, Victor est interne avec Eugène à la pension Cordier, dans le quartier de Saint-Germain-des-Prés. Ainsi la chute de l'Empire, l'invasion et la Restauration se perdaient dans le drame de famille, au moment même où les événements donnaient sa revanche à l'amie de Lahorie, exécuté en octobre 1812 : peut-être faut-il voir dans cette conjoncture un motif de l'acharnement mis par le général Hugo à séparer les enfants de leur mère. Celle-ci n'en continua pas moins d'exercer sur eux une surveillance discrète et une influence profonde. Ils lui furent rendus en 1818.

L. Barthou et P. Berret ont dégagé le sens de l'enseignement reçu tant à la pension Cordier qu'au lycée Louis-le-Grand, dont V. Hugo suivit les cours de mathématiques et de philosophie de 1816 à 1818. Ils ont tiré de l'oubli les noms de Maugras, son professeur de philosophie au lycée, remarquable pour son esprit d'indépendance, et de Biscarrat, ce jeune maître de pension, son aîné de sept ans, qui l'encouragea et le conseilla dans ses premiers essais poétiques.

Hugo a intitulé un peu dédaigneusement ces vers de jeunesse *les Bêtises que je faisais avant ma naissance*, fixant ainsi son éclosion poétique vers la vingtième année, à l'époque des *Odes*. Dès 1816,

en effet, Hugo s'est exercé à écrire des vers. Il a commencé par tra-
duire des passages de ces poètes latins qu'il connaissait bien, Horace,
Lucain, surtout Virgile, dont l'épisode de *Cacus* (*Énéide*, VIII), entre
d'autres, sollicite son imagination par sa monstruosité. Mais il est aussi
bien capable d'écrire des élégies à la manière de Delille, dont il vantera
en 1820 le style élégant et le sens de l'harmonie. Il compose encore
une comédie en prose dans le genre du XVIIIe siècle, deux tragédies
en vers, *Irtamène* et *Athélie*, même un drame en prose, *Inez de Castro*.
Ces essais ont été publiés dans le *Victor Hugo raconté* et reproduits,
dans l'édition de l'Imprimerie Nationale, à la suite des *Odes et Ballades*
et dans le tome du *Théâtre de jeunesse*.

Que faut-il retenir de ces *juvenilia* ? C'est d'abord leur abondance,
cette *copia* qui restera un caractère essentiel de la production hugolienne. Dès l'âge de quatorze ans, Hugo est capable d'écrire, au cours
de veilles au collège, les quinze cents vers d'une tragédie. Il a le sens
de l'alexandrin bien frappé, du vers carré, fondé sur l'élément solide-
ment équilibré du nom accompagné d'une épithète de nature. Car,
second caractère, il n'y faut pas chercher l'originalité, mais l'habileté :
la lecture comparée d'*Irtamène* et d'*Inez* montre un don étonnant
d'adaptation à des tons différents. Pourtant, certains vers de *Cacus*
ne manquent pas de force et dénotent, sans doute avant qu'il ait lu
Chénier, une recherche calculée pour assouplir l'alexandrin en variant
les césures et en utilisant les enjambements, auxquels l'invite l'original
latin. Ainsi, cette description d'Hercule arrachant un roc pour abattre
le géant Cacus :

> Pour le déraciner rassemblant ses efforts,
> Le dieu sur son bras droit penche son vaste corps,
> Pèse, l'ébranle enfin : la masse qui s'écroule
> Dans la plaine à grand bruit tombe, bondit et roule.

Enfin, un troisième aspect de ces essais, c'est leur destination à des
concours ou des cercles poétiques. Hugo, comme Rousseau, mais
beaucoup plus jeune, a inauguré sa carrière par divers lauriers académi-
ques, qui l'ont confirmé dans son ambition littéraire. Il apporte en
poésie une mentalité de premier de la classe. Dès 1816, il note : « Je
veux être Chateaubriand ou rien. » Et longtemps, il poursuivra un
concours de poésie avec Lamartine. La mention décernée en 1817
par l'Académie française (sujet : *Le bonheur que procure l'étude
dans toutes les situations de la vie*), le lys et l'amarante d'or attribués
en 1819 par l'Académie des Jeux floraux (odes sur *le Rétablissement
de la statue d'Henri IV* et *les Vierges de Verdun*) sont le prélude à ses
distinctions futures et, aussi, le prétexte, en 1822, à son exemption
du service militaire. Il est significatif qu'il ait préféré les emblèmes
à la contrepartie en argent qui lui était offerte, signe d'un désintéresse-
ment vrai qui saura toujours s'allier, chez lui, au sens des réalités financières.

Ces succès eurent également un effet sur son père : ils l'aidèrent à
renoncer, pour son fils, au concours de l'École Polytechnique et, bientôt même, aux études de droit, nonchalamment commencées en 1818
et abandonnées en 1821.

CHAPITRE II

L'APPRENTI HOMME DE LETTRES (1819-1827)

> C'est en 1819 (j'étais encore un enfant et je travaillais au *Conservateur littéraire*) que je reçus pour la première fois une lettre où j'étais qualifié *homme de lettres*.
> *Pierres*, p.20 (8 janvier 1848.)

A sa sortie du collège, Hugo habite avec sa mère et ses frères, d'abord 18, rue des Petits-Augustins, puis à partir de juillet 1820, 10, rue de Mézières. Encouragé par elle, il apporte beaucoup de méthode à l'organisation de ses débuts littéraires. Ses premières récompenses lui ont permis d'entrer en rapport avec le doyen de l'Académie française, F. de Neufchâteau, et le secrétaire perpétuel, le dramaturge Raynouard, avec des académiciens de Toulouse, les poètes Guiraud et Soumet, ses aînés de quatorze ans, romantiques de la première génération. Il écrit et publie, en septembre 1819, une satire, *le Télégraphe*, et une ode, *les Destins de la Vendée*, dédiée à Chateaubriand. En décembre, il fonde avec ses frères une revue, *le Conservateur littéraire*. Le titre est un hommage politique, aux deux sens du mot, au journal de Chateaubriand, *le Conservateur*. Et le grand homme, accordant son attention au jeune auteur de l'ode sur *la Mort du duc de Berry*, lui fournit malgré lui un mot de passe, « l'enfant sublime », dont il a démenti la paternité, mais qui circula sous son nom.

Cette ode de circonstance est importante pour la carrière du poète. Sous la forme qui nous paraît conventionnelle, le roi Louis XVIII devina sans doute la sincérité de l'auteur, « un peu fanatique de dévotion et de royalisme », comme dira Vigny, et lui accorda une gratification de 500 francs, première rémunération de son talent poétique. Cet encouragement royal engage Hugo dans un genre de poésie officielle qui va former le gros des *Odes*. Il consacre en même temps la bonne cause du *Conservateur littéraire*, où cette ode avait paru (février 1820), et dont, peu après, *le Conservateur* commentait enfin l'existence.

Cette publication, bi-mensuelle en principe, se poursuivit jusqu'en mars 1821. Sa fondation répondait, pour Hugo, au ferme propos de se lancer dans le monde littéraire et à la nécessité de publier ses poésies. Celles-ci ne suffisaient pas à faire une revue. Aidé de ses frères, il se multiplie sous des signatures différentes (Vte d'Auverney ou diverses initiales). Ainsi le jeune écrivain, devenu maître ès-Jeux floraux, s'initie aux tâches variées du journalisme, critique littéraire, dramatique et artistique, roman même (1re version de *Bug-Jargal*, juin 1820). Sainte-Beuve a justement souligné le bénéfice de cet apprentissage. Le jugement de Victor Hugo se forme et se caractérise déjà, dans un style soigné et malgré le souci déformant de paraître plus que son âge, par un sérieux et une intelligence qui, exception faite de son injustice pour Racine, ne se démentiront pas dans la suite. Si l'on met à part les comptes rendus de circonstance, il choisit bien : Chénier, dès la première livraison, Lamartine, Marceline Desbordes-Valmore et, bien sûr, Walter Scott. Chénier, dont le poète H. de Latouche a publié en 1819 un volume de vers, le séduit plus, à vrai dire, par sa destinée ou ses élégies que par sa technique et sa langue, qu'il trouve un peu « barbares ». Le lyrisme ardent et corrosif des *Iambes* semble échapper au futur poète des *Châtiments*, qui en tire cependant l'épigraphe de son ode *le Poète dans les révolutions*. Au paganisme de Chénier il préfère « l'amour divin » de son présumé successeur, Lamartine ou *André Chénier II*, comme il inscrira dans la dédicace de son volume d'*Odes*. Les étiquettes romantique et classique lui inspirent un scepticisme dont il sera lent à se départir. Il réunit les deux poètes en une formule, presque un jeu de mots, qualifiant Chénier de « *romantique* parmi les *classiques* » et Lamartine de « *classique* parmi les *romantiques* ». Tous deux lui fournissent des modèles étudiés de près : *Moyse sur le Nil* (1820) et *le Vallon de Chérizy* (1821) adoptent respectivement le rythme de *la Jeune captive* et le ton du *Vallon*.

Ce ne sont pas les seuls. Les épigraphes, mode d'époque, motifs d'ornement plus que sources d'inspiration, nous renseignent cependant sur les goûts et les lectures du jeune poète. On trouve dans celles des *Odes* Virgile et Tacite, Chateaubriand et Lamennais, l'Évangile et la Bible ; celles de *Han* apporteront une quantité impressionnante d'emprunts à Shakespeare ; bientôt apparaîtront les noms de Vigny, Nodier, Lamartine. Il faudrait, pour reconstituer ses lectures, ajouter Mme de Staël, qui lui fait découvrir l'Allemagne, et quelques romanciers fantastiques d'outre-Manche, dont les traductions lui ouvrent de nouveaux horizons.

Cette tâche de critique élargit utilement le domaine de ses connaissances, mais aussi le cercle de ses relations. Nous sommes mal renseignés sur la manière exacte dont il les noue. Au bout d'un an, ses juges d'hier, Soumet, Guiraud, J. de Rességuier, sont devenus ses amis d'aujourd'hui. Il est introduit dans le salon d'Émile Deschamps, rue Saint-Florentin, où, vraisemblablement pour la première fois, il entend parler de romantiques. C'est là sans doute qu'il rencontre A. de Vigny, avec qui il se lie d'une vive amitié. A. de Saint-Valry, Gaspard de Pons se joignent à lui. En février 1821, il souscrit à la Société des Bonnes Lettres, fondée par de Bonald et quelques autres pour « rendre toutes les Muses royalistes ». Par le duc de Rohan, qu'un dramatique veuvage a conduit au séminaire, il entre en rapports avec l'abbé de Lamennais, qui devient le directeur de cette âme, selon lui « la plus pure et la plus calme ». Vigny apprécie ce puritanisme ombrageux et presque farouche; il en regrettera la disparition.

Ce mélange de gravité, de pudeur et de passion d'un jeune homme précocement mûri par le drame familial, qui se dénoue bientôt par la mort de sa mère (27 juin 1821), éclate dans le roman de son amour, tel qu'on peut le suivre presque jour par jour dans les *Lettres à la fiancée*. Elles ne furent publiées qu'en 1901. Cette correspondance en partie clandestine, échelonnée de janvier 1820 à octobre 1822, révèle une curieuse combinaison de susceptibilité, d'orgueil et de candeur dans un esprit qui se prétend « ténébreux » et un cœur qu'on trouve si clair en amour. Des traverses successives ont fait de cette idylle assez ordinaire une touchante histoire, semée de quelques épisodes romanesques. De son vivant, Mme Hugo s'était opposée à l'union de son fils avec la fille de ses vieux amis pour des motifs d'ambition et, peut-être, de secrète rancune — la participation professionnelle de P. Foucher à la condamnation de Lahorie. La mort de sa mère plongea Victor dans la douleur et le désarroi : elle avait été la compagne de son enfance, sa directrice de conscience et la confidente de ses projets d'adolescent. Il alla occuper, près de son ancienne pension, 30, rue du Dragon, une chambrette qu'il a évoquée dans la jeunesse de Marius (IIIe Partie des *Misérables*). Mais cette disparition lui rendait la liberté d'aimer ouvertement, et, à peine émancipé, il brûlait de se forger de nouveaux liens (1). M. Foucher, à son tour, lui interdit de revoir celle que Victor considérait toujours comme sa « fiancée » et dont il se déclarait, avec cette impétuosité de la jeunesse, le « mari ». Jusqu'à plus ample informé, ce prudent fonctionnaire repoussait l'éventualité d'un mariage avec un jeune homme sans ressources et d'avenir problématique. En juillet 1821, un voyage entrepris à pied pour gagner Dreux, où séjournaient les Foucher, et le plaidoyer chaleureux du prétendant ébranlèrent cette résistance. En mars 1822, celui-ci obtenait le consentement de son père, avec qui il avait renoué depuis novembre et qui lui apprenait son propre mariage. Au printemps, il était invité à Gentilly, où les Foucher avaient loué une maison. En juin, la publication de ses *Odes et Poésies diverses*, bientôt consacrée par une providentielle pension de mille francs, vint à bout des dernières hésitations. Le mariage put être célébré en l'église Saint-Sulpice, le 12 octobre 1822, par le duc de Rohan, ordonné prêtre depuis quatre mois.

On peut se faire une image de Victor Hugo à cette date par le portrait qu'il a tracé de Marius dans ses *Misérables* (III,VI,1).

> Marius, à cette époque, était un beau jeune homme de moyenne taille, avec d'épais cheveux très noirs, un front haut et intelligent, les narines ouvertes et passionnées, l'air sincère et calme, et sur tout son visage je ne sais quoi qui était hautain, pensif et innocent. Son profil, dont toutes les lignes étaient arrondies sans cesser d'être fermes, avaient cette douceur germanique qui a pénétré la physionomie française par l'Alsace et la Lorraine... Ses façons étaient réservées,

---

1. Adèle, perspicace, s'effraiera parfois de l'inexpérience de Victor, comme en témoigne cette lettre de novembre 1821 : « Je tremble, je l'avoue, lorsque je pense que j'épouserai un si jeune homme. Sans doute tu penses réellement à me rendre heureuse, mais penseras-tu toujours de même ? Quand je songe à ton âge, combien tu as peu vécu pour entrer en ménage, j'ai peur que tu ne te repentes un jour de t'être engagé. » Il rejette ces scrupules avec indignation.

froides, polies, peu ouvertes. Comme sa bouche était charmante, ses lèvres les plus vermeilles et ses dents les plus blanches du monde, son sourire corrigeait ce que toute sa physionomie avait de sévère. A de certains moments, c'était un singulier contraste que ce front chaste et ce sourire voluptueux. Il avait l'œil petit et le regard grand.

Hugo, à vingt ans, entre dans la vie avec une certaine expérience, mais très neuf et très pur à plus d'un égard ; d'une virginité redoutable ; premier en mariage, comme il veut l'être en poésie ; heureux et entier ; beau type d'adolescent plein de courage et de ténacité, d'espoir et d'ambition. Son caractère va s'affirmer dans ces années de luttes. Pourtant, rien n'annonce encore la personnalité tumultueuse du poète en exil. Il envisage sa carrière avec une assurance que n'effleure pas la déception. Il rêve le succès de son aîné, Lamartine. Mais il écarte les suggestions administratives de son beau-père, comme il a décliné les offres d'emploi de Chateaubriand, faisant fond tout de suite sur sa seule production littéraire. Il a sa stratégie. Il flaire la mode et cultive le genre officiel de l'ode, où s'est illustré plus d'un poète de cour, de Ronsard et Malherbe à J.-B. Rousseau et Écouchard-Lebrun. Il veut être le poète du parti « ultra » et, autour de 1822, il passe plus qu'aucun autre pour tel.

Pourtant, les premiers volumes qu'il a publiés n'ont été ni un succès, ni une révélation. En dehors de la pension royale, le recueil d'*Odes et Poésies diverses*, paru à la veille de l'été, a suscité peu d'échos: elles étaient en partie connues. L'auteur s'est plaint à Lamennais du manque de réaction de la presse royaliste, et c'est seulement en septembre que *la Quotidienne*, journal légitimiste, mentionne « cette indifférence du public ». Ne s'y était-il pas attendu ? L'épigraphe, *Vox clamabat in deserto*, était une protestation anticipée, qu'il réitérera en 1824 sous la variante *Nos canimus surdis*. C'est à l'amitié qu'il dut, le même mois, un compte rendu de Saint-Valry dans *les Annales de la Littérature et des Arts*, auxquelles lui-même collaborait.

Pour apprécier exactement ce recueil, il faudrait déterminer ses rapports avec la poésie du XVIIIe siècle, sur lesquels nous manquons d'une étude d'ensemble. A l'instar des *Méditations poétiques*, il était composé de vingt-quatre odes, plus trois « poésies diverses » qui devaient être remplacées dans la 2ème édition (janvier 1823) par deux nouvelles odes, *Louis XVII* et *Jehovah* : le symbole translucide du *Jeune banni*, séparé de sa fiancée, avait joué son rôle. On n'y trouve aucune pièce de la valeur des quatre ou cinq qui font l'originalité de son modèle. Encore en 1862, Hugo rappellera à Lamartine l'illumination qu'il en avait reçue : « Cher Lamartine, il y a longtemps, en 1820, mon premier bégayement de poète adolescent fut un cri d'admiration pour votre aube éblouissante se levant sur le monde ; cette page est dans mon œuvre et je l'aime. » La dominante, religieuse dans les *Méditations*, avait été donnée par Hugo à l'ode politique d'un ton malherbien, où son génie semble d'ailleurs aussi engoncé que celui de Lamartine dans ses oraisons factices. Si le roi pouvait se déclarer satisfait de ces hymnes à la gloire de la dynastie, les âmes mystiques devaient se contenter de l'élégie touchante, mais surtout descriptive, de *Moyse sur le Nil*, adieu de 1820 à Chénier. Depuis le duo alterné de *la Lyre et la Harpe* (1822), où « l'écho du Pinde » (Chénier) a fait place à « l'hymne du Carmel » (Lamartine), tout dit l'application d'un émule qui veut compléter son aîné sans le redoubler. L'inspiration personnelle est aussi représentée dans ce recueil. Mais nul *Lac*, nul *Vallon* que celui *de Chérizy*, composé sur la route de Dreux, qui traduit en images évangéliques et en symboles alambiqués l'amour du jeune fiancé. Quelques odes, enfin, s'écartent du style guindé des autres pour suivre la mode du genre fantastique : *la Chauve-Souris, le Cauchemar*, où le vieux couple nom-épithète ne se décide pas à se dissocier.

Ces deux veines, personnelle et fantastique, se marient moins timidement, et même assez heureusement dans *Han d'Islande*, fruit du temps de la solitude et des fiançailles, qui parut sans nom d'auteur chez Persan, en février 1823, sous la forme de « quatre petits volumes sur gros papier imprimé en têtes de clou ». C'était son premier « roman » édité. La première version de *Bug-Jargal* n'avait pas paru en volume et n'était qu'un récit, une nouvelle exotique et militaire sur une révolte de noirs à Saint-Domingue en 1791, à ranger parmi les exercices de style XVIIIe siècle, à côté des deux odes *la Canadienne* et *la Fille d'Otaïti*. *Han d'Islande* appartient au genre frénétique. Le jeune auteur a pris ses précautions : il déclare dans la préface datée de janvier 1823 qu'il « a reconnu toute l'insignifiance et toute la frivolité du genre à propos duquel il avait si gravement noirci tant de papier ». La mode était aux romans de goules et de vampires, aux « romans noirs », comme on disait alors. Ch. Nodier, qui va jouer un rôle important dans les débuts littéraires de Victor Hugo, est de ceux qui ont acclimaté en France les noms de Maturin, Lewis et A. Radcliffe, tant par ses adaptations que par ses propres créations, *Jean Sbogar* (1818), histoire de brigands, et *Smarra* (1821), roman d'un cauchemar (2). L'influence de telles œuvres, connues de V. Hugo, se croise avec celle des romans de Walter Scott, dont les traductions se succédaient depuis 1816 avec un grand succès. Ils ont fortement marqué l'imagination des apprentis romanciers Balzac et Hugo. Ni frénétiques, ni même fantastiques, ces œuvres présentent en général, dans un cadre plus ou moins historique, une idylle pathétique, agrémentée de silhouettes de sorciers et de bouffons. Dans cette mesure, Hugo pouvait écrire : « C'était une idée que les compositions de Walter Scott m'avaient inspirée. » *Han d'Islande* est un roman d'épouvante, situé en Norvège vers 1699 et greffé sur une intrigue politique de la cour de Danemark. Hugo en avait tiré les détails de l'*Histoire de Danemark* de P.-H. Mallet et la couleur du *Voyage en Danemark* de J.-Chr. Fabricius, deux ouvrages de la fin du XVIIIe siècle. La méthode de documentation sommaire, presque fantasque, du romancier est déjà fixée. Un penchant un peu morbide pour ce qui fait peur apparaît dans cette œuvre d'imagination. Hugo, comme le notait Nodier dans son article de *la Quotidienne* du 12 mars, renchérit sur ses devanciers. Han, le monstre trapu, buveur de sang humain, appuyé sur son ours Friend, entre le sordide gardien des morts Benignus Spia-

_____

2. Voir l'étude de P.-G. Castex, *Le Conte fantastique en France*, José Corti, 1951.

gudry et le bourreau gigantesque Nychol Orugix, ouvre une série
de monstres et de grotesques qui hante presque tous ses romans, de
Quasimodo, bestiale créature du sinistre Frollo, dans *Notre-Dame de
Paris*, au bateleur misanthrope Ursus, accompagné de son loup Homo,
dans *l'Homme qui rit*, et à l'Imânus, le chouan brutal et fidèle de
Quatrevingt-treize. Jeu de cartes baroque, dont il variera les combinaisons. Il est impossible d'y voir seulement l'influence des livres et
de la mode : l'imagination du pur poète entrait facilement dans ce jeu
sauvage. Cependant, dans le choix de ces noms plus que sonores et de
ces personnages moins qu'humains, dans certains dialogues aussi, inter-
viennent une malice et un humour qui font de ce roman laborieux et
compliqué un ensemble assez déconcertant et, à ce titre, la première
œuvre un peu « hugolienne » de l'auteur.

Elle ne le serait pas si *Han* n'était pas autre chose qu'un roman
d'imagination. Dans la préface de l'édition de 1833, dix ans de recul
permettent au poète arrivé de juger avec une supériorité désinvolte
ce « livre d'un jeune homme, et d'un très jeune homme », mais aussi
d'y reconnaître la part de l'expérience sentimentale : « Il n'y a dans
Han d'Islande qu'une chose sentie, l'amour du jeune homme, qu'une
chose observée, l'amour de la jeune fille. » Commencé en mai 1821
et composé au rythme des séparations et des réunions à Gentilly, ce
roman est intimement mêlé aux émotions du jeune amoureux :

> Je cherchais, écrivait-il à sa fiancée, à déposer quelque part les agitations
> de mon cœur neuf et brûlant, l'amertume de mes regrets, l'incertitude de mes
> espérances. Je voulais peindre une jeune fille qui réalisât l'idéal de toutes les
> imaginations fraîches et poétiques, afin de me consoler tristement en traçant
> l'image de celle que j'avais perdue et qui ne m'apparaissait plus que dans un
> avenir bien lointain. Je voulais placer près de cette jeune fille un jeune homme,
> non pas tel que j'étais, mais tel que je voudrais être.

Ordener, en effet, est un parfait héros, frère en malheur de René et de
Raymond d'Ascoli, le « jeune banni », mais moins tourmenté et destiné
au bonheur final. Son amour pour la pure Ethel, au nom venu d'une
romance de Latouche, tient une place importante dans l'économie du
roman. En ce sens aussi, peut-être Hugo avait-il tiré une leçon de Walter
Scott : « Les amours d'Ivanhoe et de lady Rowena — avait-il remarqué
en mai 1820 — devraient être pour le lecteur l'affaire essentielle ; cependant, ils n'occupent que fort peu de place dans son attention qui est
tout entière fixée sur la juive Rebecca. » Et il avouait sa préférence,
toute sentimentale, pour la « jeune fille au teint brun, aux yeux brillants, à la taille svelte, aux noirs cheveux », portrait assez ressemblant
à celui de sa fiancée. Aussi se garde-t-il de compromettre l'unité de son
propre roman : elle se fait assez bien, selon un schéma déjà hugolien,
à partir de ces trois éléments, historique, fantastique, élégiaque.

Ainsi, ce roman de début se signale par l'habileté de sa construction
et l'ingénuité des sentiments, la soumission au goût du jour et l'art d'en
dégager une œuvre d'un tour personnel, le mouvement et la verve,
les descriptions étudiées et le style enfin, que Nodier juge « vif, pittoresque, plein de nerfs ». Ce compte rendu fut l'origine d'une étroite et

utile amitié : l'influence de cet aîné de plus de vingt ans a contribué à développer les relations du jeune poète, à enrichir ses connaissances, à élargir ses goûts et, sans doute, à l'engager davantage dans la voie du romantisme.

Le résultat pratique de cette publication fut, pour Victor Hugo, une augmentation de sa pension. Elle était la bienvenue, car le jeune ménage, qui s'était logé chez les parents d'Adèle, 39, rue du Cherche-Midi, était dans l'embarras. Eugène, qui, dès avant le mariage de son frère, avait pris ombrage de ses succès et de son amour, était tombé fou le jour même des noces. Ce mal tragique fut un sujet d'inquiétude et de dépenses. Plus d'une lettre appelait à l'aide le général Hugo : Victor comblait son père et sa belle-mère de prévenances et d'affection. En juillet 1823, après une grossesse difficile, Adèle mettait au monde un fils, baptisé Léopold-Victor, qui mourut à Blois en octobre.

Au milieu de ces soucis, Hugo participait à la fondation d'une nouvelle revue, *la Muse française*. Il s'était écarté des *Annales*. La fondation en 1823 du *Mercure de France au XIXe siècle*, revue libérale et d'abord classique, rappelle aux anciens rédacteurs du *Conservateur littéraire* la nécessité de représenter la position catholique et légitimiste en littérature. Créée en juillet 1823 sous la direction de Soumet et Guiraud, *la Muse française* se définit un « recueil rédigé par l'élite de la jeune littérature ». Lamartine s'est contenté d'une promesse. La revue est surtout animée par Émile Deschamps. Nodier y défend le style brillant et coloré dans sa *Définition de quelques logomachies classiques*. Guiraud, dans un article indécis, intitulé *Nos doctrines* (janvier 1824), cherche à définir une position modérée du romantisme. Mais les tendances de ce mouvement littéraire sont encore bien dispersées. L'intérêt de cette publication, qui dura seulement jusqu'en juin 1824, est d'avoir contribué à dégager des survivances classiques les grandes lignes d'un programme romantique. Personnellement, Hugo y affermit le ton et les idées de sa critique.

Outre deux poèmes, il donne cinq articles. Mais les sujets en sont importants : Lamennais, Vigny, Voltaire, Byron et W. Scott. Les deux premiers sont dictés par ses préoccupations religieuses et ses amitiés. Les autres sont des études de fond, où le style s'affirme. Hugo cultive la formule : l'*Essai sur l'indifférence en matière de religion*, « c'est là première fois que la mode aura été du parti de l'éternité » ; à l'opposé, Voltaire, dont il reconnaît le génie et rejette l'influence, lui évoque l'image d'un « bazar élégant et vaste », « temple monstrueux, où il y a... un culte pour tout ce qui n'est pas Dieu ». « Continuer Voltaire » ou non est, en effet, une des pierres de touche du débat littéraire vers 1820. Cet article, qui ressemble fort à une page de Chénier sur le même sujet, présente ce mélange de prudence et de hardiesse et ce souci de loyauté qui caractérisent l'attitude critique de Victor Hugo. D'outre-Manche, *Quentin Durward* et la mort de Byron (avril 1824) lui proposent des sujets de réflexions sur la technique du roman et l'orientation de la littérature contemporaine. Au roman *narratif* et au roman *épistolaire* du XVIIIe siècle, il oppose le roman *dramatique,* « dans lequel l'action imaginaire se déroule en tableaux vrais » et qui réalise la synthèse de ces deux formules. Selon une combinaison perceptible dans *Han* et évidente par la suite, descriptions et scènes dialoguées doivent se distribuer la matière romanesque pour donner une fidèle image de la vie. « Et la vie n'est-elle pas un drame bizarre où se mêlent le bon et le mauvais, le beau et le laid, le haut et le bas, loi dont le pouvoir n'expire que hors de la création... La nature montre partout la lutte de l'ombre et de la lumière. » Ainsi se forment ses conceptions et se laisse pressentir son œuvre : « Après le roman pittoresque, mais prosaïque, de Walter Scott, — écrit-il, — il restera un autre roman à créer, plus beau et plus complet selon nous. C'est le roman, à la fois drame et épopée, pittoresque, réel, mais idéal, vrai, mais grand, qui enchâssera Walter Scott dans Homère. » Dans ce rêve, nous reconnaissons le germe de *Notre-Dame de Paris*, dont le sujet sera précisément contemporain de *Quentin Durward* ou *l'Écossais à la cour de Louis XI*. Enfin, à propos de Byron, il est conduit à prendre le parti de la littérature « actuelle », comme il dit, ou « moderne », comme Stendhal vient de l'écrire dans son *Racine et Shakespeare*, dont Hugo ne connaîtra vraisemblablement que la 2e édition (1825), et à y opposer deux écoles, le satanisme de Byron et le christianisme de Chateaubriand, optant lui-même pour celle-ci.

Deux odes, *la Bande noire* et *A mon père*, annonçaient dans *la Muse française* le recueil de *Nouvelles odes*, qui parut en mars 1824. La voix du poète y prend plus d'accent et, parfois, de grandeur. La première, mélange caractéristique de lyrisme et d'action, ébauche ce type de poésie militante qui culminera dans *Châtiments* : sur l'allègre rythme octosyllabique, le poète chante son amour du gothique et dénonce le trafic des « démolisseurs ». L'autre évoque, dans une perspective déjà épique et où pour la première fois la réprobation se nuance de nostalgie, l'ombre du « chef prodigieux », Napoléon :

> Il attelait des rois au char de ses victoires...
> Les empires confus s'effaçaient sous ses pas.

Ce thème glorieux est repris et développé dans l'ode célèbre *Mon enfance* (1823), dont les vers cadencés peignent non seulement l'enfance, mais aussi la « naissance » du poète, inspiré par une fée.

Ce recueil de 1824, qui comprend vingt-huit pièces, est d'ailleurs plus varié que le premier. A côté d'autres confidences, dont certaines remontent au temps des fiançailles (*A G...y*), et de pièces de circonstance dans le genre de ses premières odes, on remarque des essais pour rendre à la poésie un peu du pittoresque de l'histoire, de l'Antiquité aussi bien que du Moyen Age (*le Chant du cirque, le Chant de l'arène, le Chant du tournoi*). Avec *le Sylphe* et *la Grand'mère*, sa veine fantastique évolue vers la manière des romances vaporeuses de Millevoye, ou même le style léger et piquant des strophes octosyllabiques de *Ballade*. Ce titre vient du même poète et la pièce deviendra *Une fée* dans le recueil de 1826, dont ces trois poésies forment les trois premières ballades.

L'accueil fut inégal, plutôt froid, sauf chez les amis comme Soumet. Hugo, qui n'avait pas oublié les griefs d'obscurité et d'« exagération romantique » élevés contre le précédent recueil par le critique des

Débats, F.-B. Hoffmann, avait donné tout son soin à la préface. Réduisant la querelle littéraire à une « question de mots », il n'en prenait pas moins parti contre *le genre scholastique* (c'est-à-dire postclassique), pour « la littérature actuelle » ou « nouvelle ». Il reliait celle-ci au bouleversement social de la révolution, tout en la dissociant du phénomène politique proprement dit, et, invoquant Diderot et Mme de Staël, lui assignait la vérité pour objectif et la religion comme base.

Cette préface prend place parmi les controverses et définitions qui marquent en 1824 l'ouverture officielle du débat romantique. Elle classe son auteur, malgré ses protestations, parmi les jeunes romantiques et sympathisants, que Nodier, nommé en janvier bibliothécaire de l'Arsenal, prit bientôt l'habitude d'inviter, en nombre croissant, dans son salon. Soumet, à qui l'Académie, en humeur de combat, faisait des avances, puis Guiraud prièrent Hugo de ne pas les compromettre plus longtemps dans *la Muse*. En juin, Chateaubriand était « chassé » du ministère des Affaires étrangères. Ce fut la fin de la revue. « Le contre-coup de la chute de mon noble ami, écrivit Hugo, a tué *la Muse française*. » Les romantiques ou assimilés étaient considérés, non plus comme des fidèles, mais comme des rebelles, « qui affectent de s'affranchir des règles de composition et de style établies par l'exemple des auteurs classiques ». En juillet, un échange de lettres et de prières d'insérer avec « ce vieux renard d'Hoffmann » donne au poète l'occasion de défendre avec esprit ses métaphores, taxées de romantisme. En septembre, la fondation du *Globe* par un jeune professeur destitué, le normalien Dubois, avec le concours de jeunes libéraux, complique la situation : ce journal se désolidarise des romantiques par nationalisme, mais aussi des classiques par libéralisme.

Cependant, la situation matérielle des Hugo s'est améliorée, grâce aux pensions et au contrat conclu avec l'éditeur Ladvocat pour les *Nouvelles odes*. Ils ont pu s'installer chez eux, 90, rue de Vaugirard, en juin. Le 28 août 1824, une fille leur naissait : elle reçut le nom de Léopoldine en souvenir de l'enfant perdu et devait tenir une place privilégiée dans l'affection paternelle. Des amis fréquentaient le petit entresol : des artistes, les frères Devéria, le peintre Louis Boulanger que ceux-ci introduisent et qui deviendra l'ami intime du poète, l'historien Rabbe, un peu plus tard deux angevins, le poète Victor Pavie et le sculpteur David, Villemain, etc. Hugo poursuit par correspondance son amitié avec le comte A. de Vigny, retenu à la frontière d'Espagne. Il entretient également ses relations avec les académiciens F. de Neufchâteau, Villar et le baron d'Eckstein, directeur des *Annales*, auxquels il recommande la candidature de Lamartine ; mais ni celui-ci, ni Guiraud n'accèdent aussi vite que Soumet à l'Académie. La mort du roi Louis XVIII, survenue en septembre 1824, a déçu les dernières illusions d'une monarchie libérale. Que pense Hugo ? Ses amis peuvent se le demander. C'est le moment choisi par lui pour solliciter et obtenir des faveurs : le grade de lieutenant général pour son père, la croix de la Légion d'honneur pour lui-même ; elle lui est accordée en même temps qu'à Lamartine, le 29 avril. Les années d'assiduité ont-elles porté leur fruit ? Quel est le rôle de M. Foucher ? Ou le comte d'Artois, devenu Charles X, s'est-il souvenu de ses obliga-

tions d'émigré envers les fils de Mme Hugo, lui qui les avait faits chevaliers de l'ordre du Lys en rentrant à Paris ? On devine que cet accès
de faveur, confirmé par l'invitation au sacre de Reims, a provoqué un
malaise chez certains de ses amis. Il écrit à chacun d'eux pour les associer habilement à ces marques d'honneur. De Blois, où il est venu
annoncer à son père la double nouvelle, il rappelle sa fidélité littéraire :
« On me dit ici, – écrit-il à Saint-Valry le 7 mai 1825, – que l'on dit
là-bas que j'ai fait abjuration de mes *hérésies littéraires*, comme notre
grand poète Soumet. Démentez-le bien haut partout où vous serez,
vous me rendrez service. » Là-bas, c'est-à-dire à Paris, son silence au
moins a pu donner l'impression du contraire.

L'année 1825 est une année de déplacements, la première depuis
son mariage. Après un séjour d'un mois (avril-mai) à Blois chez son
père, à qui il confie sa femme et sa fille, il rentre à Paris, s'y arrête le
temps de pourvoir à sa toilette de cérémonie et se rend à Reims pour
le sacre (24 mai-2 juin). De retour à Paris, il compose l'*Ode sur le
Sacre*. On la juge assez froide, mais elle est reproduite dans divers
journaux et bientôt imprimée officiellement. Le crédit du poète s'en
augmente. Déjà la traduction abrégée de *Han d'Islande* a paru à Londres avec quatre eaux-fortes de G. Cruickshank, ce graveur réputé
auquel Baudelaire consacrera un des bons essais de ses *Curiosités
esthétiques*. Hugo signe le contrat d'un troisième volume d'odes. Le
voyage à Reims lui a fait connaître le peintre Allaux et le poète L. de
Cailleux, ses compagnons de voiture et de chambre, tous deux collaborateurs aux *Voyages pittoresques* du baron de Taylor ; il a approché
le vicomte de La Rochefoucauld, chargé des arts, et d'autres personnages de la Maison du Roi ; il a encore approfondi son intimité avec
Nodier. Une combinaison d'édition ébauchée à Reims lui permet d'accomplir avec ce dernier un voyage en famille à Chamonix et à Genève,
pendant le mois d'août, tous frais payés. Lamartine aurait dû en être :
on s'arrêta chez lui, à Saint-Point. L'album projeté, pour lequel Hugo
devait donner quatre odes, ne parut pas ; mais le poète en tira un fragment de récit, publié plus tard en revue et recueilli au tome I des
Voyages. En octobre, il séjourne chez Saint-Valry à Montfort-l'Amaury. Églises et cathédrale de Reims, montagnes des Alpes et ruines
d'Ile-de-France enrichissent son imagination et exercent sa plume au
pittoresque. On en constate l'effet dans les poèmes à venir.

Loin de marquer un recul vers la convention, la plupart montrent
une libération lente, mais sûre, et l'affirmation progressive d'une
facture originale. Les lecteurs du recueil d'*Odes et Ballades*, publié
en novembre 1826, ne s'y trompent pas. Sans doute, Hugo continue
d'exploiter des veines déjà éprouvées : à côté de nouveaux poèmes
de circonstances, un *Chant de fête de Néron*, fort apprécié, fait suite
aux poèmes antiques à la manière de Chénier et surtout de Vigny,
à qui il est dédié ; mais dans *les Deux Iles,* poème bien fait pour attirer
l'attention des libéraux, Hugo concentre en une opposition saisissante
le drame de la destinée napoléonienne, inscrite entre la Corse et Sainte-
Hélène. Ce sont surtout les *ballades*, « esquisses d'un genre capricieux »,
qui augmentent en nombre et en qualité, dépouillant peu à peu leur
couleur fantastique pour la *grâce* et le *charme* que Millevoye, leur

initiateur en France, assignait à ce genre de pièces : *A Trilby*, hommage
à Latouche et surtout à Nodier, *le Géant* et *les Deux Archers*, d'un
satanisme enjoué, le cèdent *à la Fiancée du timbalier*, romance contemporaine du séjour à Montfort-l'Amaury, où Hugo innove, sur le modèle
des romances d'outre-Rhin (la *Lénore* de Bürger, par exemple), un
mélange d'érudition fantasque et d'allégresse rythmique, qu'on ne
trouve pas à ce degré chez Millevoye et qui caractérisera les ballades
de 1828. La ballade romantique a perdu sa structure traditionnelle
en trois couplets suivis ou non d'un envoi ; elle n'a même plus le caractère exclusif d'une complainte d'amour et, avec Hugo, tend à être un
récit situé dans le cadre de l'histoire ou des légendes du Moyen Age
et développé en un nombre indifférent de strophes.

La constitution du recueil est d'une conception déjà typiquement
hugolienne. D'une part, sa composition panachée en treize odes et dix
ballades, associe à la gravité des premières la légèreté des autres. D'autre
part, le poète y donne par anticipation quelques échantillons du recueil
suivant : comme *le Sylphe* au milieu des *Nouvelles odes* de 1824 annonçait la série à venir des *Ballades, Hymne oriental*, qui date du séjour à
Blois, devance la veine des *Orientales,* parmi lesquelles il figurera sous
le titre *la Ville prise*. Tout le dialogue de *la Fée et la Péri*, parallèle
au duo encore scolaire de *la Lyre et la Harpe*, symbolise le débat du
poète entre le merveilleux médiéval et le mirage oriental.

Dans le détail même, certaines visions sont déjà marquées d'une
empreinte hugolienne, telle cette vue de Montfort-l'Amaury qui annonce tant de villes couchées au pied d'une éminence (3) :

> Et la ville, à mes pieds, d'arbres enveloppée,
> Étend ses bras en croix et s'allonge en épée,
> Comme le fer d'un preux dans la plaine oublié.

Des vers-types se fixent dans la mémoire créatrice du poète, sur un
schéma et une cadence destinés à se reproduire. Ainsi le vers du célèbre
duo du Ve acte d'*Hernani :*

> Tout s'est éteint, flambeaux et musique de fête.

est préfiguré par celui-ci, des *Deux Archers :*

> Alors tout s'éteignit, flammes, rires, phosphore.

Un tel vers, en 1826, ne peut passer que pour romantique, avec son
jeu sur le sens propre et le sens figuré du verbe *s'éteindre*, qui annonce
bien d'autres alliances résumées par « vêtu de probité candide et de lin
blanc ». Pourtant Hugo s'abstient encore de prendre ouvertement
parti, mais, inaugurant une de ces larges oppositions imagées dont il a
le goût, il compare dans sa préface le jardin de Versailles, peigné par
Le Nôtre, et la forêt du Nouveau-Monde, chantée par Chateaubriand,
et opte pour la nature, c'est-à-dire la liberté : « En deux mots, con-

---

3. Voir ma *Fantaisie de Victor Hugo*, t.I, pp.217 sq.

cluait-il, et nous ne nous opposons pas à ce qu'on juge d'après cette observation les deux littératures dites *classique* et *romantique*, la régularité est le goût de la médiocrité, l'ordre est le goût du génie. » L'idée est d'inspiration staëlienne, et même schlegelienne, mais l'impérieuse antithèse a le ton de Victor Hugo. C'était assez clair, et la critique ne s'y méprit pas. *Le Figaro* remarquait que Charles X n'inspirait pas le poète avec autant de chaleur que Bonaparte, et Dubois, dans *le Globe*, lui faisait l'honneur d'un premier article favorable et d'une comparaison significative : « M. Victor Hugo est en poésie ce que M. Delacroix est en peinture ; il y a toujours une grande idée, un sentiment profond sous ces traits incorrects et heurtés ; et je l'avoue, pour moi, j'aime cette vigueur jeune et âpre... » Mais il lui conseillait de relire Racine, et, comme naguère Lamartine à propos de *Han,* de ne pas cultiver l'originalité à tout prix.

Entre temps, pressé par le besoin d'argent ou par le désir de produire, Hugo avait repris sa nouvelle de 1819 et publié chez Urbain Canel, en février 1826, une édition de *Bug-Jargal* augmentée du simple au double. A cet effet, il avait bourré le récit de détails documentaires et d'anecdotes colorées, qui lui venaient du livre de Pamphile Lacroix, paru en 1820, *Mémoires pour servir à l'histoire de la Révolution de Saint-Domingue*. Le sujet avait inspiré un drame à Ch. de Rémusat en 1824 et on trouvera encore là-dessus, dans *Choses vues*, une page hallucinante de 1845. D'autre part, Hugo avait compliqué l'intrigue en instituant entre Bug-Jargal et le capitaine d'Auverney une rivalité d'amour autour de la cousine de ce dernier, Marie, qui rendait plus plausible la méfiance du jeune officier pour son « frère » noir et transposait peut-être la fatale passion d'Eugène Hugo pour Adèlè. Enfin, il avait ajouté à ce roman « dramatique », selon sa formule, un « côté burlesque » (ch. XXXV), représenté par la silhouette rehaussée du chef mulâtre Biassou et par la grotesque et sinistre figure de l'esclave Habibrah, bouffon et sorcier, réincarnation de Han et ancêtre sauvage de Triboulet. Lorsque ce livre reparaîtra en 1832, Hugo ajoutera au titre la mention « 1791 », qui, parallèlement à celui de *Notre-Dame de Paris*, 148..., assimilera cet essai de jeunesse à un roman historique. Toutefois, cette œuvre alerte (l'auteur parfois s'amuse à faire surgir en l'espace de trois lignes un « jeune officier des hussards basques » nommé Alfred) n'atteignait pas au rang du *Cinq-Mars* que publiait Vigny un mois après.

A la fin de 1826, Hugo avait donc publié deux romans et trois volumes de poésie. Il sentit que, pour compléter son champ d'action littéraire, il devait frapper un grand coup au théâtre. C'est là en effet que la lutte des générations se marquait avec le plus d'âpreté. La 2e édition augmentée du pamphlet de Stendhal, *Racine et Shakespeare*, avait eu en 1825 plus de retentissement que la première. La même année paraissait *le Théâtre de Clara Gazul* de Mérimée, et *le Globe* y voyait avec faveur l'annonce de la nouvelle formule dramatique. Guiraud, Soumet, Delavigne, bien d'autres encore, donnaient dans ces mêmes années des tragédies à la manière de Schiller, dont les sujets étaient empruntés à l'histoire de France (*Jeanne d'Arc* de Soumet), mais aussi bien d'Angleterre (*Marie Stuart* de Delavigne) ou d'Espagne (*le Cid d'Andalousie* de P. Lebrun). Très jeune, on l'a vu, Hugo avait eu l'ambition d'écrire des pièces de théâtre. Ses derniers essais avaient été en prose : un drame sur un sujet grandiose de l'histoire du Portugal, *Inez de Castro*, souvent traité depuis la pièce de l'espagnol Guevara au XVIIe siècle, et une adaptation du roman de W. Scott, *Kenilworth*, entreprise en 1822 à la demande et avec la collaboration de Soumet. En 1826, il s'oriente vers un grand drame en vers, centré sur une forte personnalité, d'abord Corneille, puis Cromwell. Comme Balzac débutant, Hugo fut tenté par la figure obscure et rude du général puritain, « être complexe, hétérogène, multiple, — dira-t-il dans sa préface pour justifier son choix, — ... tyran de l'Europe et jouet de sa famille, ... un de ces hommes carrés par la base, comme les appelait Napoléon, le type et le chef de tous les hommes complets, dans sa langue exacte comme l'algèbre et colorée comme la poésie ». L'accouplement de ces noms illustres n'est pas fortuit : l'histoire de Cromwell offrait aux jeunes écrivains de la Restauration une transposition approximative et commode de celle, trop récente, de Bonaparte, et le drame, écrit en 1826 et lu en partie les 12 et 26 mars 1827, est lié à l'esprit libéral qui inspire au poète, au mois de février 1827, l'ode *A la Colonne de la place Vendôme*, publiée par *le Globe*.

Hugo travaille, pendant une bonne partie de 1826, à se documenter sérieusement, moins par souci d'historien, comme cette prétention d'époque se devine d'après ses notes et citations, que pour se mettre dans l'ambiance et voir le personnage. Cette année-là, paraît en traduction un roman de W. Scott, *Woodstock ou le Chevalier*, concernant la même période de l'histoire d'Angleterre. Hugo lit *l'Histoire de Cromwell* par Villemain et les *Mémoires relatifs à la Révolution d'Angleterre*, publiés et traduits par Guizot en 1823-1825. Il consulte d'autres livres auxquels ceux-ci le renvoient. La rédaction commence en août et les quatre premiers actes sont terminés au début d'octobre. En novembre, la naissance de Charles et la publication des *Odes et Ballades* interrompirent la composition du drame, qui ne devait être achevé qu'en septembre 1827. Par l'intermédiaire du baron Taylor, devenu commissaire du Théâtre-Français, Hugo avait connu Talma, qui avait paru s'intéresser à la pièce. La mort du grand acteur, survenue en octobre 1826, supprimait une des raisons qu'il aurait eues d'adapter son drame aux nécessités d'une représentation. Cette gageure atteignit six mille vers : « Il est évident, écrit-il dans la *Préface*, que ce drame, dans ses proportions actuelles, ne pourrait s'encadrer dans nos représentations scéniques. Il est trop long. On reconnaîtra cependant qu'il a été, dans toutes ses parties, composé pour la scène. »

Dès la publication en décembre 1827, la *Préface* a éclipsé le drame. Elle ne doit pourtant pas nous faire négliger l'intérêt et l'originalité réelle de la tentative. *Cromwell* est une œuvre pleine de verve juvénile, qui se lit facilement : ce n'est pas un mince mérite, si on la compare aux tragédies historiques de la même époque. Le sujet est bien résumé par le titre d'une version du drame, réduite à trois actes, que V. Hugo avait un moment envisagée pour la scène : *Sera-t-il roi ?* C'est l'histoire d'une conjuration manquée qui se termine sur un pardon : les classiques n'ont pas oublié de rapprocher ce dénouement de *Cinna*. L'action est

bien répartie entre ces cinq actes d'une composition étudiée et équili-
brée jusque dans le parallélisme des titres, usage que le poète gardera
dans ses autres drames. Le drame est entièrement écrit en vers, à
l'exception d'une lettre de Mazarin. On y trouve encore bien des mauvais alexandrins de tragédie, comme celui-ci :

> Ah ! – vaincu, je vous plains ; proscrit, je vous révère...

Mais on remarque autant de vers bien frappés, sonores à souhait, comme ce quatrain initial, dont l'air à la fois sentencieux et familier annonce le ton de *Ruy Blas* :

> Demain, vingt-cinq juin mil six cent cinquante-sept,
> Quelqu'un, que lord Broghill autrefois chérissait,
> Attend de grand matin ledit lord aux *Trois-Grues,*
> Près de la halle au vin, à l'angle de deux rues.

Hugo montre déjà un savoir-faire tout personnel dans l'évocation des
mouvements et des paroles de la foule (a. V), ainsi que dans les couplets
héroïques, au souffle déjà épique : par là ce drame est plus près des
Burgraves que d'aucun autre. Certains personnages, enfin, comme le
puritain Carr, ou le cavalier Rochester, que Sainte-Beuve jugeait à bon
droit « un peu gascon », se détachent de l'ensemble.

Le caractère distinctif de *Cromwell*, par rapport à la production
dramatique du temps, c'est l'excès. Aussi l'intérêt de ce drame énorme
est-il de nous exagérer les caractères de la formule hugolienne : intrigue
touffue et passionnante, chargée de coups de théâtre ; monologues
rêveurs ou déclamatoires, où le personnage oublie ses partenaires pour
se développer complaisamment ; mélange de scènes pathétiques et de
scènes bouffonnes ; dissertations idéologiques sur le pouvoir ou la
liberté, à côté de chansons gracieuses dans la manière de Shakespeare ;
et, adapté à ces divers tons, un style encore à l'étude, mais riche, cru,
imagé – gorgé d'images, dit Sainte-Beuve, « un peu saillantes, trop
multipliées et quelquefois étranges » –, plein de mouvement et allant
de la rhétorique au calembour.

Hugo profita d'un arrêt dans la rédaction de *Cromwell* pour reprendre l'adaptation de *Kenilworth*, abandonnée au IIIe acte. Lui-
même désapprouvait désormais ce genre, comme il le marquera dans
une note de la *Préface* de *Cromwell* ; aussi achevait-il cette œuvre
pour le compte de son jeune beau-frère Paul Foucher, qui désirait
se lancer dans les lettres et passerait pour l'auteur. Remanié et complété en juin-juillet 1827, le drame prit le titre d'*Amy Robsart*. Reçu
en septembre à l'Odéon, il devait échouer au mois de février de l'année
suivante (une seule représentation), en dépit des superbes costumes
dessinés par Delacroix et du talent des acteurs. Hugo avait eu beau se
hâter, c'était la « quatrième fois » que ce roman était porté à la scène
et l'*Emilia* de Soumet l'avait été en 1827. Dès lors qu'elle était sifflée,
il revendiqua l'œuvre dans un de ces gestes de défi fort caractéristiques
de ses réactions. Elle ne devait être publiée qu'après sa mort, en 1889.

L'action se passe dans l'Angleterre du XVIe siècle. L'amour partagé d'Amy et du comte de Leicester, favori de la reine Elisabeth, se heurte à la jalousie de la souveraine et aux sordides manœuvres d'un écuyer du comte, Varney. La structure de l'œuvre repose sur l'alternance des scènes de comédie et des scènes de maléfice ou d'émotion. L'action funeste se consomme, au son du cor, dans le châtiment des traîtres et l'embrasement d'une tour. Malgré cette mise en scène évidemment romantique et la rapidité du mouvement général, ce drame en prose, rapiécé et bâclé, n'a pas les qualités de *Cromwell* : peut-être son échec a-t-il déterminé Hugo à se consacrer d'abord au drame en vers. Mais il est intéressant de voir naître à partir de Walter Scott quelques-uns des personnages-types du théâtre hugolien : sir Hugh Robsart est l'ancêtre de la série des nobles vieillards, du duc de Nangis au marquis Fabrice ; Varney, le frère plébéien de don Salluste ; Amy, pure jeune fille vouée à un destin malheureux, la sœur de doña Sol. Parmi les grotesques, Flibbertigibbet, absent de la version encore noble de 1822, est promu au premier rang dans celle de 1827 et chargé de dénouer, un peu aveuglément, l'action, comme plus tard don César dans *Ruy Blas* ; il est le bon génie, le fou bienfaisant, à côté d'Alasco, qui, avec son compère Manassé dans *Cromwell*, fait survivre quelque temps le type du mage intrigant et malveillant, prolongé dans l'archidiacre Frollo de *Notre-Dame de Paris*.

Ces divers essais, articles de critique, deux romans, trois volumes de poésie et deux drames constituent la période d'apprentissage de Victor Hugo. Elle se termine en 1827, sans coup d'éclat ni chef-d'œuvre : c'est la *Préface* de *Cromwell* qui va donner le signal. Mais déjà la personnalité du jeune écrivain s'est affirmée sur le plan politique et littéraire à la fois. *Le Globe*, qui suit avec intérêt son évolution, a accentué les avances déjà faites au poète des *Deux Iles*, devenu en février l'auteur de l'ode *A la Colonne* : en vers enflammés et un peu fanfarons, Hugo avait relevé l'outrage fait à l'histoire nationale dans les personnes de trois maréchaux d'Empire, qui n'avaient pas été introduits avec leurs titres à l'ambassade d'Autriche. En janvier, un second article consacré à ses *Odes et Ballades* et signé S.B. l'avait mis en rapports avec un critique d'avenir, Sainte-Beuve. Les deux hommes étaient de la même génération et leurs vies allaient, pendant quelques années, être étroitement liées. Avec son goût des intérieurs, d'instinct, Sainte-Beuve avait distingué au milieu de ces poèmes la voix de l'intimité. Hugo, sensible et ménager, lui fit un accueil émouvant. Ils se découvrirent voisins. En avril, Hugo quittait la rue de Vaugirard pour la rue Notre-Dame-des-Champs, où bientôt Sainte-Beuve s'installait à son tour. Jusqu'en avril 1830, Hugo occupe au n° 11 le premier étage d'une maison entourée d'un jardin. Ce nouvel appartement, plus spacieux et agréable, devait être le cadre d'une phase décisive de sa vie littéraire.

CHAPITRE III

« LA PLUS FORTE TETE ROMANTIQUE (1) » (1827-1831)

Nous avons séparé à dessein *Cromwell* de sa fameuse *Préface*. Elle fut écrite en octobre, une fois le drame terminé, et parut avec lui en décembre 1827, sous le millésime 1828, chez A. Dupont et Cie. Ce devait être un simple avant-propos, « aussi court que possible », écrivait Hugo à V. Pavie en septembre. Elle prit, à l'exécution, les proportions d'un véritable manifeste : le poète y dégageait les lois de l'expérience qu'il avait tentée en écrivant *Cromwell* et y exposait, à l'aide de souvenirs de lectures parfaitement assimilés, sa conception du drame romantique. Cette particularité, jointe au ton magistral, à l'allure enlevée de cette cinquantaine de pages in-8⁰ et à leur à-propos, a fait le sort extraordinaire de cet écrit, qui a contribué à porter son auteur au premier plan de l'actualité littéraire.

Résumons très brièvement l'état du théâtre à cette époque. La tragédie post-classique était condamnée. Une forme évoluée en était sortie, la tragédie historique, dont nous avons vu le succès à propos de *Cromwell*. Elle n'était pas nouvelle et remontait à Voltaire et Sébastien Mercier (2), relayés au début du siècle par N. Lemercier, C. Delavigne, puis Soumet, etc. D'autre part, le drame bourgeois, dont Diderot s'était fait le théoricien et qui substituait la peinture des conditions à celle des caractères, avait trouvé un débouché dans le mélodrame. Épanoui sous l'Empire avec des auteurs comme Pixérécourt, ce nouveau genre avait la faveur du public : l'action, compliquée et violente, contrastait avec les milieux ordinaires où elle était située. Ces deux succédanés dramatiques ont en commun avec la future formule hugolienne, d'un côté, l'ambiance historique, la recherche de la couleur locale, de l'autre, le goût des intrigues chargées et des émotions fortes, le mélange des genres, etc. Enfin, depuis le début du siècle, les adaptations nombreuses du théâtre étranger, les traductions, dont l'éditeur Ladvocat avait entrepris en 1821 une grande collection, avaient imposé à la scène et dans le monde lettré les noms de Schiller, Byron et surtout Shakespeare. En septembre 1827, une troupe de comédiens anglais, venue jouer à l'Odéon *Othello, Hamlet* et *Roméo* dans l'original, avait conquis plus d'un jeune artiste, de Vigny à Berlioz. La *Préface* de *Cromwell* est l'écho de cette fascination.

---

1. Légende d'un portrait-charge de l'époque.
2. P. ex. *La mort de Louis XI* (1783), *Portrait de Philippe I* (1785). L'influence des idées de Mercier (grotesque) et surtout de sa langue (néologismes, images) a fait l'objet d'une étude de Mme H. Temple Patterson (voir bibliographie).

L'idée fondamentale est une théorie historique de la poésie. Hugo discerne trois âges dans l'évolution de l'humanité. L'époque primitive, enfance du genre humain, a donné l'ode, hymne spontané de gratitude en face de la création. L'époque antique, âge viril de l'humanité, a produit l'épopée, dont la tragédie n'est qu'une forme : elle glorifie l'homme dans sa grandeur et son unité. L'époque moderne, enfin, commence avec le christianisme, qui enseigne la dualité de l'homme, âme et corps. Il en est sorti deux tendances nouvelles, la mélancolie et l'esprit d'examen, qui ne permettent plus à l'homme de se contenter en art du beau, du sublime. Elles exigent aussi le laid, le grotesque, c'est-à-dire la vérité entière, et seul le drame, tel que l'a conçu Shakespeare, est capable de leur donner satisfaction.

Ainsi fondée, l'argumentation de la *Préface* s'articule en quatre points, dont les deux premiers forment la partie critique et les deux derniers la partie constructive du programme.

1 — La séparation des genres — Elle fausse la vérité en la divisant. Que faut-il lui substituer ? La peinture de la vérité, qui mêlera le grotesque au sublime, comme la nature en donne l'exemple. Leur contraste crée un puissant effet de relief, qu'ont mis à profit les artistes du Moyen Age et les peintres flamands, par exemple, tandis que la monotonie sublime engendre la platitude. La littérature romantique, pour l'appeler d'un nom vague, mais « accrédité », sera donc réaliste : « Tout ce qui est dans la nature est dans l'art. » On va voir que Hugo, comme il était dans son caractère de le faire, restreint la portée de ce principe par d'importantes réserves.

2 — Les trois unités — Au nom du même principe, les unités de lieu et de temps sont des règles artificielles. Seule, l'unité d'action ou d'ensemble est « la loi de perspective du théâtre » et reflète l'unité psychologique du drame.

3 — Liberté et vérité — C'est le corollaire des deux premiers points. Les règles et le « goût » sont des obstacles à l'épanouissement du génie. Donc, plus de règles, plus d'imitation des anciens, et non pas même de Shakespeare, mais la liberté, qui, pressentie dans le domaine politique, ranimera l'art. Tel est le premier principe. Quel but poursuivra la liberté ? La vérité, celle de l'histoire, et aussi celle de l'imagination, quand elle invente dans le sens de l'histoire. Est-ce toute la vérité ? Au moins est-ce la vérité telle que l'art peut la concevoir, — et ceci est une atténuation du premier point, — car il y a une limite infranchissable entre la réalité selon l'art et la réalité selon la nature. Usant d'un raisonnement par l'absurde, Hugo a beau jeu de montrer que chacun en convient. Application pratique : utilisation de l'histoire. « Le théâtre est un point d'optique. » Ce n'est pas le beau, mais le *caractéristique* que l'artiste doit retenir. Aussi la couleur locale fera-t-elle l'objet de son attention, mais elle ne sera pas un placage superficiel, elle sera « dans le cœur même de l'œuvre ».

4 — Les instruments — D'une part, le vers alexandrin, seul capable de donner du relief à l'action et d'endiguer « l'irruption du commun », mais « un vers libre, franc, loyal », c'est-à-dire brisé et assoupli aux besoins du drame. D'autre part, la langue, celle du XIXe siècle, également adaptée, souple, vivante.

Conclusion — La critique devra, elle aussi, se faire aux exigences nouvelles et apprendre à expliquer, au lieu de juger. Hugo place sous le patronage de Chateaubriand cette idée très moderne et riche de prolongements utiles.

Depuis l'édition critique de M. Souriau, les notes de K. Jackel et la mise au point de P. Moreau dans ses *Oeuvres choisies*, on a dépisté les sources et les coïncidences de ce programme au point de nous faire douter de son originalité et de le réduire à une pièce de musée de l'histoire littéraire entretenu par les professeurs. Elles sont nombreuses, en effet. Le XIXe siècle est le siècle de l'histoire et l'esquisse d'une évolution poétique de l'humanité correspond aux exposés théoriques de Ballanche, de Michelet introduisant Vico (1827) et de V. Cousin. Pour notre connaissance de Hugo, elle présente l'intérêt particulier de constituer un premier jalon dans la perspective de *la Légende des Siècles*. La théorie du christianisme vient de Chateaubriand et les sylphes ou lutins de Nodier. Dès le XVIIIe siècle, les théoriciens du drame bourgeois avaient préconisé le mélange des genres et les auteurs de mélodrames le pratiquaient. La critique des règles a commencé encore avant. Au XIXe siècle, elle a été développée notamment par l'allemand W. Schlegel et l'italien Manzoni, répercutés respectivement par Mme de Staël, qui prône aussi la supériorité du génie, et par Stendhal, que Hugo vise peut-être parmi ces « partisans peu avancés du romantisme », en passant par l'article de Guiraud dans *la Muse française*, jusqu'aux campagnes du *Globe*, on n'a cessé de condamner l'imitation et de réclamer l'élargissement du goût. La distinction de la vérité réelle et de la vérité artistique est marquée par Vigny dans les *Réflexions* qu'il écrit en 1827 à propos de *Cinq-Mars*. Le *Journal grammatical*, fondé par Domergue sous la Révolution et repris en 1827, reconnaît que la langue est vivante et qu'elle évolue. Ainsi, la plupart des idées exposées dans la *Préface* étaient, comme on dit, dans l'air et cheminaient depuis au moins le début du siècle.

Mais on s'expliquerait mal le retentissement de cet écrit, âprement commenté par les adversaires, largement applaudi par les amis, Vigny, Soumet et, un peu plus tard, Gautier, si l'on ne soulignait les aspects suivants. Tout d'abord, Hugo sait se tenir aux points importants de la querelle et les enfermer dans des formules claires et propres à frapper l'imagination. Stendhal s'était montré spirituel et serré dans son analyse, mais il prenait les questions, souvent des détails, de biais et à l'aventure. Hugo simplifie et grossit les points de vue, il élargit le problème, il l'humanise et l'expose dans une construction à la fois brillante et solide. D'autre part, que ce soit pour réprouver sa « bizarrerie » ou pour l'admirer comme un morceau de style, les critiques du temps ont remarqué la prose de Victor Hugo, qui se montrait là, pour la première fois, sous son vrai jour, et il faut dire que c'est une des plus amples de notre littérature. On ne saurait trop étudier la variété du ton et la diversité des arguments, fondés sur le bon sens, la grandeur ou l'audace. Les images, par leur profusion et leur vigueur inusitées, ont un rôle aussi important qu'adroit : celle du miroir convexe au troisième point, par exemple, permet à Hugo de jouer à la fois sur l'idée de réflexion et l'idée de concentration. Une image appropriée fait progresser sa pensée et souvent lui sert d'argument. La *Préface* offre un condensé de ses ressources stylistiques : le portrait de Cromwell, à la fin, présente déjà le procédé et la maîtrise du portrait de Louis-Philippe dans *les Misérables*. Puis, Hugo se produit au moment où les esprits, familiarisés avec les idées en jeu, prennent la question au sérieux, et il n'hésite pas à développer son attaque avec éclat. Il fait plus : il joint l'exemple à la théorie, et, tout imparfait qu'est le résultat, on sait gré à l'auteur d'être beau joueur. En tout cela, il a montré les qualités d'un pamphlétaire éloquent, avisé et sympathique.

Mais la valeur formelle aurait attiré l'attention sur ce manifeste, comme on l'appela, sans suffire à la retenir. A une interprétation du christianisme qui ne lui était pas personnelle, Hugo a su rattacher, d'une manière satisfaisante pour l'esprit, cette thèse capitale du grotesque et du sublime qui, elle, a bien sa source dans son tempérament. C'est, en effet, le seul point de la *Préface* auquel les critiques n'assignent point de source formelle, et il occupe une place importante. Or, nous en avons rencontré le germe dans l'article sur *Quentin Durward. Le Globe* le signale dans sa mise au point équitable : « Je dis *nouvelle* [poétique du drame], quoique beaucoup d'idées qui sont aujourd'hui à la mode s'y trouvent reproduites, mais M. Victor Hugo peut justement réclamer comme sienne toute cette théorie sur le *grotesque,* considéré comme l'un des principaux traits et peut-être comme le trait de caractère de la poésie dramatique. » On peut observer d'autres effets de son tempérament et de sa formation sur le tour de la préface. Hugo a apporté à la rédaction du manifeste ce mélange de hardiesse et de prudence qui lui était naturel. Il s'est montré hardi en chargeant avec fougue les partisans des « classiques », en ne ménageant pas son ironie aux objecteurs possibles, surtout en affirmant, avec la brutalité superbe d'un écrivain conscient de son immense avenir, la nécessité du génie : « L'art ne compte pas sur la médiocrité. Il ne lui prescrit rien, il ne la connait point, elle n'existe point pour lui ; l'art donne des ailes, et non des béquilles. » En revanche, sa pondération innée, son goût formé par de riches lectures classiques, lui font apporter certaines atténuations et dresser des barrières à ne pas franchir. C'est ce qui lui dicte la chaleureuse défense du vers dramatique. Tout ce qui demeure en lui de classique bronche contre les audaces ravageuses d'un Stendhal, qui n'a pas le sens du vers. Certes, il n'explique pas comment il prétend concilier la nature et l'art, ni pourquoi les concessions faites à l'art s'arrêtent au vers sans aller jusqu'aux règles. L'emploi du vers répond à l'atmosphère de vérité héroïque qu'il veut créer et il sait fort bien de quel avantage il se priverait en renonçant au vers (témoin, ses drames en prose d'après 1830). Ainsi, dans le confus débat théorique des années 1820-27, il en prend et il en laisse à la guise de son instinct poétique.

Cette œuvre offre donc un reflet psychologique assez fidèle de son auteur en 1827. C'est une année de transformation, et H. Guillemin suppose « qu'autour de ses vingt-cinq ans, Hugo a traversé un orage ». A cet âge, il paraît mûr comme un homme de trente. Marié depuis cinq ans, il gagne courageusement la vie de son ménage, Adèle et ses deux, bientôt trois enfants : François-Victor naîtra le 21 octobre 1828.

Coup sur coup, la mort de Mme Foucher (fin 1827) et celle du général Hugo (29 janvier 1828) frappent son foyer et, rompant ses derniers liens de tutelle, accroissent encore le sens des responsabilités du jeune père de famille, qui se voit chargé d'un nouvel enfant, sa très jeune belle-sœur Julie, née en 1822, et de la liquidation de l'héritage paternel, pratiquement nul et compliqué. Il est aidé, dans cette dernière tâche, par son frère Abel, qui a épousé en décembre 1827 l'amie et le professeur de dessin d'Adèle, Julie Duvidal de Montferrier. L'état d'Eugène, enfermé à l'hospice Saint-Maurice de Charenton, est désespéré. Victor n'a pas le droit de le voir.

Au physique, les traits de son visage ont pris une fermeté étrangère à la séduisante gravité du jeune fiancé de 1822. Ses lèvres ont, sur le dessin de 1827 par Achille Devéria, ce contour sinueux et volontaire qui s'affirmera encore sur la lithographie exécutée en 1829 par le même artiste. La physionomie respire une « placidité sérieuse », mais les narines palpitantes annoncent la passion : ces deux traits sont signalés par Gautier dans le mémorable récit de sa visite, effectuée trois ans plus tard, à l'auteur d'*Hernani*. Si l'on préfère le signalement des passeports à des impressions visiblement influencées par l'admiration et le souvenir, on peut comparer au « front vraiment monumental », tel que l'a vu Gautier, un front moyen ou haut, aux yeux fauves, « pareils à des prunelles d'aigle », des yeux bruns ou gris, et compléter ce visage ovale, que Devéria a peut-être encore allongé, par un nez gros ou ordinaire et une bouche moyenne ou uniforme. A l'inverse, il faut sans doute tenir compte du manque d'imagination des préposés, qui nous apprennent d'autre part que la taille de Victor Hugo mesurait 1,70 m en 1825, 1,73 m en 1834. Il n'était donc pas si petit qu'on l'imagine ; sa carrure seule, en s'élargissant avec l'âge, lui donnera l'air trapu. Il a le visage rasé, le teint pâle — qui ira en se colorant — et s'habille avec correction.

Au moral, ses contemporains s'accordent à lui trouver un air militaire, dont quelque chose semble être passé dans les attaques décidées de ses poèmes. Raideur naturelle à son âge, peut-être cultivée : Ph. Chasles parle de ses « airs d'officier de cavalerie qui enlève un poste », de sa « poignée de main d'empereur ». Sa fierté ombrageuse lui dicte parfois des refus catégoriques. Il nourrit des ambitions grandes et précises : pour lui, la première place, et, pour sa famille, une vie indépendante et assurée. Il est au premier rang de cette génération qui, selon J. Janin, a contribué à donner sa dignité au métier d'homme de lettres. Littérairement, il n'accepte d'entrer en compétition qu'avec Lamartine, comme il le confie à Fontaney. Mais il est loin de ne vivre que pour l'écrit. Sa femme, ses enfants, ses amis l'occupent au moins autant. Il invite ceux de quelques années, Lamartine, Vigny, qui viennent volontiers lors d'un passage à Paris, ceux d'hier, Sainte-Beuve, Boulanger ou Pavie. Avec les derniers venus, il est plein d'attentions et de cordialité, cultive le disciple, faisant même trop bonne mesure dans ses louanges épistolaires. Le cercle s'élargit toujours autour de lui et, débordant les lettres, réunit un architecte, un historien, des peintres, des graveurs, des sculpteurs. Les parties de campagne chez la mère

Saguet, du côté de Vanves, achèvent de donner un tour impromptu à ce « cénacle » formé sous le signe de l'art et de la bonne humeur.

Dans cette ambiance, Hugo, tout en travaillant à ses projets de drames qui aboutiront à *Marion de Lorme* et *Hernani*, œuvres jumelles de 1829, se détend, avec plus de confiance en lui, à écrire des poèmes colorés et alertes qui se répartiront entre les *Ballades* et *les Orientales*. L'année 1828 s'inscrit, pour Hugo, dans le cadre de cette phase que P. Martino a appelée avec raison le « romantisme fantaisiste ». Elle se marque par l'influence de Ronsard et de la Pléiade, dont un témoin est le *Tableau de la poésie française au seizième siècle*, publié par Sainte-Beuve en juillet. Si important qu'il soit, ce livre n'a pas apporté une révélation à Hugo, qui avait recommandé l'auteur à Nodier, grand connaisseur de ces poètes. Mais il a confirmé son goût et étendu son information. Dès le 15 janvier 1827, dans une lettre au père de Victor Pavie, rédigée à l'intention de ce dernier, Hugo se réclamait « des résultats d'études, bonnes ou mauvaises, sur le génie de notre poésie lyrique ». Au moment où le poète recherche des sources d'inspiration toujours plus variées, la poésie du XVIe siècle concourt, avec les impressions remportées de ses récents voyages, à tourner Hugo vers le spectacle de la nature. « On l'appelait, écrit Sainte-Beuve, le gentil Belleau et Ronsard le nommait le *peintre de la nature...* La pièce du mois d'*Avril* est celle qui a le mieux conservé sa fraîcheur. » C'est cette gentillesse de tour et cette fraîcheur d'impression que, d'après de tels exemples, Hugo retrouve en évoquant une soirée radieuse après l'averse (*Pluie d'été*), le vol d'une *Demoiselle* ou ses *Rêves,* d'un gracieux abandon, toutes pièces que Sainte-Beuve classe précisément dans la catégorie des « odes rêveuses ».

La poésie de la Pléiade ne fournit pas seulement le ton, elle offre une riche collection de schémas rythmiques, parmi lesquels Hugo choisit des « patrons » tout prêts à recevoir l'étoffe chatoyante de ses vers. « La versification, lisait-on dans le *Tableau*, dut à Ronsard de notables progrès. Et d'abord il imagina une grande variété de rythmes lyriques et construisit huit ou dix formes diverses de strophes... C'est seulement de nos jours que l'école nouvelle en a reproduit quelques-uns. » Sous la forme de *Ballades* ou d'*Orientales*, selon que son effort de dépaysement s'exerce dans le temps ou dans l'espace, Hugo compose des fantaisies qui lui permettent de satisfaire à la fois son goût du pittoresque et sa virtuosité poétique. Le rythme est la couleur du vers, et Sainte-Beuve réunit significativement ces deux séries sous la rubrique des « odes pittoresques ». On a vu qu'une orientale, *la Ville prise*, avait d'abord figuré parmi les *Ballades,* et *les Djinns* sont une ballade sur un thème oriental. Il s'en faut d'ailleurs que le poète publie tous ses essais. Déjà se remarque cet aspect de son économie créatrice qui lui fait réserver certaines de ses pièces pour un emploi ultérieur ou glisser telles autres dans une œuvre où l'on ne les attend pas : les chansons des fous de *Cromwell* étaient aussi des ballades, et quelques-unes ne seront publiées que dans *Toute la Lyre*.

Paru en août 1828, chez Bossange, le recueil définitif des *Odes et Ballades* fait la somme de ses efforts anciens et récents. Il ajoute une nouvelle préface aux trois précédentes et comporte cinq livres d'odes de 1818-1828, classées selon un ordre d'allure chronologique. Les trois premiers, réservés aux odes politiques et de circonstance, le respectent à peu près. Les deux autres sont particulièrement remplis : le quatrième est affecté aux « sujets de fantaisie » et contient dix-huit pièces, dénuées de fantaisie mais effectivement consacrées à ce qu'on appelle en peinture des « sujets » (*Moyse sur le Nil, le Chant de fête de Néron*) ; le cinquième se compose de vingt-cinq pièces d'« impressions personnelles », où, du *Vallon de Chérizy* à *Rêves*, chemine doucement la veine qui constituera l'inspiration majeure des *Feuilles d'automne*. Ainsi commence de se vérifier le jugement, valable pour toute son œuvre, que Victor Hugo émettra, avec le recul, en 1876 : « Dans mon œuvre, les livres se mêlent comme les arbres dans une forêt. Il y a des branches des *Châtiments* dans *les Feuilles d'automne* et des branches de *la Légende des siècles* dans *les Orientales* et *les Burgraves*. » Le lyrisme intime de Hugo, cher à Sainte-Beuve, a commencé avec les *Odes* et ressort de ce regroupement.

Il est également vrai que *les Orientales*, toutes contemporaines qu'elles étaient des *Ballades*, marquaient par rapport à celles-ci un réel élargissement, qui méritait de les faire passer, aux yeux du poète, pour le berceau de sa veine épique. Le volume parut peu après, en janvier 1829, chez Gosselin. A l'éditeur semble revenir l'idée de rassembler des pièces jusque-là éparses ou inédites en un recueil centré sur l'Orient. Les dates de composition vont de 1825 à la fin de 1828, et Hugo met une certaine coquetterie, dans sa préface (1829), à prétendre que « c'est une idée qui lui a pris d'une façon assez ridicule l'été passé en allant voir se coucher le soleil ».

En réalité, dès 1823, le baron d'Eckstein, directeur des *Annales*, encourageait les jeunes poètes à se tourner vers l'Orient, selon l'appel de F. Schlegel, le frère du théoricien romantique dont il a été question. Tout un mouvement d'intérêt pour l'Orient, proche ou extrême, s'était dessiné depuis le début du siècle. Hugo ne manque pas d'en tirer parti dans sa préface en opposant l'orientalisme du XIXe siècle à l'hellénisme des précédents (3). En fait, il n'y avait pas rupture. R. Schwab (4) fixe le signal de ce renouveau à la traduction du *Zend-Avesta* par d'Anquetil-Duperron (1771). Les voyageurs, les conteurs et les archéologues avaient attiré l'attention sur l'Orient, et la Grèce était sur l'itinéraire de Paris à Jérusalem ou au Caire. L'empire ottoman était trop mêlé aux ruines du monde antique pour en être abstrait, et Chateaubriand, dans sa description d'Athènes, ne pouvait oublier la silhouette d'un ânier ou les « murs blanchis » par les Turcs à côté des colonnes du Parthénon. Mais l'opposition était commode au jeune théoricien romantique, et le goût se portait depuis longtemps déjà, par réaction contre la tradition et la sobriété classiques, vers des civilisations mal connues, donc étranges, et des formes d'architecture irrégulières et ornées. Hugo retrouvait dans l'art oriental la bizarrerie de lignes brisées ou

3. R. Canat, dans *l'Hellénisme des romantiques* (Didier, 1951), souligne la permanence de l'intérêt pour l'Antiquité grecque et l'essor des études philologiques.

4. *La Renaissance orientale*, Payot, 1950, voir aussi L. Guimbaud, *Les Orientales de Victor Hugo*, Malfère, 1928 (éd. Sfelt).

courbes et la décoration fouillée qu'il appréciait dans l'art gothique. Il ne s'intéressait pas encore, comme certains de ses contemporains, à l'aspect religieux ou philosophique de cette découverte.

L'actualité politique ajoutait à cette curiosité artistique un autre et puissant motif d'intérêt : depuis 1821, les Grecs essayaient de secouer la domination ottomane. La personnalité romantique de Byron, mort à Missolonghi en 1824, avait accentué parmi les artistes et les intellectuels la popularité de l'insurrection, officiellement désavouée. Au mouvement philhellène fait écho une abondante littérature, à laquelle les romantiques contribuent. Pour se borner à quelques échantillons, *les Messéniennes* de Delavigne (1829), les *Chants hellènes* de Guiraud (1824), le *Dernier chant du pèlerinage d'Harold,* appendice et hommage de Lamartine au poème de Byron (1825), la toile de Delacroix, *les Massacres de Scio* (Chio), exposée au salon de 1824, la musique composée par Graziani sur le thème du *Giaour* de Byron, créent une ambiance à laquelle Hugo ne pouvait rester étranger. Dès 1825, il écrit *Hymne oriental (la Ville prise),* en 1826 les *Têtes du sérail* et en 1827 trois autres *orientales.*

Le travail créateur est de même nature, mais plus poussé, que celui des *Ballades.* Hugo se met dans l'atmosphère par des lectures ou des spectacles appropriés, puis laisse son imagination, ainsi excitée, nourrir et innerver la matière obtenue. A défaut du *Divan* de Gœthe (1819, trad. 1835), dont Guimbaud crut surprendre des reflets dans certaines *orientales* plus classiques, on a décelé diverses sources de tonalité ou de documentation : descriptions de l'*Itinéraire* de Chateaubriand, *Mémoires* d'Ibrahim-Manzour, *Voyages* et *Histoire* de Pouqueville, scènes dramatiques de Byron (*Mazeppa,* un fragment du *Giaour* pour *Clair de lune*), la Bible surtout (*le Feu du ciel* pénétré d'images de la *Genèse*), et, d'autre part, le recueil des *Chants populaires de la Grèce moderne* par Fauriel (1824-25), les traductions de poèmes orientaux demandées à l'érudit Fouinet, d'où le poète tire des effets de vocabulaire ou des équivalences pour ses propres images. Le *Romancero* traduit en 1822 par son frère Abel ranime ses propres souvenirs de l'Espagne mauresque. Des fragments de correspondance ou de comptes rendus d'expositions permettent de mesurer l'impression pathétique que Hugo reçut des tableaux de Delacroix et de Boulanger. Enfin, la série des *Soleils couchants,* publiée ultérieurement dans *les Feuilles d'automne,* complète, à la manière des esquisses des peintres, la phase préparatoire de ce travail. Les images du ciel récoltées le soir aux portes de Paris ou naguère en voyage viennent couler leur matière encore vibrante entre les arabesques capricieuses par lesquelles nous voyons, d'après ses dessins, de date d'ailleurs postérieure, que le poète se représentait l'Orient.

Ce recueil méritait un franc succès. Il l'obtint, bien que l'histoire de ses éditions reste embrouillée. Il ne faut pas seulement y voir le triomphe de l'art pour l'art. Ces poèmes développent des sentiments d'héroïsme, d'enthousiasme, d'amour ou de mélancolie, qui touchèrent les contemporains. Mais nous sommes plus sensibles à la recherche du pittoresque, qui les frappa également et faisait du livre, aux yeux de Sainte-Beuve, un « trône merveilleux dressé à l'art pur ». Elle se reconnaît au vocabulaire même, où derviches, pachas et péris, toute une nomenclature nautique orientale (dans *Navarin*) relaient chevaliers, palefrois, dames, troubadours et sylphes. Mais l'essence poétique des *Orientales* n'est pas dans cette couleur superficielle, ni même dans la structure dramatique, aussi manifeste dans la chevauchée éperdue de *Mazeppa* que dans le calme perfide de *Clair de lune*. Grecques, arabes, espagnoles ou, de leur premier nom, « algériennes », elles ont pour personnages principaux, non pas un Canaris ou un Achmet, mais le soleil, la lune, toutes les variétés de la lumière, qui pouvaient encore séduire, plus tard, un poète né sous les tropiques comme Leconte de Lisle. Le rythme, extrêmement varié, rehausse l'éblouissement et s'adapte au ton de chaque poème. Vif dans *les Djinns*, langoureux dans la délicieuse chanson de *Sara la baigneuse*, toujours imitatif, comme dans *Mazeppa* où le schéma ternaire de chaque demi-strophe traduit admirablement l'allure haletante et déséquilibrée du galop, il envahit tellement la forme que la mélodie seule semble guider le sens. Il s'en dégage une pétulance communicative, qui résume à la fois la jeunesse et l'aisance du poète. André Gide, malgré ses préventions contre le grand rhétoriqueur de la suite, ne pouvait s'empêcher de la partager, peu de temps encore avant sa mort :

> J'avoue mon faible pour *les Orientales*. Il n'y a, dans ce presque premier recueil de vers, aucune prétention à la profondeur... ni d'autre émotion que lyrique, d'un enthousiasme juvénile ; qu'une joie de rythmes et de rimes ; une éclosion ravissante, si souriante, si réussie que mon admiration pour elle reste aussi vive et aussi fraîche qu'aux premiers jours.

Cette appréciation d'un critique posé ne doit pourtant pas nous faire oublier des poèmes comme *le Feu du ciel*, *Mazeppa* et *la Bataille perdue*, qui annoncent les aspects variés de sa veine épique, tour à tour ou ensemble visionnaire, héroïque, historique même. Le premier, par exemple, nous offre une vision très caractéristique de cette veine :

> Voilà que deux cités, étranges, inconnues,
> Et d'étage en étage escaladant les nues,
> Apparaissent, dormant dans la brume des nuits,
> Avec leurs dieux, leur peuple, et leurs chars et leurs bruits.

On la retrouve amplifiée dans *la Pente de la rêverie* (1830), des *Feuilles d'automne* :

> D'autres villes aux fronts étranges, inouïs,
> Sépulcres ruinés des temps évanouis,
> Pleines d'entassements, de tours, de pyramides..., etc.

Des pièces de 1839, *Puits de l'Inde*, des *Rayons et les Ombres*, et *Saturne*, recueillie dans *les Contemplations*, l'acheminent jusqu'à l'épanouissement de *la Légende des Siècles*.

De même, *le Dernier jour d'un condamné* prépare, avec *Claude Gueux*, le grand projet des *Misérables* qui commence à se former dans l'esprit de Victor Hugo. Ce nouveau roman, publié un mois après *les Orientales*, le 7 février 1829, et chez le même éditeur, a été écrit à la fin de 1828, probablement assez vite, comme une longue nouvelle. On y sent le mouvement de la passion qui veut, comme dit Berret, « émouvoir pour convaincre ». Dans sa préface de 1832, l'auteur a mis l'accent sur cet aspect de l'ouvrage : après la religion et la monarchie autoritaire, la peine capitale devait à son tour disparaître. En imaginant de décrire les dernières heures d'un condamné à mort, dont on ignore le crime et qui, jeune encore, a une femme et un enfant, Hugo se proposait d'inspirer l'horreur du châtiment suprême et de condamner à la désuétude cette coutume selon lui inhumaine et indigne d'une nation civilisée. Le *Victor Hugo raconté* s'étend sur la genèse de l'œuvre d'une manière qui prouve son importance aux yeux de l'écrivain, et relate les émotions successives qui, depuis son enfance, en passant par l'exécution de Louvel, l'assassin du duc de Berry (1820), jusqu'au châtiment d'un parricide en 1825 et à une répétition du bourreau en 1828, l'ont décidé à écrire contre la peine de mort. Cette entreprise indique en effet un moment capital de son évolution politique et sociale : elle reflète le libéralisme humanitaire qui, dès à présent, prend la place de l'idéal monarchique. Son angoisse n'est pas feinte : on la verra nourrir ses courageuses interventions aux procès de la Chambre des Pairs, publiées sous diverses formes dans *Choses vues* et *Actes et Paroles*. A la fois pour l'aviver et par souci d'exactitude, Hugo se documente, il assiste, à plusieurs reprises, au ferrement des forçats à la prison de Bicêtre, il se familiarise, autant par goût du pittoresque d'ailleurs, avec l'argot, révélé par les *Mémoires* de Vidocq (1828). Ce n'est pas là le fait d'une curiosité passagère : nous le verrons, d'après ses récits de voyage et ses lettres, manifester le même intérêt passionné pour les bagnes de Brest et Toulon et les prisons de Paris. Il s'y mêle un peu de cette curiosité morbide qui lui fera visiter, en diverses occasions, les lieux de crimes et d'accidents (*Choses vues*).

La conception de l'œuvre écarte tout élément d'intrigue ou d'anecdote. C'est un roman d'introspection, concentré sur l'évolution mentale du condamné. Dans une lettre à l'éditeur Gosselin, Hugo le rapproche lui-même du *Voyage sentimental* de Sterne et, beaucoup plus justement, du *Voyage autour de ma chambre* de Xavier de Maistre, fait d'aussi peu de chose. La préface de la 3e édition, sous forme d'un dialogue de comédie, souligne doublement le caractère *atroce* du point de vue. C'était inscrire le livre dans la série des manifestations romantiques ; mais il va beaucoup plus loin. Hugo s'incarne dans ce condamné à mort, auquel il prête ses souvenirs d'enfance, il adopte la première personne et bâtit un pathétique journal de ses derniers moments, dont la forme n'est pas moins originale que l'idée. Ce mélange d'analyse et de rêve, de pitié et de cruauté est d'une résonance moderne : il faut attendre Dostoïevsky et ses *Souvenirs de la maison des morts*, c'est-à-dire un récit authentique, pour en trouver la réplique, d'ailleurs infiniment approfondie. Telle quelle, cette étude âpre et passionnément sincère, tient une place à part dans l'œuvre romanesque de Victor Hugo.

Il y a un peu du même esprit dans la conception du drame dont il se proposait alors de faire un défi romantique, *Un duel sous Richelieu* (premier titre de *Marion de Lorme*). Didier mourait sans pardonner à Marion : cédant aux instances de ses amis, Hugo adopta en 1831 un dénouement moins sévère. Bien que le drame ait attendu cette date pour être représenté, il avait été conçu en 1828 et écrit en juin 1829 avec le propos d'appliquer les principes de la doctrine nouvelle dans les limites de la scène. A l'acte II, une discussion sur *le Cid* en 1638, date de l'action, constituait une ingénieuse défense de l'innovation. Depuis la *Préface* de *Cromwell*, les amis du poète attendaient de Hugo, et Hugo de lui-même, le drame qui serait à la fois un coup d'éclat et un chef-d'œuvre. Déjà, en février 1829, *Henri III et sa Cour* d'Alexandre Dumas avait été la première grande manifestation romantique au théâtre. Primitivement, dans la pensée de Hugo, c'est *Marion*, et non *Hernani*, qui devait jouer ce rôle. Réclamée par Taylor pour le Théâtre-Français, elle fut interdite en août par une censure ombrageuse qui craignait un rapprochement entre Louis XIII et Charles X. Après avoir recouru en vain au roi lui-même et repoussé fièrement l'offre du Ministère de tripler sa pension, le poète, comme il dit, « fit *Hernani* ».

Ces circonstances sont importantes à retenir. Elles expliquent les différences et les analogies de ces œuvres jumelles qui ont en commun le sujet général : l'amour de deux jeunes gens contrarié par la société et le passé, mais triomphant dans la mort. L'agent du destin y est, sinon un vieillard, un homme près de mourir, Ruy Gomez ou Richelieu. La figure du grand cardinal a hanté l'imagination des romantiques. Vigny, avant Hugo et Dumas, avait tracé dans *Cinq-Mars* (1826) le portrait d'un ministre jaloux et cruel, qui a fixé la légende. Cette œuvre d'un ami, dont le chapitre XX présente une *Lecture chez Marion Delorme* a probablement donné à Hugo l'idée du cadre où il situe son sujet et sûrement influencé sa conception des personnages. Le IVe acte portait d'ailleurs, dans le plan primitif, le titre d'un autre chapitre du même roman, *la Partie de chasse*, qui se déroule également à Chambord. Enfin, l'époque Louis XIII était à la mode, et les romantiques en goûtaient fort l'héroïsme et la poésie.

L'intrigue est simple et vive. Marion, retirée des aventures à Blois, s'est éprise d'un inconnu, l'officier Didier, qui ignore le passé de celle qu'il aime aussi bien que le sien propre. Au IIe acte, un duel l'a opposé au jeune marquis de Saverny, qui avait eu autrefois les faveurs de Marion et les recherche de nouveau. Or, Richelieu a interdit le duel sous peine de mort. Saverny passe pour tué, et Didier, poursuivi, est recueilli avec Marion par une troupe de comédiens ambulants, dans une scène renouvelée de *Kenilworth*. Mais le lieutenant-criminel Laffemas les découvre sous les masques de la Chimène et du Matamore et offre à Marion contre le prix d'une nuit la grâce qu'elle a, en même temps que le duc de Nangis, oncle de Saverny, vainement implorée du roi. Fixé sur l'identité de Marion et blessé dans son amour, Didier lui crie son mépris, mais se laisse enfin fléchir par la sincérité de sa douleur et, lui ayant pardonné, s'achemine avec Saverny vers l'échafaud : thème bien romantique de la purification du passé par l'amour et la mort. Cependant, on voit apparaître sur la scène la litière du cardinal, « l'homme rouge qui passe ».

Suivant sa méthode de travail habituelle, Hugo a consulté des documents d'époque : il mentionne dans ses notes le jurisconsulte Despeisses à propos de Laffemas et le *Menagiana* de La Monnoye sur le bouffon royal l'Angely ; mais un ouvrage de seconde main l'avait probablement mis sur leur piste. D'autre part, des impressions personnelles s'inscrivent dans le travail de conception. C'est le cas de cette baraque de saltimbanques, installée en face du cimetière Montparnasse, qui, d'après le *Victor Hugo raconté,* lui aurait donné l'idée du IIIe acte, intitulé *la Comédie* ; on y voit la troupe de baladins reçue au château de Nangis, dont la porte est tendue de noir : contraste bien conforme aux théories de la *Préface* de *Cromwell.* Enfin, par la place attribuée au châtiment capital, le drame rejoignait les préoccupations du *Dernier jour.* Ce travail d'élaboration terminé, Hugo mit seulement vingt-trois jours à la rédaction : cette rapidité d'exécution explique le mouvement et l'unité de ce drame, bien fait à tous égards pour représenter le drame romantique.

Historique, il met en scène Louis XIII et évoque la grande ombre du cardinal, qui plane sur toute l'action et en particulier sur le dernier acte. Comique, il mêle aux coups d'épée une troupe de comédiens et un fou, qui occupent respectivement le IIIe et le IVe acte, et offre ici et là des intermèdes de badinage mondain, imités de Molière. Tout au long du drame, enfin, Hugo tisse la romance émouvante de Marion, femme légère, illustre et généreuse, et de Didier, sombre héros sans nom : amour malheureux et fatal, aux deux sens du mot, où se burine la figure inquiète du héros romantique. Joué au lendemain d'*Antony* et sur le même théâtre de la Porte-Saint-Martin, le drame de Hugo donna lieu à un rapprochement sans fondement, mais instructif, avec celui de Dumas : Didier, comme Antony, est un enfant trouvé, et sa passion pour une courtisane touche au mélodrame du boulevard. Bâtard, tourmenté, puritain de la vertu, Didier est plus complètement qu'Ordener, fils de vice-roi, le premier type accompli de la série qui aboutit à Ruy Blas. Il la symbolise par ces vers connus, marqués au signe de la *Melancholia* de Dürer, que les poètes de 1830 ont tant aimée et déformée :

> ... Oui, mon astre est mauvais.
> J'ignore d'où je viens et j'ignore où je vais.
> Mon ciel est noir...

Enfin, l'alexandrin s'adapte au ton. Les suppliques de Nangis et de Marion offrent un exemple frappant de sa souplesse : le discours superbe du vieux duc contraste avec le désordre pathétique et haletant de l'émouvante courtisane.

On ne saurait mieux résumer la note juvénile de *Marion de Lorme* qu'en citant les lignes par lesquelles Gautier définit le théâtre de 1830 lors de la reprise de *Chatterton* en 1857 :

C'était le temps du drame historique, shakespearien, chargé d'incidents, peuplé de personnages, enluminé de couleur locale, plein de fougue et de violence ; la bouffonnerie et le lyrisme s'y coudoyaient selon la formule prescrite ; la marotte des fous faisait tinter ses grelots, et la bonne lame de Tolède, tant raillée depuis, frappait d'estoc et de taille.

Hernani correspond moins exactement, ou de façon plus complexe, à ce signalement. Comme dans *Marion*, l'action se déroule en différents lieux et en plus d'un jour ; mais le mélange du comique et du tragique y est peu sensible, pour ne pas dire inexistant. En revanche, l'éloquence et le lyrisme y sont plus accentués. Conçue en même temps, mais écrite après, d'ailleurs aussi rapidement (29 août-24 septembre 1829), cette œuvre a bénéficié de l'entraînement acquis. L'art du poète dramatique y a gagné en souplesse et en fermeté, en ampleur surtout ; mais il a perdu en simplicité.

Le sujet sort de l'imagination du poète. La documentation est mal connue. Hugo invoquait, dans un entrefilet publié par voie de presse, un passage d'une chronique vraisemblablement imaginaire sur la jeunesse de Charles-Quint et la « révolution [qui] se fit en lui » du jour où il devint empereur. Plus que des faits précis d'histoire, il y a l'atmosphère sentimentale qui s'inspire du *Romancero* de son frère Abel, des tragédies espagnoles de Corneille, des drames de Schiller et du théâtre espagnol. L'étude de genèse est à faire.

L'intrigue repose sur le trio d'amoureux, — *tres para una,* porte en sous-titre le manuscrit, — commun à *Marion* et bientôt à *Notre-Dame* : un vieux gentilhomme, un roi, un prince rebelle déguisé en bandit rivalisent d'amour autour de doña Sol. Le vieillard, Ruy Gomez, s'est acquis un droit sur Hernani en le dérobant à la justice du roi. Leur conspiration échoue. Devenu empereur, don Carlos pardonne à son rival et, en lui rendant son titre, lui accorde doña Sol en mariage. Seul, le vieillard n'oublie pas : le soir des noces de don Juan, il viendra lui rappeler la dette d'Hernani en sonnant de son cor qu'il a gardé en gage (procédé déjà utilisé dans *Amy Robsart* et directement inspiré de *Kenilworth*) ; aux cadavres des deux amants, il ajoute le sien. C'est le dénouement de *Marion*, amplifié.

L'élaboration de ce sujet assez simple est complexe et d'une manière cornélienne. Cette complexité ira d'ailleurs en s'accentuant dans les romans et les drames de Victor Hugo. On peut le décomposer en :

1 — un sujet historique : l'avènement au trône du prince don Carlos, sa victoire progressive sur les vieilles indépendances féodales et son accession à l'empire, dans le cadre de l'Espagne du XVIe siècle, parcourue de bandes rebelles, et de l'Europe en pleine fermentation ;

2 — un sujet psychologique et moral : cette victoire politique s'accompagne d'une lutte intérieure dans l'âme de don Carlos, où l'amour et la haine font place à la dignité et à la clémence. Ce thème issu de *Cinna* et déjà développé dans *Cromwell* se prête au jeu des sentiments héroïques : ils concourent à la couleur psychologique du drame, dont le sous-titre est *l'Honneur castillan ;*

3 — un drame d'amour : le duo idéal Hernani-doña Sol croise la fatalité, qui attache encore au charme de cette princesse son tuteur et un roi.

Ce double caractère de son théâtre, historique et moral, Hugo l'avait réalisé dans *Marion de Lorme,* qui développait également, mais avec moins de puissance, un moment de l'histoire, fertile en passions. La résonance nouvelle vient surtout du thème lyrique. Tandis que la passion de Didier et Marion gardait un ton conventionnel et avait parfois la raideur de l'outrance, le roman d'amour d'Hernani et de doña Sol, frais et sombre, atteint un degré de pureté ardente qui semble émaner du temps des *Lettres à la Fiancée* : le ton reste délicat dans la violence (« Mon duc, rien qu'un moment !... »). L'arrière-plan espagnol, d'autre part, donnait au poète l'occasion d'exprimer des sentiments de son goût (fierté, courage, indépendance) et de projeter sur le drame des images de son enfance, qui lui communiquent un frémissement de vie étranger à *Marion.* On peut se demander toutefois s'il justifie l'abus des métaphores zoomorphiques (lion, tigre, aigle). Le public moderne, on l'a constaté encore récemment, réagit comme les classiques de 1830 aux excès de ton, à la longueur des développements et à l'invraisemblance des situations. Un dosage subtil de la charge par les acteurs servirait peut-être mieux, de nos jours, ce texte éclatant, chaleureux, coloré et juvénile, qui touche en effet les auditoires vraiment jeunes de cœur. Il faut entrer ingénûment dans le jeu pour y prendre son plaisir.

Les circonstances ont fait d'*Hernani* la grande *bataille* des romantiques. Le mot, à quelque trois siècles de distance du *Cid,* n'est pas déplacé. Dès que la pièce fut acceptée (octobre), Hugo eut à vaincre plus d'une résistance. La censure fut la moindre. Averti par l'expérience de *Marion*, le poète soumit aussitôt son manuscrit et obtint l'autorisation au prix de quelques modifications. Il tint bon pour certaines : le maintien accordé, après discussion, des injures à don Carlos (*Lâche, insensé, mauvais roi*) illustre bien la faiblesse irritante de ces chicanes. Les répétitions constituaient une autre épreuve de persévérance. Dumas a raconté avec humour les passes d'armes de l'auteur avec Mlle Mars, qui ne goûtait ni les vers ni le manque d'égards du jeune poète. A part Joanny, les autres acteurs n'acceptaient le texte qu'avec réticence et l'interprétaient avec le souci d'éviter le pire. Hugo se méfiait d'eux ; ils furent pourtant consciencieux. A l'approche de la première (25 février 1830), la curiosité du public était excitée : des parodies circulaient, des copies infidèles ou partielles paraissaient, dont Hugo attribuait l'origine au manuscrit déposé à la censure ; les journaux attaquaient ou défendaient d'avance, parfois tâchaient de restreindre la portée de l'événement, qui menaçait de prendre, lisait-on dans *la Quotidienne,* « une sorte d'importance politique ». La partie n'était pas moins délicate à jouer avec les amis qu'avec les adversaires. La « cabale », aux yeux de Victor Hugo, s'était entraînée sur *le More de Venise,* adapté par Vigny d'*Othello* et représenté en octobre 1829. Il se flattait d'avoir à cette occasion « ramené » cet ami dans ses rangs. Il avait perdu ou s'était aliéné l'appui ou même, comme il disait, la « neutralité » de Nodier, de Janin, de Latouche, qui, dans des publications répandues comme *le Figaro, la Quotidienne* et *la Revue de Paris,* ne ménageaient pas les pointes ou indisposaient leurs lecteurs contre les allures de la nouvelle école.

Les troupes, on le sait par le vivant récit de Gautier et celui du *Victor Hugo raconté*, furent recrutées parmi des rapins et des étudiants, inconnus la veille comme Gérard de Nerval, mais tous animés de la foi romantique et résolus à s'ébattre. La rencontre de cette garnison, cantonnée de force dans l'enceinte du théâtre pendant toute l'après-midi, avec les habitués du Français, ne pouvait manquer de faire naître une sourde hostilité, qui éclata à propos des moindres hardiesses du drame. Le IVe et le Ve acte emportèrent la victoire. La vraie bataille commença avec la seconde représentation et dura pendant les quarante-trois autres, de février à juin 1830. L'opposition, encouragée par une presse en majorité défavorable, prit conscience d'elle-même et empêcha le succès de surprise de la première de se reproduire. Mais le coup était porté. Les recettes étaient excellentes, malgré le nombre de billets gratuits. L'éditeur Mame offrait un contrat avantageux, et Hugo, assailli de demandes, chargeait son ami l'éditeur Paul Lacroix de défendre ses intérêts. Les élèves du collège Bourbon demandaient une représentation réservée. Aux yeux de la jeunesse, *Hernani* valait bien la victoire du *Cid*, ainsi que l'écrivit plus tard Gautier, car, comme l'autre, elle était la leur. Du jour au lendemain, la correspondance le montre, Hugo avait acquis la célébrité d'un jeune général vainqueur.

En avril, il quitta la rue Notre-Dame-des-Champs pour s'installer aux Champs-Élysées, 9, rue Jean-Goujon. Son foyer s'agrandissait, — sa femme attendait une naissance pour juillet, — son propriétaire désirait retrouver sa tranquillité, et lui-même n'était pas fâché d'écarter les assiduités de Sainte-Beuve et de ses trop nombreux admirateurs. Adèle, qui devait être son dernier enfant, naquit le 28 juillet, en pleine révolution. Cela explique assez que, l'eût-il désiré, le poète se tint à l'écart des événements. Il ne s'en désintéressait pas. « On fait de la politique, écrivait-il peu après à Lamartine, comme on respire. » L'interdiction de *Marion de Lorme*, les récentes restrictions de la liberté d'expression qui avaient conduit en prison son ami Bertin, directeur du *Journal des Débats*, avaient refroidi son zèle, mais non sa loyauté. Bientôt, en octobre, Lamennais allait fonder *l'Avenir*, dont le libéralisme social répondait assez à l'évolution de ses opinions. Surtout, Hugo était plongé dans la conception de *Notre-Dame de Paris*.

En même temps que *les Orientales* et *le Dernier jour*, il avait promis à Gosselin un roman en 2 volumes in-8° pour le 15 avril 1829. De proche en proche, il en avait remis la rédaction jusqu'au 1er septembre 1830. L'éditeur, fâché de n'avoir pas eu *Hernani*, accorda un délai jusqu'au 1er décembre, puis jusqu'au 1er février 1831, sous peine d'une forte amende par semaine de retard. Hugo « entra dans son roman comme dans une prison », lisons-nous dans le *Victor Hugo raconté*. Sa tristesse s'évanouit dans l'ardeur de la création. Le 15 janvier, l'œuvre était prête. Elle parut à la mi-mars. C'était un nouveau tour de force, quand on songe au déploiement d'imagination nécessité en si peu d'années.

En 1828, Hugo avait préparé un canevas, qui est conservé dans le *Reliquat* du manuscrit. Il a fréquenté alors assidûment la Bibliothèque de l'Archevêché, avant sa mise à sac pendant les journées révolutionnaires. Il a lu toutes sortes d'ouvrages susceptibles de le renseigner sur la « petite histoire » de Paris au XVe siècle. Nous le savons par le roman, qui les cite, par les feuillets du *Reliquat*, qui gardent trace des notes prises, et par le *Victor Hugo raconté*. Ce sont surtout des compilations du XVIIe siècle sur les *Antiquités de Paris* par Sauval (publié au XVIIIe), par du Breul, mais aussi les *Chroniques* de Pierre Mathieu, des dictionnaires de démonologie, ou même des études d'archéologie (5). L'exemple de W. Scott, dont *Quentin Durward* lui a sans doute inspiré le choix de l'époque, n'est jamais loin. On a cru retrouver sa Fenella (*Peveril du Pic*), et aussi Mignon de Gœthe, dans la gracieuse bohémienne de Hugo.

L'observation et les souvenirs personnels se mêlent intimement à ces documents et les font revivre pour lui. Il y a d'abord la cathédrale, que le poète a contemplée et étudiée en détail, avec cette passion du gothique qui faisait dire à Nodier qu'il était possédé par le démon Ogive. Les sculptures de la pierre et du bois ont pu lui donner le ton de cette fantaisie, un peu ténébreuse, qui règne dans le roman comme dans l'édifice. Il n'est pas jusqu'à cet abbé Oegger, premier vicaire de Notre-Dame en 1830, qui n'ait pu suggérer à Hugo le personnage de l'archidiacre Frollo : P. Leroux, fondateur avec Dubois du *Globe*, avait rendu compte dans un numéro d'avril 1829 d'un ouvrage de « symbolique » de ce prêtre tourmenté, mystique et savant, bientôt appelé à quitter l'Église. Parfois, des souvenirs de moindre importance se glissent ici et là : de Reims, par exemple, où Hugo place la jeunesse de la Chantefleurie, la « recluse », et qu'il avait visité en 1827 ; d'Adèle, « la petite espagnole » évoquée dans *le Dernier jour* et dont il prête la silhouette à la Esmeralda ; qui sait si l'ombre de Sainte-Beuve n'a pu lui suggérer d'obscures analogies ?

L'imagination du poète travaille cette vision romantique du Moyen Age, la burine, la pousse au noir ou l'éclaire d'un rayon d'amour ou de comédie, comme fait le graveur dans les états successifs de sa planche. Elle la dispose sur le canevas primitif. De cette sèche intrigue, réduite à la rivalité amoureuse de l'archidiacre Frollo, de sa créature Quasimodo et du poète Gringoire, elle fait jaillir en 1830 le personnage du capitaine Phœbus (selon R. Escholier, caricature du frère de Julie Duvidal), l'histoire de la Sachette, etc. Peu à peu, le projet se précise en des phrases sans lien, destinées à servir de jalons à la rédaction. Il n'y manquait plus que ce temps de maturation inconsciente, pendant lequel Hugo hésite encore, jusqu'au moment où le mouvement créateur coïncide enfin avec la nécessité de livrer l'ouvrage à l'éditeur.

Cette œuvre, beaucoup plus complexe que les précédentes, se présente d'abord comme un *roman historique*. Hugo s'en est défendu. Voici ce qu'il écrivait, dit-il, à son éditeur :

> C'est une peinture de Paris au XVe siècle et du XVe siècle à propos de Paris. Louis XI y figure dans un chapitre. C'est lui qui détermine le dénoûment. Le livre n'a aucune prétention historique, si ce n'est de peindre avec quelque science et conscience, mais uniquement par aperçus et par échappées, l'état

---

5. G. Huard, *N.-D. de Paris et les antiquaires de Normandie*, Revue d'Histoire littéraire, juillet 1953.

des mœurs, des croyances, des lois, des arts, de la civilisation enfin, au XVe siècle.

Projet ambitieux, qui, malgré les réserves expresses de l'auteur, met l'accent sur cet aspect de l'œuvre. Le volume portait en sous-titre une date : 1482. A vrai dire, Hugo n'était guère sorti de l'atmosphère historique avec ses ballades et ses drames. Le genre du roman historique, mis à la mode par W. Scott, le tentait depuis 1823 ; tour à tour, Vigny, Mérimée et Balzac s'y étaient essayés. Toutefois, leurs techniques différaient. A cet égard, Hugo est plus près des derniers que de Vigny : celui-ci traitait les personnages historiques en héros de romans ; Hugo préféra les situer au second plan de l'action et donner les premiers rôles aux héros nés de son imagination. Cette reconstitution d'atmosphère pouvait intéresser les historiens de son temps : Michelet, un peu plus tard, renvoyait son lecteur aux magnifiques chapitres du Livre II (*Notre-Dame* et *Paris à vol d'oiseau*).

A propos de Scott, Hugo avait défini son idéal : « un roman, à la fois drame et épopée ». C'est de l'histoire vue par un poète, et c'est bien ce qui fait son prix. « Au reste, ajoutait-il dans la lettre citée, ce n'est pas là ce qui importe dans le livre. S'il a un mérite, c'est d'être œuvre d'imagination, de caprice et de fantaisie. » Là est, en définitive, le caractère dominant de l'œuvre : c'est un *roman poétique*. Le thème historique donne lieu à deux effets différents : d'une part, une fresque épique, où se développe la vie secrète et passée de la cathédrale (notamment l'assaut des truands et l'incendie) ; d'autre part, des descriptions et des scènes pittoresques (la Fête des Fous, la Cour des Miracles), dont la truculence évoque Rabelais ou les peintres flamands. L'imagination de Victor Hugo opère d'elle-même le mélange des genres. Cette œuvre parfaitement romantique réalise le vœu émis par le poète en 1826 : si, selon Chateaubriand, la cathédrale gothique est une stylisation de la forêt, *Notre-Dame de Paris* a la luxuriance de la forêt vierge. Ce n'est pas seulement par sa facture, mais par son sujet que l'œuvre appartient à l'imagination. Qu'on y songe, cette histoire d'un prêtre convoitant une bohémienne et jalousé par un monstre, son esclave, est d'une extravagance choquante. Hugo n'aurait pas osé la concevoir avant 1828. C'est le signe d'un changement dans ses idées et dans celles de son temps, car le livre n'eut pas de démêlé avec la censure.

En effet, *Notre-Dame de Paris* est encore un *roman à idées,* comme *le Dernier jour d'un condamné*. Hugo est hanté, dès ce moment, par la défense des proscrits du genre humain. Son premier monstre, Han, n'était pas dépourvu d'un certain discernement dans son appétit d'universelle vengeance. Quasimodo, sous la difformité qui effraie, cache le dévouement et le sens de la justice d'un primitif ; il en a aussi les instincts féroces. Esmeralda est belle et pure ; c'est le milieu qui en fait une sorcière. Mis à l'index de la société par leur naissance, ils sont condamnés à être poursuivis par la haine irréfléchie des autres hommes, et leur sort repose, finalement, entre les mains du plus saint en apparence, en réalité du plus trouble de ses représentants. La violence systématique de ces contrastes dénonce la thèse. Sur le plan des idées, il faut ajouter le thème de *Guerre aux démolisseurs*, texte de 1825 sur la défense des monuments, complété et publié en 1832, et l'interprétation symboliste de l'architecture, thèse d'origine allemande répandue par P. Leroux, que Hugo se proposait de développer dans deux nouveaux romans, restés à l'état de projets et destinés, annonçait le prospectus, à « compléter mes vues sur l'art du Moyen Age dont *Notre-Dame de Paris* a donné la première partie ».

Notre-Dame de Paris est, enfin, selon la formule hugolienne, un *roman dramatique*. Le drame naît du choc des idées abstraites dont le poète a fait ses personnages : laideur et bonté de Quasimodo, ascétisme et concupiscence de Frollo, beauté stupide de Phœbus. Gœthe, dans un entretien relaté par Eckermann, a vivement critiqué le schématisme inhumain, la raideur de « marionnettes » de tels personnages. Il n'avait pas tort. La fatalité, inscrite au seuil même de l'œuvre comme son mot-clef, entraîne ces « trois cœurs d'hommes faits différemment », le sonneur, le prêtre et le capitaine, dans une ronde d'amour hallucinée autour de la danseuse à la chèvre. *Tres para una* : c'est la disposition d'*Hernani* et de *Marion*. Mais la fatalité romantique, qui guidait obscurément les amours de Didier et d'Hernani, est plus saisissante dans cette composition où elle apparaît symbolisée par la cathédrale, dont la grande ombre glacée plane mystérieusement sur l'action.

Ce tour de l'œuvre serait incomplet si l'on ne disait rien de l'écriture. Thibaudet y voit « une des créations de la prose française ». C'est, dans sa manière, un chef-d'œuvre de style et la réalisation dans le roman, avec la variété que ce genre implique, de la prose somptueuse inaugurée par la *Préface* de *Cromwell*. Il est permis de n'en pas goûter la prodigalité, que ne déserte jamais un sens du rythme hérité de Chateaubriand, la richesse étudiée du vocabulaire à l'affût du mot technique, de l'histoire de l'art à l'argot, la syntaxe oratoire fondée sur l'abus des synonymes et des réitérations. Mais ces traits constituent son originalité propre, qui fait pâlir, par comparaison, la prose des romans contemporains. Seul, *Volupté* de Sainte-Beuve témoigne en 1834 d'un effort comparable pour renouveler la langue du roman psychologique par la poésie. Tel développement sur l'art de la cathédrale évoque par anticipation les séquences de Péguy, tel autre l'opulence ornée de Claudel. Il existe une sorte de romantisme de notre prose moderne, qui, *mutatis mutandis*, atteste l'influence persistante de cet exemple. A l'image du style et des personnages, la technique du roman comporte un élément monstrueux : la digression. Dans les romans de Sterne et de Diderot, elle s'accordait à la nonchalance systématique de la progression ; Hugo en fait une pièce maîtresse d'un nouvel art du roman, opposé à la sobriété et à l'unité classiques. Balzac l'adoptera, et aussi les Goncourt. C'est un trait acquis d'une branche au moins de notre tradition romanesque.

Ce livre fut un succès. Même s'ils réprouvaient les idées, les contemporains louèrent l'art et le style. Il consacra la gloire du poète d'*Hernani*. En août 1831, *Marion* prenait sa revanche sur la scène de la Porte-Saint-Martin. A peine âgé de trente ans, Hugo avait derrière lui une dizaine de volumes, dont plusieurs réédités et certains estimés d'ores et déjà des chefs-d'œuvre. Il a abordé tous les principaux genres. Avec les directeurs de revues, il traite de haut. Il écrit à Véron, de *la Revue de Paris* : « Je n'ai jamais vendu de manuscrit, si mince qu'il fût, moins de 500 francs. Mais j'en ai quelquefois donné, et je puis le faire encore. » (1829) Il adresse Buloz, de *la Revue des Deux Mondes*, à Sainte-Beuve (1831). Il adore ses quatre enfants, et son foyer garde l'apparence du bonheur. Une telle réussite ne pouvait manquer de lui créer autant d'ennemis que d'admirateurs, parfois les mêmes. Il y a peu de temps, Sainte-Beuve soupirait amèrement : « C'est un homme heureux, plein. » Le désir d'ébranler cette sécurité semble être à l'origine du penchant qui porta celui-ci à cultiver les heures solitaires d'Adèle. D'abord imperturbable, puis gagné par l'impatience, Victor Hugo lutta pour concilier l'amitié et l'amour, la générosité et la prudence, et donna dans le piège (6). La correspondance échangée est pénible : l'un joue la comédie, l'autre la tragédie. Affectant des airs meurtris et chevaleresques, le bon apôtre réussit à toucher l'homme, qui avouait plaintivement, le 10 juillet 1831 : « Je ne suis pas habitué à souffrir ! » Le reste, mal connu de nous et peut-être de Hugo lui-même (7), sort de l'étude littéraire. Le coup était porté et la faille ouverte dans ce bonheur.

---

6. Sainte-Beuve à Hugo, 7 juillet 1830 : « J'ai un regret amer, une douleur secrète d'être pour une amitié comme la vôtre une pierre d'achoppement, un gravier intérieur, une lame brisée dans la blessure ; j'ai besoin de me rejeter sur la fatalité pour m'absoudre d'être ainsi l'instrument meurtrier qui laboure votre grand cœur. »

7. Les vers du *Livre d'amour* sont un témoignage unilatéral. Une correspondance d'Adèle à Sainte-Beuve a été brûlée. Des copies en auraient été prises. H. Guillemin, dernier en date, promet, remet, des révélations définitives. Voir J. Bonnerot, *Les Lettres de Mme Adèle Victor Hugo à Sainte-Beuve, Rapport de H. Havard sur leur destruction en 1885, Revue des Sciences humaines*, oct. 1957, qui contient l'histoire de la question avec des extraits et résumés.

DEUXIEME PARTIE

PARVENU

CHAPITRE IV

LE NAPOLÉON DES LETTRES
DE « L'ÉCHO SONORE » A « LA FONCTION DU POETE »
(1831-1840)

« Pourquoi, maintenant, — demandait Hugo dans la préface de *Marion de Lorme*, — ne viendrait-il pas un poète qui serait à Shakespeare ce que Napoléon est à Charlemagne ? » Au lendemain d'*Hernani*, pour esquiver un compte rendu indésirable, Sainte-Beuve semble répondre à cette question :

> « Cette lutte que vous entamez, quelle qu'en soit l'issue, vous assure une gloire immense. C'est comme Napoléon. Mais ne tentez-vous pas, comme Napoléon, une œuvre impossible ? En vérité, à voir ce qui arrive depuis quelque temps, votre vie à jamais en proie à tous, votre loisir perdu, les redoublements de la haine, les vieilles et nobles amitiés qui s'en vont, les sots et les fous qui les remplacent, à voir vos rides et vos nuages au front qui ne viennent pas seulement du travail des grandes pensées, je ne puis que m'affliger, regretter le passé, vous saluer du geste et m'aller cacher je ne sais où ; Bonaparte consul m'était bien plus sympathique que Napoléon empereur. »

En effet, une nouvelle période de la carrière du poète s'ouvre en 1831. Les trente ans de Hugo coïncident approximativement avec le succès d'*Hernani*, la révolution de 1830 et la crise conjugale. Adèle, il le sait bien, est son dernier enfant. Une période de sa vie est finie, celle qu'il pouvait encore appeler sa jeunesse, et *les Feuilles d'automne*, dont le titre rappelle Millevoye et une dette à son ami V. Pavie (lettre du 17 mars 1827), marquent un adieu à cette jeunesse et l'orientation du poète vers des pensées plus graves. Comme en 1818 il avait fait ses « adieux à l'enfance », il vient (XVIII)

Voir aux feux de midi, sans espoir qu'il renaisse,
Se faner son printemps, son matin, sa jeunesse.

On peut sourire de ces soupirs mélancoliques échappés à un homme
dans la pleine vigueur de son corps et de son esprit. Le fait n'en est
pas moins là, indiqué avec insistance par le choix des titres : *automne,
crépuscule, ombres* évoquent le sentiment d'une fin. Cette fin, il ne
l'ignore pas, n'est qu'une transformation. Sa victoire au théâtre a fait
plus que de lui ouvrir les scènes parisiennes et une carrière d'auteur
dramatique, à laquelle il se donne par priorité. Elle l'a lancé dans le
monde, et il compte bien en profiter. Finis le cénacle, le cercle intime
et familial, où travaillait et recevait un jeune poète aimé. Hugo quitte
sa retraite des Champs-Élysées, éloignée du centre et des écoles, où
Charles a failli succomber au choléra. En octobre 1832, il s'installe
n⁰ 6, place Royale, aujourd'hui place des Vosges, au 2e étage de l'ancien hôtel de Guéménée, où brilla la vraie Marion de Lorme. Ses enfants
sont confiés, en temps voulu, à l'Institution Jauffret, d'où ils iront
suivre, plus tard, les cours du collège Charlemagne. Les fenêtres de
l'appartement découpent avec grâce, sur fond d'arcades et de briques
encadrées de pierres blanches, les verdures du jardin central. Dans ce
décor à la fois historique et populaire (par le voisinage du faubourg
Saint-Antoine), Hugo résidera avec sa famille jusqu'à ce qu'une émeute
l'en chasse en 1848. Il meuble et pavoise son intérieur avec un goût
des antiquités et du faste, commun à de nombreux écrivains du temps,
que ne manquent pas de relever avec malignité ses ennemis.

Il est vrai qu'il s'en est fait par sa jeune gloire et que ses amitiés
se sont renouvelées. Cela est inévitable au cours d'une vie. Des malen-
tendus, l'excès d'admiration de ses nouveaux amis, la cordialité un peu
avantageuse du poète ont écarté les amis de la première heure, Nodier,
Vigny, Dumas pour un temps, et lui ont aliéné de nombreux critiques,
Planche, Janin, Sainte-Beuve, ce qui lui est d'un dommage direct. Ses
accointances avec une jeunesse turbulente et libérale, l'évolution de ses
opinions politiques et religieuses, aisément traitée d'apostasie, bientôt
le scandale de sa vie privée viennent à propos fournir des arguments
aux jalousies éveillées par son succès. Mais ceux qui se retrouvent au
fameux salon rouge sont loin d'être tous des sots. Le mot ne convient
ni à Gautier, ni à G. de Nerval, gagnés par *Hernani*, ni à A. Houssaye,
collaborateur de l'excellente revue romantique *l'Artiste,* ni à Bertin,
le directeur du *Journal des Débats*, qui reçoit l'été Hugo avec sa famille
dans sa propriété des Roches près de Bièvres, ni même au tant soit peu
extravagant Esquiros, qui se livre, à la demande de son hôte, à des
séances de magnétisme. Les artistes Boulanger et David d'Angers sont
toujours fidèles. Sans doute faut-il ajouter de nombreuses relations
occasionnelles, dont la correspondance garde quelques traces. Elle est
moins fournie pour cette période et d'un médiocre intérêt : ce sont
des lettres d'affaires, de recommandation ou de controverse ; beaucoup
doivent rester inédites. Cette ambiance d'admiration et la demande des
éditeurs ou des directeurs de théâtres ont peut-être aidé Hugo à se
montrer moins exigeant pour lui-même. De cette époque date une
confiance en soi débordante, qui le détourne de contrôler sa fécondité.
C'est l'opportunité, plus que la valeur, qui lui dicte le choix des poèmes
à publier, et l'appréciation sévère de Sainte-Beuve en 1834 sur les
« succès fatigués de ses derniers drames » n'est pas sans fondement.

L'entrée de Juliette Drouet dans la vie de Victor Hugo a joué son rôle dans cette transformation, qui a un aspect de libération. Selon R. Escholier, le poète avait remarqué l'actrice dans un bal d'artistes (janvier 1832). Il la retrouve, en février 1833, au théâtre de la Porte-Saint-Martin, où elle tient avec succès le petit rôle de la princesse Negroni dans *Lucrèce Borgia*. Elle était belle, et dans l'éclat de ses vingt-six ans. Il était beau, et dans l'éclat de sa gloire. Le relâchement de sa foi et la séparation physique d'Adèle (probablement depuis 1830) l'exposaient à l'aventure. Elle eut lieu dans la nuit du 16 au 17 février, le samedi qui précédait le Mardi-Gras (1), et les deux amants commémoreront scrupuleusement cet anniversaire. Au fidèle Pavie, qui a dû exprimer son émotion, Hugo écrit en juillet, avec un mélange nouveau d'humilité et d'assurance :

> Je n'ai jamais commis plus de fautes que cette année, et je n'ai jamais été meilleur. Je vaux bien mieux maintenant qu'à mon temps d'*innocence* que vous regrettez. Autrefois, j'étais innocent ; maintenant, je suis indulgent. C'est un grand progrès, Dieu le sait. J'ai auprès de moi une bonne et chère amie, cet ange qui le sait aussi, que vous vénérez comme moi, et qui me pardonne et qui m'aime. Aimer et pardonner, ce n'est pas de l'homme, c'est de la femme.

Il est probable que Mme Hugo rendit, au moins tacitement, à son mari sa liberté. De son côté, elle en profita pour revoir Sainte-Beuve à l'insu de Victor Hugo. En revanche, elle tolérait un caprice et s'en émut seulement lorsqu'il s'avéra sérieux. Cette liaison, qui devait durer un demi-siècle, traversa, dans ses deux premières années, plus d'un orage, oublié dans l'effusion de la réconciliation. Puis, l'équilibre se fit. Victor régla les dettes de Juliette. Elle renonça à son existence brillante, mais hasardeuse, d'actrice entretenue et accepta de vivre dans l'ombre du poète, occupée à de modestes travaux de copie, qu'il lui payait de caresses et de poèmes. Elle ne sortait de sa retraite que pour l'accompagner discrètement dans ses voyages d'été, qui leur devinrent une nécessité et une habitude : en Bretagne (1834), en Picardie et en Normandie (1835), en Bretagne et Normandie (1836), en Belgique (1837), en Champagne (1838), sur les bords du Rhin, du Rhône et en Suisse (1839-1840), aux Pyrénées et en Espagne (1843). Ces voyages de détente, éclairés par l'amour, enrichissent prodigieusement l'imagination de Victor Hugo : il porte un regard neuf sur la nature et les édifices ; il se met à les dessiner, et ces croquis fixent son attention ; il découvre dans les musées étrangers des tableaux de Dürer, de Rembrandt, de Van Eyck, qui approfondissent sa vision. Ses impressions s'élaborent dans les lettres qu'il adresse à sa femme ou à Boulanger et communiquent à sa poésie un renouvellement prolongé (2). Un effet plus matériel de ce ménage parallèle fut d'ajouter aux difficultés financières de Hugo : son désir d'indépendance et les circonstances l'avaient

---

1. Ce point, élucidé par M. Levaillant dans un appendice de *Victor Hugo, Juliette Drouet et « Tristesse d'Olympio »*, Delagrave, 1945, est confirmé par la lettre de J.D. du 17 février 1840, *Mille et une lettres d'amour*, Gallimard, 1951.
2. Voir une étude particulière de ce sujet dans ma *Fantaisie*, t.I.

mis dans l'obligation de renoncer à sa pension et de se contenter de ses droits d'auteur ; la liquidation de l'héritage paternel, enfin terminée, n'avait rien rapporté ; son train de vie s'était augmenté, et Mme Hugo se plaignait de n'avoir pas assez d'argent pour y pourvoir en même temps qu'à l'entretien des enfants ; Hugo travaillait davantage et souvent tard le soir ; ses yeux se fatiguaient, et Juliette s'inquiétait pour la santé de son « cher petit homme ».

Les préoccupations causées par cette double vie, par ses responsabilités accrues de chef de famille et d'homme de lettres, par le moment historique et la conjoncture privée ont détourné le poète de la virtuosité pure des *Orientales* et donné à son œuvre un retentissement, selon le cas, plus intime ou plus général. Sa production, pendant cette période, est abondante. Elle se répartit entre la poésie et le théâtre. D'une part, Hugo publie, à intervalles presque réguliers, quatre recueils de vers : *Les Feuilles d'automne* (déc. 1831), *les Chants du Crépuscule* (oct. 1835), *les Voix intérieures* (juin 1837), *les Rayons et les Ombres* (mai 1840). D'autre part, il donne, coup sur coup, un drame en vers, *le Roi s'amuse* (nov. 1832) et trois drames en prose, *Lucrèce Borgia* (fév. 1833), *Marie Tudor* (nov. 1833) et *Angelo, tyran de Padoue* (avril 1835) ; puis, après un répit, un nouveau drame en vers, *Ruy Blas* (nov. 1838). Entre temps, il a recueilli divers articles ou études sous le titre *Littérature et Philosophie mêlées* (mars 1834) et publié d'abord en revue, puis en plaquette, *Claude Gueux* (sept. 1834), complément au *Dernier jour d'un condamné*. Enfin, il se dispose à faire paraître les lettres de ses deux voyages en Allemagne, qui formeront *le Rhin*.

Cette production se prête mal à une analyse chronologique, qui aboutirait à la dispersion des idées et aux redites. Son caractère essentiel, en effet, est un approfondissement réel, concordant avec la maturité du poète. Sainte-Beuve l'a signalé dès *les Feuilles d'automne* : « c'est le fond, écrivait-il en 1831, qui est nouveau chez le poète plutôt que la manière. » Deux inspirations dominantes s'en dégagent : la philosophie, si l'on entend par là les doutes religieux et les méditations sur la destinée humaine qui prennent une large place dans sa poésie ; d'autre part, la politique, c'est-à-dire les espérances et les inquiétudes politiques et sociales qui se manifestent notamment dans *les Chants du Crépuscule* et *les Rayons et les Ombres*, dans *Marie Tudor* et *Ruy Blas*, et naturellement dans les deux essais. Bien des pensées de l'exil ont leur source dans les réflexions de ces dix années.

1830 marque, au point de vue religieux, un désarroi de la pensée, qu'A. Bellessort a analysé dans une étude de *XVIIIe siècle et Romantisme*. Le cléricalisme de la Restauration a provoqué une violente réaction. Les doctrines des philosophes du XVIIIe siècle, qui ont nourri les générations en présence, reparaissent plus fortes que jamais. Un scepticisme foncier succède à la pratique extérieure de la religion, qui n'est plus sentie en profondeur. Le culte est devenu une habitude périmée, l'idée même de Dieu semble se mourir. Le « voltairianisme agressif » des bourgeois, selon le mot de Bellessort, se manifeste ouvertement. Au moins ceux-ci, occupés par le commerce et la finance, peuvent-ils se consacrer à un nouveau dieu, l'argent. Mais, dans les âmes tournées vers l'idéal, cette libération ravageuse a laissé un pénible sentiment de vide, dont les poètes se sont faits les interprètes (cf. Musset, *Rolla*). Aussi voit-on pulluler les parodies (culte des grands hommes lancé par l'abbé Chatel, religion saint-simonienne dont un illuminé matois, Enfantin, se fait le pontife) ou les adaptations (tentative de Lamennais, vouée à la dissidence). Mais ni le vide ni ces substituts ne satisfont les âmes religieuses et le problème de la destinée humaine se pose à elles avec plus d'acuité que jamais.

Hugo a peut-être été ébranlé moins qu'un autre par le courant contemporain. S'il était catholique sous la Restauration, moins par conviction intime que par conformisme, sa croyance en l'existence de Dieu, un Dieu plus ou moins personnel, n'a pas été entamée. Mais la crise de doute, que d'autres traversent à vingt ans, c'est maintenant, avec son temps, qu'il va l'éprouver. L'affaire Sainte-Beuve et la liaison avec Juliette accélèrent son détachement de la foi catholique, sans ébranler ses principes fondamentaux. Ses enfants feront leur première communion, et, à mesure que Léopoldine grandit, le poète ne perd aucune occasion d'élever les pensées de sa fille vers Dieu, comme *la Prière pour tous* et ses lettres le montrent. Par tempérament, il aimait trop la vie pour s'abandonner à un désespoir stérile et complaisant. Ce n'est pas dire qu'il n'a pas ressenti l'angoisse contemporaine, à laquelle font écho ses poèmes de 1830-1840. Il l'a même exprimée avec cette tendance qui le disposait à dramatiser ses sentiments.

Dans la pièce XIX des *Rayons et les Ombres* (3), Hugo en recense les principaux thèmes :

> Mes sujets éternels de méditations,
> Dieu, l'homme, l'avenir, la raison, la démence (4)...

Le problème central est l'énigme de la destinée de l'homme, plus obscure et troublante que « les puits de l'Inde » (*R.O.*, XIII). Toute une série de poèmes, répartis dans les quatre recueils, commente ces interrogations : que sommes-nous, où allons-nous, pourquoi ? Dès les premiers, le plus caractéristique est certainement cette *Pente de la Rêverie* (*F.A.*, XXIX), déjà évoquée et tant admirée de Renouvier et de Thibaudet. Datée de mai 1830, elle échappe à certains des motifs indiqués ci-dessus et correspond surtout à un moment de dépression de la maturité. A l'homme qui se plaint de vieillir (cf. *F.A.*, XVIII) répond l'ancienneté du monde. Le poète est saisi par le vertige de l'étendue et de la durée universelle. Son esprit est assailli de vagues de visions chaque fois plus reculées dans l'espace et le temps : amis, vivants et morts, inconnus, horizons éloignés, races disparues s'accumulent dans sa méditation pour ériger l'image de « cette Babel du monde ». Ce vertige des origines, déjà exprimé dans une pièce mineure (*F.A.*, XVII), se traduit par une véritable hallucination visuelle :

---

3. Nous désignerons dans la suite les recueils par leurs initiales.
4. Son frère Eugène meurt le 20 février 1837 à Charenton.

> Je vois en moi des tours, des Romes, des Cordoues...

ou auditive :

> Il écoute, pensif, marcher le genre humain.

Dès à présent Hugo se constitue un vocabulaire philosophique particulier, mi-abstrait, mi-imagé, où les images perdent leur valeur figurative et les mots abstraits en gagnent une : *océan, nuit, spirale, Babel* deviennent, avec beaucoup d'autres du même genre, des mots-clefs, et *hagard, ébloui, épouvanté, sinistre, hideux,* etc., des épithètes indicatives d'un état ou d'un objet de vision ; ajoutons-y l'emploi des substantifs abstraits au pluriel (*entassements,* par exemple, revient deux fois dans ce poème), renouvelé du style lamartinien avec une vigueur évocatrice qu'il n'y a pas, et plus tard tourné en procédé par les écrivains impressionnistes. Ce sont là des acquisitions définitives de la poésie hugolienne.

Quelle est la solution de l'énigme ? Le mot de la fin n'est qu'une variante de l'énoncé : *l'éternité.* Ailleurs, Hugo précisait *l'éternité de Dieu (F.A.,* XII). D.W. Buchanan a cherché à orienter l'évolution du sentiment religieux chez le poète dans ces années. Elle s'y prête mal. Dans le *Journal d'un jeune révolutionnaire de 1830,* publié en 1834 dans *Littérature et Philosophie mêlées*, on remarque une déclaration catégorique :

> Mon ancienne conviction royaliste-catholique de 1820 s'est écroulée pièce à pièce depuis dix ans devant l'âge et l'expérience. Il en reste pourtant encore quelque chose dans mon esprit, mais ce n'est qu'une religieuse et poétique ruine. Je me détourne quelquefois pour la considérer avec respect, mais je n'y vais plus prier.

Cette association est significative : de même que la monarchie lui apparaît par moments un régime périmé par rapport aux exigences politiques et sociales de son temps, la religion catholique, dont le sort est lié dans son esprit à celui de la royauté, lui semble une expression historique du sentiment religieux, dépassée par le progrès de la science et de la pensée contemporaines. Ce qui survit, c'est ce condensé de l'Évangile : « Rien que l'aumône et la prière » (*C.C.*, I). On peut parler, selon le point de vue, d'un relâchement ou d'un élargissement de son catholicisme jusqu'à une sorte de déisme à nuance chrétienne et à tendance humanitaire. Le poème de 1834 connu sous le nom de « la Cloche » (*C.C.*, XXXII) nous laisse sur une note de confiance, mais aussi de confusion. Comme le bronze couvert de graffiti appelle les fidèles à la prière du soir, le poète glorifiera Dieu de toute son âme pécheresse. La poésie, hymne de prière et d'amour, sera « l'harmonie immense qui dit tout ». Mais, avant et après ce psaume rassuré, les doutes subsistent et assaillent le poète par crises chroniques. De nombreux poèmes, dont plusieurs dédiés à Louise Bertin, la fille de son hôte des « Roches », reflètent ces débats intérieurs dont elle semble avoir été, en ces années, la confidente : ce sont, entre autres, *Que nous avons le doute en nous (C.C.,* XXXVIII), *Pensar, Dudar (V.I.,* XXVIII), aux titres éloquents. Ils sont loin de constituer une profession de pyrrhonisme, fort éloignée de sa manière de penser, mais constatent « l'infirmité » de l'esprit humain :

> Tout corps traîne son ombre et tout esprit son doute.

Une note ultérieure du poète, recueillie dans le volume posthume *Océan* au titre *Religion*, commente curieusement ce dernier vers de *Pensar, Dudar* :

> Pour qui veut le creuser, il y a plusieurs sens dans ce vers qui tous proviennent d'ailleurs de l'idée principale. — Entre autres celui-ci : Nos doutes sont faits à l'image de notre esprit comme notre ombre à l'image de notre corps, tantôt plus grands, tantôt plus petits, selon le rayon de soleil ou de foi.

Image trompeuse : c'est à midi que l'ombre est le plus réduite. Hugo a-t-il voulu dire que plus la foi était grande, plus graves étaient les doutes ? Les siens varient d'après les impressions de sa sensibilité. Tantôt la générosité de « la Vache » (*V.I.*, XV) symbolise à ses yeux la prodigalité indifférente de la nature (« Pour tous et pour le méchant même / Elle est bonne, Dieu le permet ! », précise-t-il dans *V.I.*, V) ; tantôt le foisonnement obscur des bois au crépuscule lui présente une vision fantastique d'Albert Dürer (*V.I.*, X) ; tantôt enfin, les champs offrent leur « Spectacle rassurant » au poète, qui entonne un cantique d'allégresse : « Tout est lumière, tout est joie ! » (*R.O.*, XVII). Contemporain de cette dernière pièce, le poème cosmique de *Saturne* (1839), recueilli dans *les Contemplations*, constitue un témoin formel de la continuité de ce lyrisme philosophique à travers les œuvres du poète et montre qu'aucune étude de sa pensée religieuse ne saurait se dispenser, comme on le voit faire trop souvent de nos jours, de se référer aux poèmes antérieurs à l'exil.

S'il s'avouait précocement vieilli par ses doutes religieux et ses rêveries philosophiques, le poète se sent une vigueur nouvelle à participer au mouvement politique et social de ce « siècle... grand et fort ». Il le proclame contradictoirement dans *les Feuilles d'automne* : « Oui, je suis jeune encore... » (XL). Et c'est pour délivrer sa vertu d'indignation. La « corde d'airain » promise, on le sait, forme *les Chants du Crépuscule*, ce « recueil de poésie politique » annoncé dans la préface du précédent. Dans celle de *Lucrèce Borgia*, Hugo se déclare résolu à « mener de front la lutte politique, tant que besoin sera, et l'œuvre littéraire ». Dès avant, la nouvelle préface du *Dernier jour* (mars 1832), le retentissant procès du *Roi s'amuse*, interdit après la première représentation (nov. 1832), et, après les préfaces de ses drames, l'*Étude sur Mirabeau* (1834) et ses poèmes font de ce parallélisme une contamination des deux activités.

L'évolution politique de Victor Hugo est à peu près celle qu'il prêtera à Marius dans *les Misérables*. Mais il faut prendre garde que ses opinions, loin d'être doctrinaires, restent mêlées de sentiments étrangers à la politique. D'abord royaliste par soumission à sa mère et par conformisme aux idées du temps, il était devenu bonapartiste autour des années 1827-28 par fidélité au souvenir de son père, découvert peu après 1822, et par dépit des procédés autoritaires du gouvernement. En cela, il suit d'ailleurs l'évolution du siècle. Après la mort du duc de Reichstadt en 1832, il se rallie plus ou moins à la tendance *dite* républicaine. Dans *Actes et Paroles*, Hugo ne date cette étape de sa pensée que de juin 1849. Le détachement n'est accompli qu'alors. En fait, il y tendait sous la forme d'un libéralisme qui n'est plus guère associé au régime monarchique que par des liens d'ordre sentimental. Mais ces liens comptent. « A la vérité, écrit-il au roi Joseph en février 1833, nous marchons plutôt vers la république que vers la monarchie ; mais à un sage comme vous, la forme extérieure du gouvernement importe peu. » A lui aussi, pourvu que l'homme au pouvoir lui inspirât confiance — roi Joseph ou roi Louis-Philippe, une fois qu'il l'eut connu — et que son gouvernement respectât la seule idée qui lui tenait au cœur : la liberté, dont le nom revient sans cesse dans sa correspondance et son œuvre pendant ces années. On peut dire que les sentiments politiques de Victor Hugo, pendant cette période, tiennent en trois points : culte de Napoléon, libéralisme, attention croissante aux questions sociales.

Depuis les *Odes*, l'attitude du poète à l'égard de Napoléon a évolué en proportion inverse de son royalisme. L'hostilité de 1822, qui vouait « Buonaparte », « fléau vivant », un de ces « faux dieux », à l'oubli éternel (« Laissez-le fuir seul dans les âges ! ») avait bientôt fait place à la compassion pour le martyr de Sainte-Hélène (*les Deux Iles*, 1825) et au respect pour le chef glorieux de l'armée française (*A la Colonne*, 1827). Cette première ode de ce nom exaltait « la ruine triomphale de l'édifice du géant ». 1828 ajoute à l'admiration la reconnaissance formelle de son influence (« Lui partout ! », *Or.*, XL) et marque le début de l'obsession napoléonienne :

> Tu domines notre âge ; ange ou démon, qu'importe ?

L'ambiance n'est pas étrangère à ce revirement : les dessins de Raffet, les chansons de Béranger, la désaffection pour un gouvernement sans grandeur ont plus fait pour la constitution de la légende napoléonienne que les anciens hommes de l'Empire, « ingrats » et « usés », comme l'écrit Hugo au roi Joseph. Après 1830, l'admiration est devenue un culte, dont il se fait le prêtre (*F.A.*, XI),

> A l'empereur tombé dressant dans l'ombre un temple...

Très régulièrement, chacun des quatre recueils y contribue d'une ou deux pièces mémorables (*F.A.*, XI et I, *C.C.*, II, *F.A.*, XXX, *C.C.*, V et XVI, *V.I.*, IV, *R.O.*, XII), qui, après la disparition au moins provisoire d'espoirs précis, confirment le poète dans sa fonction de conservateur national :

> Je garde le trésor des gloires impériales.

Hugo n'exagérait pas en écrivant au roi Joseph (6 sept. 1831) : « Votre Majesté a pu remarquer qu'à chacun de mes ouvrages, mon admiration pour son illustre frère est de plus en plus profonde, de plus en plus sentie, de plus en plus dégagée de l'alliage royaliste de mes premières années. » De ce fait, son culte pour Napoléon est inséparable de son libéralisme, dont, par un curieux paradoxe du temps, l'empereur mort devient le champion :

> Car nous t'avons pour dieu, sans t'avoir eu pour maître...

remarque-t-il finement dans la seconde ode *A la Colonne (C.C.*, II). Napoléon reste, pour lui, l'héritier des idées révolutionnaires, le réalisateur du plan qu'il prête à Mirabeau, le défenseur du progrès, donc de la liberté, un de ces génies qui font « doubler le pas au genre humain » (*C.C.*, I). Comme Balzac et quelques autres, Hugo le prend pour modèle de sa conquête littéraire en attendant de réaliser par le développement de sa destinée les affinités qu'il se découvre déjà avec lui.

Le sentiment de « l'irrésistible liberté », comme il l'écrit dans *Dicté après 1830*, n'est pas nouveau chez le poète. Il en a pris conscience, on l'a vu, d'abord en littérature. Dans *Notre-Dame de Paris* (V, II), cette conviction se présente avec un caractère de nécessité historique. Hugo constate l'effet de « cette loi de liberté succédant à l'unité », c'est-à-dire à l'absolutisme, dans l'évolution de l'architecture médiévale comme ailleurs : « Toute civilisation commence par la théocratie et finit par la démocratie. » Cette formule sociologique à la Montesquieu, comme Hugo en émettra de plus en plus volontiers, exprime d'abord une conception réfléchie : « Nous aurons un jour la république, écrit-il à Sainte-Beuve le 12 juin 1832, et quand elle viendra, elle sera bonne. Mais ne cueillons pas en mai le fruit qui ne sera mûr qu'en août... La république, proclamée par la France en Europe, sera la couronne de nos cheveux blancs. » Mais elle recouvre aussi une croyance du cœur. Le poète se déclare « aimant la liberté pour ses fruits, pour ses fleurs » (*F.A.*, I). Il ajoute : « le trône pour son droit, le roi pour ses malheurs ». Ce n'est pas une coquetterie : contrairement à l'image cavalière qu'on se fait de son prétendu opportunisme, Hugo met son point d'honneur à ne rien renier d'un passé auquel il reste attaché par des liens qui, comme il dira de Marius, « touchent à sa mère ». Il garde pour les rois déchus, « race morte », un respect tendre et amer (*F.A.*, III, *R.O.*, II). Il est, comme dit Sainte-Beuve, « citoyen de la nouvelle France, sans rougir des souvenirs de l'ancienne ». Aussi, ses revendications de la liberté sous toutes ses formes, presse, opinion, conscience, s'accompagnent-elles d'avertissements aux rois, soutenus par le pressentiment angoissé d'une marche à l'abîme. Il les prie instamment de faire place « à cette mer des hommes ». Loin de souhaiter la révolution, il la redoute. En 1832, après deux années d'émeute, il exprime sa lassitude de ces mouvements populaires, toujours suivis de répressions qui appellent à leur tour de nouveaux ébranlements (*C.C.*, VII) :

> Ne souffrez pas, Seigneur, ces luttes éternelles,
> Ces trônes qu'on élève et qu'on brise en courant,
> Ces tristes libertés qu'on donne et qu'on reprend.

S'il en appelle à Dieu, c'est que le peuple représente pour lui un nouvel élément, une force aveugle et inéluctable, comparable à l'océan, à la « haute marée »

> Qui monte incessamment par son astre attirée (5)

et aux « fureurs » duquel « la meilleure digue » (*C.C.*, XV) est faite de réformes loyales et substantielles.

Le 1er juin 1834, Hugo écrit à J. Lechevalier, directeur de la *Revue du Progrès social* : « Concourons donc ensemble tous... à la grande substitution des questions sociales aux questions politiques. » Cette phrase capitale résume l'évolution de sa pensée, conforme à celle de son temps. Touché par les idées de Saint-Simon et de Fourier (6), il estime de plus en plus que les problèmes sociaux, non seulement sont inséparables des problèmes politiques (et même religieux), mais priment encore ces derniers.

C'est sur le sort des délinquants et des criminels que, par une préférence un peu romantique, il s'est d'abord penché, bientôt convaincu que la déchéance morale résulte de la misère matérielle. On le voit obsédé par la peine de mort, visitant les prisons et les bagnes : après la prison de Bicêtre en 1827, le bagne de Brest en 1834, « plein de curiosités et d'émotions de toutes sortes, » les pontons de Toulon en 1839. Cette compassion, un peu morbide parfois, donne naissance à cette famille d'ouvrages qui, commencée avec le récit à forme autobiographique du *Dernier jour d'un condamné*, se poursuit par la narration sobre et pathétique de *Claude Gueux* (1834) et doit s'épanouir dans le grand projet romanesque des *Misères*, première ébauche des *Misérables*, pour lequel il amasse dès à présent des documents et esquisse une préface. Pour souligner la signification sociale du *Dernier jour,* il publie en 1832 une nouvelle préface, où il exprime l'espoir que « la douce loi du Christ pénétrera enfin le code et rayonnera à travers ». *Claude Gueux* se présente sous la forme d'un plaidoyer posthume, et peut-être mal informé. Le malheureux, condamné pour vol à cinq ans de prison, avait jugé et « exécuté » le directeur de la prison de Troyes, coupable à ses yeux de l'avoir séparé de son camarade d'atelier. Hugo réclamait l'éducation du peuple et la réforme de la pénalité. Il accusait « la société qui ne sait ni élever ni corriger l'homme » (1839).

Puis, ce sont les indigents qui appellent sa pitié, ceux qui errent affamés dans les rues et s'arrêtent parfois « aux vitres du salon doré ». Le sort du jeune poète Ymbert Gallois, mort oublié dans la misère (Paris, 1828), lui inspire en 1833 (Vigny en avait tiré, l'année précédente, le premier épisode de *Stello*) des pages ardentes qui figurent

---

5. *F.A.*, III. Déjà dans le monologue de don Carlos (a. IV) :
   — Ah ! le peuple ! — océan ! — onde sans cesse émue,
   Où l'on ne jette rien sans que tout ne remue !
   Vague qui broie un trône et qui berce un tombeau !...
6. Sur ce problème difficile d'influence, voir : H.J. Hunt, *Le Socialisme et le Romantisme en France*, Oxford, 1935 ; Roger Picard, *Le Romantisme social*, New York, 1944 ; D.O. Evans, *Le Socialisme romantique*, Paris, Rivière, 1948.

dans *Littérature et Philosophie mêlées.* Tant qu'il était lui-même un jeune poète besogneux, sa pensée s'attardait peu au malheur des autres. A mesure que sa situation s'améliore, Hugo paraît gagné par un sentiment complexe de culpabilité, très sensible à la veille de 1848, qui lui ouvre les yeux. Dans les vers de *Noces et Festins* et de *Sur le bal de l'Hôtel de ville,* il montre que le luxe extérieur blesse les pauvres, leur met « la haine au cœur », quand ce superflu des riches pourrait servir à soulager de moins favorisés. De là sa pitié s'étend aux humbles, aux ouvriers des fabriques et des mines, aux gamins des rues, à la couturière en chambre, aux veuves des marins, etc. Quant à lui, il agit par son œuvre, y multiplie les appels à la charité collective ou particulière, se fait l'intermédiaire entre les puissants (souvent le duc d'Orléans) et les faibles, compose et fait vendre une plaquette *(Pour les pauvres)* au profit d'ouvriers chômeurs, intercède auprès de Thiers, ministre de l'Intérieur pour lui demander de verser à une poétesse dans la misère la pension, jadis refusée, qui reste à sa disposition (« Monsieur le Ministre, — Il y a en ce moment à Paris une femme qui meurt de faim... »).

Car, le poète ne se révolte pas contre Dieu, mais rend responsable la société. « Que la société fasse toujours autant pour l'individu que la nature. » Ce mot de l'épilogue de *Claude Gueux* résume sa position et précise la portée symbolique du « ciel bleu » dans ses scènes de misère. Sans doute, il éclaire plus crûment, plus désespérément, la détresse des enfants dans *Rencontre (R.O.,* XXXI) ; mais il s'agit moins d'accuser la nature d'indifférence que de mesurer la responsabilité des hommes :

> Leurs mains rouges étaient roses quand Dieu les fit.

Cette réaction complexe se retrouvera développée, beaucoup plus tard, dans un paragraphe de *Quatrevingt-treize* (III, VII,6) : « La nature est impitoyable... elle accable l'homme du contraste de la beauté divine avec la laideur sociale... il ne peut se soustraire à l'immense reproche de la douceur universelle et à l'implacable sérénité de l'azur. »

Ainsi, en élevant une statue à l'Empereur, en revendiquant la liberté, en faisant alterner les menaces et les prières, en publiant ses craintes et ses espoirs, ses croyances et ses doutes, Hugo assurait la mission religieuse, politique et sociale dont il proclame la nécessité dans *Fonction du Poète (R.O.,* I). Mais dès avant 1839, c'était le thème de ses préfaces. Le poète doit résister à « l'amour des eaux et des bois », qui l'invite à se retirer à l'écart de la mêlée, comme Vigny vient de le faire au Maine-Giraud ; sans entrer dans les luttes de partis, il a le devoir d'éclairer les consciences. C'est le point sur lequel les grands romantiques ont vu, peu après 1830, se séparer d'eux les poètes de la nouvelle génération, nés autour de 1810, restés fidèles au romantisme artiste de 1827 (Th. Gautier, préfaces d'*Albertus*, 1832, et de *Mademoiselle de Maupin*, 1834). Hugo, qui en était le véritable initiateur, n'a pas pris cette autre position à la légère ni sans nuances ; elle se dessinait d'ailleurs ici et là auparavant. « C'est beaucoup d'impiété ou beaucoup de piété, écrit-il à V. Pavie le 25 juillet 1833, je crois accomplir une mission... » Et il le renvoie à l'article qu'il a publié le 29 mai dans *l'Europe littéraire* et qui, remanié et intitulé *But de cette publication*, servira de préface à *Littérature et Philosophie mêlées*. S'il s'étend longuement sur l'importance de la révolution que sa génération a opérée dans les formes littéraires et dans la langue elle-même, il déclare nettement que, sans viser à une *utilité directe*, « l'art d'à présent ne doit plus seulement chercher le beau, mais encore le bien ». Vingt-cinq ans plus tard, Hugo, écrivant à Baudelaire, maintiendra cette position : « Je n'ai jamais dit : l'art pour l'art ; j'ai toujours dit : l'art pour le progrès » (oct. 1859). Sous cet angle, le recueil des *Feuilles d'automne* peut être taxé par lui de « livre inutile » où il n'y a pas « place pour cette poésie qu'on appelle politique et qu'il voudrait qu'on appelât historique ». Cette prétention n'est soutenue en effet clairement qu'à partir de 1833. Il est possible d'en reconstituer le développement logique à l'aide de la préface déjà invoquée et de celles de *Lucrèce Borgia* et des trois derniers recueils de vers.

Principe : le poète, qui remplace désormais le prêtre (cette idée inspirera le célèbre poème des *Mages*, dans *les Contemplations*), « a charge d'âmes ». Comment exerce-t-il cette mission ? Autour de lui se forme « un rayonnement perpétuel de grandes pensées », qui se manifeste par sa parole, ses actes, son œuvre, surtout son œuvre théâtrale, par définition plus accessible et plus frappante. Quels sont les divers rôles du poète ? D'abord, un rôle *historique* de témoin et de juge impartial : « il jette sur ses contemporains le tranquille regard que l'historien jette sur le passé. » Puis, un rôle moral et social, que Hugo appelle *civilisateur* ou *édifiant*, au sens propre du mot : pour construire et restaurer le présent, il se fonde sur les vertus cardinales, « vénération pour la vieillesse..., compassion pour la femme..., culte des affections naturelles », il cherche à relever partout « la dignité de la créature humaine », où « Dieu a mis une étincelle... l'âme ». Enfin, il est « l'homme des utopies », il s'inspire de l'avenir, que son génie, don divin, lui permet de pressentir : l'image du pilote inspiré, chère à Vigny, est un symbole fréquemment utilisé dans les poèmes des *Rayons et les Ombres*. Dernière question : à qui s'adresse-t-il ? Au peuple : « Les masses ont l'instinct de l'idéal. » Mais l'objection inévitable se présente à l'esprit du poète, qui la résout ainsi : il faut distinguer de la « vulgarité » la vraie « popularité... qui se forme du suffrage successif du petit nombre d'hommes d'élite de chaque génération ; à force de siècles, cela fait une foule aussi ; c'est là... le vrai peuple du génie ». Dans cette perspective, l'artiste apparaît « un prédestiné qui doit, en se combinant un jour avec Napoléon, ... donner complète à l'avenir la formule générale du dix-neuvième siècle ». Le prolongement de cette ambition, c'est le débat de 1850.

A cette inspiration idéologique s'adaptent les formes de sa poésie et l'allure même de son verbe. Hugo varie considérablement les combinaisons d'alexandrins et de vers de six ou huit pieds, dans la disposition générale des strophes ou même à l'intérieur de chaque strophe. Le but recherché est toujours de rendre le rythme expressif au maximum.

Par exemple, dans un poème héroïque comme *Dicté après 1830,* Hugo utilise le pas accéléré et agressif du dizain octosyllabique de Ronsard et Malherbe, en alternance avec des strophes compactes d'alexandrins d'un effet massif :

> Quand notre ville épouvantée,
> Surprise un matin et sans voix,
> S'éveilla toute garrottée
> Sous un réseau d'iniques lois..., etc.

> Alors tout se leva. — L'homme, l'enfant, la femme,
> Quiconque avait un bras, quiconque avait une âme,
> Tout vint, tout accourut. Et la ville à grand bruit
> Sur les lourds bataillons se rua jour et nuit, etc.

Dans de tels vers, qui annoncent le mouvement de certaines pièces des *Châtiments* et de *la Légende*, on peut voir le fruit des exercices d'assouplissement et des lectures de la poésie du XVIe siècle que Victor Hugo pratiquait avant 1830 ; on y reconnaît aussi, transposé, le style oratoire des préfaces. Mais Hugo cultive également la simplicité familière et l'intimisme que souhaitait Sainte-Beuve : le ton évangélique de *Rencontre* est déjà celui de *Souvenir de la nuit du 4*, et plus d'une pièce offre le lyrisme discret d'*Elle avait pris ce pli*. Enfin, son style artiste se retrouve, aussi aisé et enrichi, dans les descriptions pittoresques de ses poèmes de voyages, tels que *Écrit sur la vitre d'une fenêtre flamande* ou cette *Lettre*, composée au Tréport en 1839 et recueillie dans *les Contemplations*.

Cette fermentation des idées explique encore l'aspect effervescent de la création hugolienne pendant cette période ; il en fait, toutes proportions gardées, l'équivalent des dix premières années d'exil. Thibaudet a même défendu ces quatre recueils contre la rivalité des *Contemplations* : « la tétrade des années trente, après tout, les vaut poétiquement. » N'allons pas aussi loin : ce n'est pas seulement avec *les Contemplations* qu'ils sont en compétition, mais avec *les Contemplations*, les *Châtiments* et *la Légende des Siècles*, car ils en possèdent déjà tous les éléments réunis. Sans doute Hugo contracte-t-il dès à présent l'habitude de réserver tel ou tel poème pour le cadre plus adéquat d'un recueil ultérieur et d'en dater certains suivant un calendrier fictif. Mais ces recueils ont une structure composite. A la rigueur seulement pourrait-on distinguer chacun d'eux par une tonalité dominante, mais non exclusive : plus intime dans *les Feuilles d'automne*, politique dans *les Chants du Crépuscule*, philosophique dans *les Voix intérieures,* plus imagée et pittoresque dans *les Rayons et les Ombres*. Certes, le grand reproche d'avant 1830 n'est plus de mise : « Le monde intellectuel, le monde des idées existe à peine pour M. Hugo. » Il n'existe que trop désormais, et l'on peut se réjouir que le poète réussisse çà et là à s'évader des préoccupations du penseur et du citoyen vers ses enfants, ses amours ou ses souvenirs *(A des oiseaux envolés, Date lilia).* « Au milieu de ce tumulte, écrit-il à Pavie en novembre 1837, je me suis muré dans un petit sanctuaire où je regarde sans cesse ; c'est là que sont ma femme et mes enfants, le côté doux et heureux de ma destinée. » Juliette Drouet, passée sous silence, a bien jugé (en 1833) que le poète a « fait *les Feuilles d'automne* avec de l'amour, des rires d'enfants, des yeux noirs et bleus, des cheveux bruns et blonds, du bonheur en quantité ». Il n'y a pas de malice à lui faire sa part : l'inquiétude intime perçait aussi çà et là, puis l'apaisement s'est fait, et les poèmes rassérénés aèrent agréablement la gravité des *Voix intérieures*. Dans ce domaine sentimental, le savoir-faire et le don verbal sont autant de gênes dont Hugo doit se débarrasser. Seules, l'intimité de l'évocation, la sincérité de l'émotion *(A Virgile)* donnent au poème ce caractère direct qui touche. Les chants d'amour pour Juliette, qui jalonnent les recueils comme les gages d'une fidélité à démontrer, ne se délivrent pas toujours de l'emphase ou de la banalité. L'éclat de *Tristesse d'Olympio* est dû largement, comme l'a montré M. Levaillant dans son étude détaillée de ce poème, à l'orchestration philosophique de ce thème humain : le poète a désiré revoir seul la maison des Metz, où il a été heureux avec Juliette pendant les étés de 1834-35 ; il est déprimé par le visage étranger des lieux, par le sentiment de la fuite du temps ; la nature le renvoie à la seule réalité, qui est celle, intérieure et incommunicable, du souvenir.

Si l'interférence de la pensée a élevé le ton de sa poésie lyrique, elle semble avoir gâté la verve juvénile de son théâtre. Les couplets, sous l'effet des idées, tournent à la déclamation, surtout lorsque le prestige du vers n'est plus là pour les rehausser. D'autre part, l'imagination de Hugo, prompte à saisir dans ses lectures tout détail un peu extraordinaire, embrouille à plaisir les intrigues, qui succombent aux procédés du mélodrame, substitutions, déguisements et reconnaissances, et à leurs accessoires, escaliers ou échelles, poignards, poisons et narcotiques *(L.B., Ang.)*, sac tragique de Scapin *(R.A.)*, papiers, clef d'or et crucifix, renouvelé de l'amulette d'Esmeralda. Hugo, briguant le succès de Dumas, semble avoir voulu rivaliser avec ce dernier sur son propre terrain. Mais sa conception dramatique n'a pas changé. *Lucrèce Borgia*, son premier drame en prose, dont l'audace emporta l'adhésion romantique, présente une petite innovation technique : la division, reprise des dramaturges espagnols, en actes ou *journées* et en parties. L'essentiel du sujet reste un drame d'amour et de vengeance dans le cadre de l'Europe du XVIe siècle. A travers les variantes locales (France, Italie, Angleterre), annonciatrices d'un plan plus ou moins conscient d'épopée géographique, l'amour se heurte aux préjugés sociaux. Blanche, fille de bouffon, est amoureuse du roi François Ier, Lucrèce Borgia, duchesse d'Este, et Catarina, femme du podestat de Padoue *(Ang.)*, d'inconnus, Gennaro ou Rodolfo. Ces personnages, figures de cartes à jouer, n'ont ni épaisseur ni différence : Triboulet, c'est Quasimodo devenu père, Gennaro est un Didier incestueux sans le savoir et Rodolfo un Hernani heureux, Tisbe la comédienne vaut Marion la courtisane. Hugo intervertit les idées et les apparences, et le jeu de ses combinaisons est réduit : « la paternité sanctifiant la difformité physique, voilà *le Roi s'amuse* ; la maternité sanctifiant la difformité morale, voilà *Lucrèce Borgia*. » La parenté de ces œuvres jumelles, composées en juin et juillet 1832, se poursuit dans le développement de l'action. Triboulet, qui excite le roi à la débauche, tombe victime de ses procédés sur le cadavre de sa fille en criant : « J'ai tué mon enfant ! J'ai tué mon enfant ! » Lucrèce, qui demande vengeance contre l'auteur inconnu d'un outrage à son nom, se met en posture d'empoisonner son fils ou de mourir sous ses coups : « Ah ! tu m'as tuée ! Gennaro, je suis ta mère ! ».

Deux traits sont dignes de remarque. Le premier, c'est l'importance accrue des femmes, peut-être sous l'influence de Juliette Drouet, en quête d'un rôle toujours refusé (elle ne joue celui de Jane dans *Marie Tudor* qu'à la première représentation). Deux drames portent en titre le nom d'une femme, *Lucrèce Borgia* et *Marie Tudor*, deux femmes monstres d'ailleurs, et *Angelo*, qui pourrait s'intituler « la Tisbe », vise à prendre la défense de « toutes les femmes », que la société condamne au malheur. Le second de ces traits remarquables, c'est, parallèlement, le rôle accru du peuple. *Marie Tudor* et *Angelo*, composés en août 1833 et février 1835, dressent tous deux en face du pouvoir arbitraire la ténacité du peuple, animé par sa bonne foi et par la soif de vengeance (Gilbert et la Tisbe). En dépit de son redoublement de complications, *Marie Tudor* est peut-être le plus intéressant de ces drames pour qui veut suivre la conception dramatique de Victor Hugo : c'est, en attendant *Ruy Blas*, celui que l'idéologie du poète a le plus influencé. Une orpheline, Jane (elle sera reconnue pour la fille de Lord Talbot), et un ouvrier, Gilbert, triompheront à grand'peine des noires intrigues de la reine pour réaliser leur rêve d'union. Les diatribes politiques de Simon Renard et la confrontation de l'homme du peuple avec une reine annoncent vaguement *Ruy Blas*. « Pendant que la reine rit, le peuple pleure », apprenons-nous dès la première scène. Le favori Fabiani pille le trésor public, comme les grands au IIIe acte de *Ruy Blas*, et le légat de l'Empereur, Simon Renard, qui « nettoie le palais », préfigure le redresseur de torts espagnol. « O rage, être du peuple ! » s'exclame l'ouvrier Gilbert devant la perspective impossible d'un duel avec le duc Fabiani, comme le valet Ruy Blas avec don Salluste. Cette intention sociale et politique ne fait que s'accuser dans *Ruy Blas*.

Angelo, en 1835, avait été un succès, mais de courte durée. Hugo paraît avoir alors renoncé à la formule du drame en prose, et même provisoirement au théâtre. Les directeurs se montraient de plus en plus réticents à monter ses drames, et, au début de 1838, il dut intenter un procès au Théâtre-Français pour obtenir les reprises d'*Hernani* et de *Marion de Lorme*, qui eurent lieu en février et en mars. Pourtant, un fait nouveau l'avait rapproché de la cour : le mariage du duc d'Orléans avec la princesse Hélène de Mecklembourg (mai 1837), grande admiratrice du poète. Le mois suivant, Hugo était promu officier de la Légion d'honneur, et il obtenait bientôt la promesse d'un théâtre réservé aux œuvres contemporaines. Guizot, ministre de l'Instruction publique, le chargea avec Dumas de désigner le directeur : on put croire un moment que lui-même se proposerait, mais ils choisirent une relation commune, Anténor Joly, directeur d'un petit journal, le *Vert-Vert*, où Hugo avait fait un compte rendu de *Mademoiselle de Maupin*. Hugo devait donner un drame inédit pour inaugurer la scène. Ce fut *Ruy Blas*, certainement l'œuvre la plus réussie de son théâtre.

La rédaction de ce drame lui a pris un peu plus d'un mois, du 5 juillet au 11 août. Mais, comme d'ordinaire, elle avait été précédée d'une période de documentation et d'élaboration. L'idée première lui en aurait été fournie par l'épisode des *Confessions* où Jean-Jacques conte l'amour qu'il éprouva, quand il était placé comme laquais à Turin, pour la petite-fille du comte de Gouvon. Mais cette dette problématique a peut-être été invoquée pour détourner l'attention d'une autre, plus précise, à l'égard d'un médiocre roman de Léon de Wailly, paru en mars 1838, *Angelica Kauffmann*. L'auteur y reproduisait l'histoire d'une vengeance attribuée au peintre Reynolds (dans le roman, Shelton) : dédaigné par Angelica, il était à l'origine de son mariage avec un prétendu comte de Horn, qui avait été domestique (7). On n'a pas manqué de retrouver d'autres exemples, contemporains ou antérieurs, d'une telle substitution : c'est un procédé de comédie, celui des *Précieuses ridicules*, dont, comme du sac de Scapin dans *le Roi s'amuse*, Hugo se plaît à tirer un effet dramatique. Ce schéma d'intrigue est situé dans l'Espagne de 1695. Pour le développer, Hugo emprunte les détails et l'atmosphère à divers ouvrages, notamment à la *Relation du voyage d'Espagne* de Mme d'Aulnoy (1691) et à l'*État présent de l'Espagne* de l'abbé de Vayrac (1718). Comme les grands classiques d'ailleurs, Hugo s'est comporté envers l'histoire avec ce mélange de respect global et de liberté particulière qui lui permet, dans le cadre assez fidèlement évoqué de la cour du roi Charles II, de prêter à la seconde reine, Marie de Neubourg, le caractère tendre et mélancolique de la première, Marie-Louise d'Orléans, dont le triste destin avait déjà inspiré à H. de Latouche un mélodrame manqué (*la Reine d'Espagne*, 1831). « Sans s'attacher à l'une de ces « sources » plus qu'à l'autre, écrit M. Levaillant qui a donné une édition critique de *Ruy Blas*, Hugo a puisé ici ou là une idée ou un trait. » C'est en effet sa méthode, qu'il s'agisse de drame, de roman ou de poème un peu élaboré. Il est inévitable qu'elle réserve des surprises. On a omis de signaler, par exemple, à propos de la fameuse descente de don César par la cheminée dans la maison de don Salluste, le spirituel récit que fait dans ses *Mémoires* Mme de Créqui d'un atterrissage identique du célèbre bandit Cartouche chez Mme de Baufremont. Hugo avait d'ailleurs utilisé une irruption analogue dans *Amy Robsart.*

Tout cela est peu de chose pour rendre compte de la vertu réelle de cette œuvre, qui eut contre elle la désaffection croissante du public pour les drames romantiques, le froid de novembre, la disparition de la jeunesse de 1830 et les coups d'une critique acharnée (G. Planche y voit « la ruine de la poésie dramatique »). Le poète était revenu au vers et à l'Espagne, qui avaient fait le succès d'*Hernani*. Ces deux éléments, semble-t-il, ont rajeuni sa verve. La structure antithétique de l'œuvre correspond bien en effet au prototype indiqué par la *Préface de Cromwell* : mélange de pathétique et de franche comédie, duel entre héros à panache et traître distingué, passion paradoxale d'un valet pour une reine, intrigue complexe, mais fort bien agencée, multi-

---

7. Voir l'article d'E. Showalter Jr., *De « Madame de la Pommeraye » à « Ruy Blas »*, *Revue d'Histoire littéraire*, avril-juin 1966.

plicité du sujet, que Victor Hugo relève complaisamment dans sa préface (trois sujets : « philosophique, dramatique, humain »), variété du ton qui se retrouve dans la distribution des actes (le premier, d'intrigue ; le second, élégiaque ; le troisième, politique ; le quatrième, fantasque, et le dernier, la crise dramatique). Tous ces traits rattachent *Ruy Blas*, au delà des drames en prose, à *Marion* et *Hernani*. Mais ce qui est nouveau par rapport à ceux-ci, ou du moins plus accentué, c'est l'intention politique et sociale qui cheminait dans ceux-là.

En juillet 1836, la fondation de *la Presse* par son ami Émile de Girardin avait offert à Hugo l'occasion d'arrêter les grandes lignes d'un programme de réforme dans le cadre de la monarchie, assez conforme à la tendance du gouvernement de Guizot. On a même pu voir, sans invraisemblance, dans le dévouement de Ruy Blas à la reine Marie une transposition voilée du rôle qu'il pouvait caresser en imagination auprès de la duchesse d'Orléans et qu'il tenta de réaliser en 1848 en se faisant le partisan d'une régence assurée par elle. Dans l'esprit de l'auteur, son drame s'adressait, comme il l'avait écrit dans la préface de *Lucrèce Borgia*, à « ce peuple si intelligent et si avancé qui a fait de Paris la cité centrale du progrès ». Le théâtre était une « tribune ». Une anecdote rapportée par le *Victor Hugo raconté* confirme cette intention à propos de *Ruy Blas*. L'auteur menaça de retirer sa pièce si le directeur de la Renaissance, qui cherchait à attirer un public bourgeois, persistait à « séparer en stalles les banquettes du parterre » : « il entendait qu'on laissât au public populaire ses places, c'est-à-dire le parterre et les galeries ; que c'était pour lui le vrai public, vivant, impressionnable, ... jamais plus ardent, plus intelligent et plus content que lorsqu'il était entassé, mêlé, confondu. »

Cet aspect du drame est mis en lumière par la préface, consacrée à l'explication du moment historique. C'est le « moment où la monarchie va s'écrouler » : allusion transparente aux inquiétudes du poète, qui, dans la seconde préface au *Dernier jour* (1832), a déjà fait écho au cri « les rois s'en vont ». La noblesse est en décadence, pervertie (don Salluste) ou ruinée (don César). En face d'elle, Hugo dresse le peuple, qui s'éveille : « ... on voit remuer dans l'ombre quelque chose de grand, de sombre et d'inconnu. C'est le peuple, le peuple qui a l'avenir et qui n'a pas le présent ; le peuple, orphelin, pauvre, intelligent et fort ; placé très bas et aspirant très haut... » La reine, qui figure l'élite du cœur, partage la compassion du poète, « penchée vers ceux qui sont au-dessous d'elle par pitié royale et par instinct de femme aussi peut-être, et regardant en bas pendant que Ruy Blas, le peuple, regarde en haut ». On reconnaît trop bien le thème des appels « à Monsieur le duc d'O. » pour ajouter foi à la réserve que, par crainte des polémiques, le poète s'empresse d'exprimer : « c'est l'impression particulière que pourrait laisser ce drame... du point de vue de la philosophie de l'histoire. » Ce qui est précisément le sien.

La lecture du drame ne dément pas cette interprétation. Au « grand seigneur méchant homme », don Salluste, héritier d'une tradition d'au moins deux siècles, aboutit la série des nobles féodaux ou intrigants, Ruy Gomez, des courtisans légers et cruels du *Roi s'amuse*, Fabiani. Leur trait commun est l'égoïsme, incapable de concevoir l'intérêt public. Cette satire ardente se concentre dans l'acte III, notamment dans le couplet vengeur de la scène 2, qui peut se résumer : quand le noble pille, le peuple paie ; mais aussi dans le dialogue de la scène 3, où la reine s'écrie :

> Duc, il faut, — dans ce but le ciel t'envoie ici, —
> Sauver l'état qui tremble, et retirer du gouffre
> Le peuple qui travaille, et m'aimer, moi qui souffre.

« Sauvons ce peuple ! » est encore, à la scène 4, la courageuse réplique du valet-ministre à son maître, et c'est à ce sauvetage qu'il identifie le salut de son pays.

Or, qui est Ruy Blas, ce héros qui emprunte son nom et son ambition au roman de Le Sage, que Hugo connaissait bien, puisque, dans ses débuts, il en avait préparé une préface pour l'académicien F. de Neufchâteau ? Comme le bachelier Gil Blas, futur secrétaire du duc de Lerme et du duc d'Olivarès, c'est un enfant du peuple « par pitié nourri dans un collège » :

> Au lieu d'un ouvrier on a fait un rêveur.

Un rêveur généreux, car il est né poète (8). Scrupuleux, honnête et sensible, il a été éprouvé et dévoyé par la pauvreté, sans perdre son idéal. La distance entre sa condition et ses aspirations a fait son tourment stérile, jusqu'au jour où il s'aperçoit que ses vagues projets ont puisé dans l'attente de leur réalisation une force et une fermeté accrues. Don Salluste, qui croit mener le jeu, n'a été qu'un instrument de la Providence, qui a porté Ruy Blas au pouvoir. Celui-ci ne doit qu'à lui-même son travail, à Dieu ses lumières, à la reine qui l'aime son courage et son inspiration :

> Pourquoi donc étiez-vous, comme eût été Dieu même,
> Si terrible et si grand ?...
> Sois fier, car le génie est ta couronne à toi !

La délicatesse et l'ingéniosité qu'il déploie pour mériter le cœur de la reine, puis épargner son honneur, justifient la confiance et l'amour de celle-ci. Il y a un côté « conte de fées » dans ce drame. On suit avec une sympathie incrédule l'idylle de ces deux prisonniers, dont Hugo a construit les caractères sur une opposition inverse : cœur de prince sous une livrée, cœur de femme malgré la couronne. Don César est l'enchanteur brouillon de cette aventure : généreux et fou, poète à sa manière, il se distrait de sa déchéance par ses bouffonneries. Il représente la fantaisie refoulée de Victor Hugo, qui s'exprime dans les grotesques de ses drames en attendant de s'épanouir dans le *Théâtre en liberté,* dont les premières ébauches sont contemporaines de la création

---

8. Comparer aux idées exprimées dans la lettre « A un ouvrier poète », 3 oct. 1837 : « La généreuse classe à laquelle vous appartenez a de grandes destinées, mais il faut qu'elle laisse mûrir le fruit... Le jour où le peuple sera intelligent, alors seulement il sera souverain... », etc.

de ce personnage. A eux deux, Ruy Blas, poète réformateur, et César, « gavroche » invétéré, figurent le portrait dédoublé de l'auteur, Olympio et Maglia. C'est sans doute ce qui prête un frémissement de vie qu'on ne trouve pas dans les personnages de son théâtre.

On voit que l'idylle, la satire et la fantaisie sont liées dans ce drame, au point que l'on peut mettre l'accent sur l'un ou l'autre de ces aspects. A ce mélange cohérent, *Ruy Blas* doit sans doute de rester le prototype du drame hugolien, comme *Notre-Dame* du roman et *les Orientales* de la poésie avant l'exil. De nos jours, plusieurs dramaturges, P. Moreau l'a remarqué en citant H. de Montherlant et J. Cocteau, n'ont pas dédaigné de s'inspirer de cet exemple. La langue et le vers surtout sont remarquables. Hugo atteint dans *Ruy Blas* le plein équilibre de son style dramatique. Oratoire avec mesure, d'une pureté parfois classique, mais relevée de traits incisifs et d'images éclatantes, la langue a du mordant, de la poésie et de la noblesse. Le vers est constamment aux ordres : tantôt haletant, incohérent, soulevé par les passions, tantôt se développant avec une ampleur majestueuse, il concentre tous les reflets de la poésie hugolienne avant l'exil. L'admirable couplet du IIIe acte, d'un caractère héroïque, élève le drame au ton de l'épopée :

> Ce grand peuple espagnol aux membres énervés,
> Qui s'est couché dans l'ombre et sur qui vous vivez...

ou bien se traverse d'un trait de satire, où le lecteur reconnaît d'avance la manière des *Châtiments* :

> Et l'aigle impérial, qui, jadis, sous ta loi,
> Couvrait le monde entier de tonnerre et de flamme,
> Cuit, pauvre oiseau plumé, dans leur marmite infâme !

Ici déjà, le mot triomphe, il impose ses associations. Le poète ne repousse pas des images d'une énergie si triviale qu'elles coupent le souffle à ses contemporains, et aujourd'hui encore à P. Léautaud. Balzac lui-même, si prêt à admirer Hugo, se choque de cette démesure fondamentale, contre laquelle Sainte-Beuve, dès *Cromwell*, avait mis Hugo en garde. « *Ruy Blas*, écrit-il à Mme Hanska, est une énorme bêtise, une infamie en vers. Jamais l'odieux et l'absurde n'ont dansé de sarabande plus dévergondée. Il a retranché ces deux horribles vers :

> ... Affreuse compagnonne
> Dont la barbe fleurit et dont le nez trognonne...

Mais ils ont été dits pendant deux représentations. » Placés dans la bouche de don César, il est vrai, ils datent des premiers projets du drame.

Or, le propos, pour l'époque, n'est pas moins disproportionné. « Il ne faut pas, avait écrit Hugo, que la multitude sorte du théâtre sans emporter avec elle quelque morale austère et profonde. » Si *Ruy Blas* en comporte une, elle est menaçante : c'est que les calculateurs, quand ils tirent de l'ornière un génie obscur, doivent se méfier de n'être pas joués par son zèle à servir la patrie plutôt que leurs intérêts. En ce sens, c'était, plus qu'un simple spectacle, le manifeste de « l'art pour le progrès », et presque une candidature. En attendant, ce drame décidait un nouvel éditeur, Delloye, à offrir à l'auteur un contrat substantiel pour l'édition de ses œuvres (250 000 F dont 100 000 comptant), qui lui assurait d'une part la sécurité matérielle et, de l'autre, le cens exigible pour la députation.

CHAPITRE V

PAIR DE FRANCE
L'éveil de l'épopée
(1840-1851)

Autour de 1840, une nouvelle période s'ouvre pour Victor Hugo. Le 31 juillet 1839, une société en commandite s'est constituée pour l'exploitation de ses œuvres sous la raison sociale Duriez et Cie. L'édition collective Furne marque dans sa carrière littéraire une date parallèle à celle de l'édition Renduel, une dizaine d'années auparavant. Hugo a ajouté une nouvelle douzaine de titres à son œuvre. Sa fécondité paraît inépuisable et sa supériorité, d'ailleurs contestée, reçoit presque chaque année des gages officiels. En janvier 1840, il est élu, en remplacement de Balzac, président de la Société des Gens de lettres, récemment fondée. Après trois échecs à l'Académie française (fév. et déc. 1836, fév. 1840) et une élection nulle (déc. 1839), Hugo, toujours animé par l'exemple de son aîné Lamartine, académicien depuis 1831 et député depuis 1833, est enfin élu le 7 janvier 1841 au siège de Lemercier et reçu le 3 juin. C'était, comme écrit P. Audiat, l'antichambre de la pairie : elle lui sera conférée en 1845.

La conscience de son génie et le sentiment qu'il avait de représenter la génération des écrivains romantiques nés en 1800 avaient soutenu son ambition et sa persévérance. Depuis 1832 environ, il avait l'espoir d'accéder par là à la vie publique. Sainte-Beuve raille dans ses *Carnets* « le sacre de Victor Hugo à l'Académie » – qui fut pourtant le signal (« la brèche », écrit Hugo) d'une lutte de solidarité pour y faire entrer Sainte-Beuve lui-même, Vigny, et, s'il avait pu, Balzac : « Ici comme toujours, note Sainte-Beuve, Hugo a réussi à instituer autour de lui un combat, c'est son triomphe. » Le récipiendaire y prononce en effet, de sa voix sourde mais bien timbrée, un discours idéologique, où il fait l'éloge de Napoléon, mais aussi des « civilisateurs sereins », rappelle la mission du poète et celle de la France dans le monde, exalte le rôle libéral et généreux d'un Malesherbes : « un bien grand discours pour une bien petite assemblée », remarque sentencieusement Royer-Collard, et Salvandy, qui le reçoit, l'avise de ne pas sacrifier la littérature à la politique. Hugo compte bien allier les deux. En 1842, il refuse l'offre d'une circonscription de le porter candidat à la députation. C'est qu'il vise plus haut. Les deux œuvres qu'il publie dans ces années, *le Retour de l'Empereur* (déc. 1840) et *le Rhin* (janvier 1842), ont un prétexte politique.

La France, en 1840, traversait une crise d'amour-propre national. La question d'Orient, réglée en juillet à l'insu du gouvernement de Thiers, qui soutenait le pacha d'Égypte Méhémet-Ali contre le sultan, semblait avoir ressuscité le temps de la Sainte-Alliance. Le retour des cendres de Napoléon, préparé de longue date, fit diversion, mais en exaltant le souvenir de la gloire passée. La cérémonie des funérailles eut lieu à Paris, le 15 décembre 1840. Hugo en a noté les détails dans un récit enthousiaste et scrupuleux, alors inédit et recueilli parmi ses *Choses vues*. Cette véritable fête nationale était l'aboutissement d'une campagne de poésie à laquelle Hugo avait fortement contribué. Il saisit l'occasion pour réunir ses poèmes napoléoniens en plaquette, sous le titre d'une nouvelle et dernière ode, *le Retour de l'Empereur*. Celle-ci, assez cocardière, parut sublime aux contemporains, Balzac compris. Dans son discours de réception à l'Académie, en juin 1841, Hugo évoque encore le « magnifique spectacle » de la France sous Napoléon, « si grande qu'elle remplissait l'Europe ». Pour retrouver cette puissance disparue, le poète, peut-être inspiré par la duchesse d'Orléans, penche vers un rapprochement avec la Prusse, sur les bases d'une cession concertée du Hanovre et de Hambourg à celle-ci et de la rive gauche du Rhin à la France. L'émoi jeté au même moment chez nos poètes par l'*Hymne au Rhin* de Becker, les deux voyages effectués par Hugo en 1839 et 1840 sur les bords de ce fleuve lui donnaient le prétexte et l'autorité pour exposer ses idées. Il rédige en juillet une longue *Conclusion*, mélange d'histoire, de théorie et d'espérances politiques d'orientation européenne, qui vient s'ajouter au « Journal de voyage » proprement dit. Le livre, ainsi conçu, répondait à la conjoncture politique, et Hugo ne manquait pas de le souligner dans sa préface.

En réalité, pour l'une comme pour l'autre de ces publications, cet aspect est secondaire. Du point de vue littéraire, elles sont profondément marquées par le caractère épique de son génie créateur. Bien entendu, ce n'est pas un fait nouveau, mais Hugo en prend conscience à ce moment. Dans l'avant-propos du *Retour de l'Empereur*, il constate que ses poèmes napoléoniens, ainsi groupés, forment « une espèce d'épopée ». Ils n'étaient pas les seuls de son œuvre à présenter ce caractère. Nous avons déjà remarqué, au passage, d'autres thèmes de développements épiques : les civilisations lointaines ou disparues (*le Feu du ciel, la Pente de la rêverie*), l'architecture médiévale (*Notre-Dame de Paris*), la destinée de l'homme et le mouvement de l'univers (*Saturne*). Vers 1842, Hugo se préoccupe d'établir un classement historique et géographique de ses œuvres, sans distinction de genres, qui figure sur la couverture de l'édition des *Burgraves*. *Le Rhin* y comble une lacune et constitue, avec le drame qui en est sorti, un chaînon indispensable de cette continuité épique.

Hugo, nous l'avons vu, avait contracté l'habitude de passer ses étés à voyager avec Juliette. La claustration de celle-ci et son propre besoin de détente lui en faisaient presque une nécessité. Ce dépaysement était la source d'un renouvellement profitable à son imagination, surmenée par tant de créations successives. De 1834 à 1843, à l'exception des étés de 1841 et 1842 passés en famille à Saint-Prix, près de

Montmorency, le rayon et la durée de ces voyages augmentent chaque année. Dès 1826, dans *Cromwell*, Hugo avait exprimé le désir de « parcourir » les bords du Rhin. Sainte-Beuve et L. Boulanger font le voyage en 1830. En août 1838, il profite d'un court répit entre la rédaction et la lecture de *Ruy Blas* pour s'échapper dans cette direction jusqu'à Vouziers et Varennes : il en tirera par la suite le début du livre. En 1839, il fait un premier voyage de deux mois (fin août-fin octobre) : il remonte le Rhin de Strasbourg à Bâle (P. Moreau pense que son excursion à Schaffhouse se place plutôt en 1840), visite la Suisse, monte au Rigi, près de Lucerne, puis, gagné par la nostalgie du « ciel bleu », descend vers la Méditerranée, d'où il revient par le Rhône, en bateau jusqu'à Lyon, et par la Bourgogne. L'année suivante, aux mêmes dates, il complète cet aperçu en suivant le Rhin, « pris à rebours », de Cologne à Mayence, étendant sa prospection à la vallée du Main (Worms, Francfort) et à celle du Neckar (Heidelberg). Voyages laborieux et harassants, à en juger par ses lettres : il ne séjourne guère plus d'un jour ou deux au même endroit, épuise les sites historiques et archéologiques, entre dans les bibliothèques et les musées, fait de nombreuses excursions à pied dans les environs de ses étapes, avec cet appétit infatigable de « tout voir afin d'avoir une idée complète et définitive de cet admirable pays » ; le soir, il rédige son « Journal de voyage », qu'il adresse par fragments à sa femme ou à Louis Boulanger, avec défense de les montrer en dehors de la famille et des intimes. Ces « lettres » ont une forme déjà très élaborée. C'est au cours du voyage de 1840 qu'il arrête le projet d'en tirer un de ces récits pittoresques à la mode où les écrivains romantiques excellent (à Adèle, 2 sept. 1840). Aussi choisit-il en 1841, pour constituer l'ouvrage, les vingt et une lettres du voyage de 1840, consacrées au Rhin romantique et politique, et à peu près définitives, aux quelques détails près de documentation à compléter. Il les fait précéder des trois lettres de 1838, qui figurent l'itinéraire de Paris à la frontière, et suivre d'une large synthèse historique sur le Rhin (lettre XXV) et de la *Conclusion* politique, écrite en juillet 1841. Cette édition paraît en deux volumes chez Delloye au mois de janvier 1842. En 1845, Hugo donne chez Renouard une nouvelle édition du *Rhin*, complète en quatre volumes. Il a ajouté trois lettres de 1840 (XXVI-XXVIII, Worms, Spire, Heidelberg) et onze de 1839 (XXIX-XXXIX). Pour éviter un remaniement, il place ces nouvelles lettres à la suite des précédentes, qu'il attribue à 1838. La lettre XXV perd son sens, et cet ordre brouillé pose, par rapport à quelques rares repères fournis par les albums et carnets, plusieurs problèmes de dates et d'itinéraires. Enfin, la lettre XXI est constituée par un « conte bleu », *Légende du beau Pécopin et de la belle Bauldour*, échappée de fantaisie qui offre un échantillon supplémentaire des aspects variés de ce livre.

   « Cet ouvrage, qui a un fleuve pour sujet, s'est, par une coïncidence bizarre, produit lui-même, tout spontanément et tout naturellement à l'image d'un fleuve. » Cette présentation de la préface souligne une harmonie voulue et réelle entre le sujet et la conception. Ce livre fluvial, au débit continu et abondant, nous promène dans un paysage changeant dont la sensibilité du poète enregistre les moindres nuances.

De l'allure vagabonde du voyageur il garde un air de progression naturelle et apparemment nonchalante, ouverte aux aventures, même
fictives, de la route comme à ses beautés, qui en fait le livre le plus
séduisant de Victor Hugo et le plus capable de faire comprendre et
goûter la richesse variée de son génie ; « son plus grand livre de prose
entre *Notre-Dame* et *les Misérables* », estime P. Moreau, « un chef-
d'œuvre », jugeait Balzac.

On peut toutefois en dégager deux aspects, sur lesquels Hugo a
insisté en se déclarant « poète par aspiration, archéologue par sympathie ». Le dernier mot est un peu fort : on lui préfère celui d'*antiquaire*, qu'emploie également Victor Hugo. Le goût des vieilles pierres
(voir le « démon Ogive »), aussi naturel au poète romantique que nécessité par le genre de l'ouvrage, trouvait dans l'Allemagne du Rhin un
ample domaine pour se satisfaire. Descriptions de monuments, évocations des époques grandioses du passé, récits de légendes ou points
d'histoire viennent truffer le volume. Souvent, ils sont suscités par des
lectures, dont des fragments passent dans la prose de Hugo. On signale
couramment le *Manuel des voyageurs sur le Rhin* de Schreiber (1831),
l'*Histoire d'Allemagne* de Pfeffel (1787), dont les exemplaires sont
encore conservés à Hauteville House. Ici et là, Hugo emprunte un
détail ou une anecdote à bien d'autres sources, dont J. Giraud avait
entrepris un recensement, publié seulement en partie (*le Monde* de
Rocoles, 1660, par exemple). Le procédé est d'ailleurs commun à
Stendhal et G. de Nerval, dans leurs récits de voyages.

Il ne doit pas nous masquer l'essence poétique de l'œuvre. La
pensée du poète part du spectacle d'une ruine ou d'un coin sauvage
de la nature pour s'élever à des méditations, qui s'interposent chrono-
logiquement entre celles de ses précédents poèmes et les « contemplations » de l'exil. Hugo a montré dans la préface des *Burgraves* le processus de ces rêveries, dont la lettre XXVIII offre un prodigieux exemple
(rêverie sur le Geissberg, Heidelberg). Dans la solitude d'une butte
escarpée, le poète contemple au crépuscule un coin du vieux château
démantelé. Son imagination, excitée par cette vue, l'élève au degré
d'une vision fantastique, en lui découvrant dans la Tour Fendue « une
énorme tête de mort » (« examinant l'attitude de la ruine » note-t-il
dans la préface). Cette vision accordée à l'atmosphère du lieu et du
moment éveille chez le songeur le sentiment de la vie mystérieuse des
ruines. De là, sa pensée, confrontée avec cette « triple figure » de l'être,
rivière vivante, ville endormie et palais mort, s'élève à la méditation
philosophique pour en dégager la signification par rapport au plan
divin : « le néant de l'homme dans le passé, l'infirmité de l'homme
dans le présent, la grandeur de la nature et l'éternité de Dieu. »

Ainsi, l'antiquaire et le poète s'unissent en Hugo pour libérer
le « visionnaire » : le mot est employé par lui dans cette occasion.
C'est la confrontation d'un grand passé mort, mais palpable, avec la
perspective inachevée du temps et le cycle renouvelé de la nature qui
exalte la tendance épique du poète en voyage sur les bords du Rhin.
Pour évoquer la force de ces impressions, il les compare au puissant
mouvement de la mer, qu'il a découverte en ses précédents voyages :
« la pensée flotte comme noyée dans mille idées confuses », l'esprit

est submergé par une « marée montante d'idées ». Il ne résiste pas à la nouvelle inspiration qui le porte : « il se sentait, avoue-t-il dans la préface des *Burgraves*, irrésistiblement entraîné vers l'œuvre qu'il rêvait. »

Le drame des *Burgraves*, œuvre jumelle du *Rhin*, est en effet un exemple typique de ce phénomène de création dans un sens opposé à la mode du jour, si contraire à l'opportunisme littéraire de ses premières années et si conforme à son génie. Hugo n'avait pas abandonné la veine lucrative et publicitaire du théâtre. En mai 1837, il avait annoncé « trois pièces prêtes à être écrites » (il n'est pas du tout certain qu'il songeât déjà aux *Burgraves*). Au printemps de 1839, dans la ligne de *Marion* et de *Ruy Blas*, il avait entrepris sur le sujet quasi-légendaire du Masque de fer un drame en vers, *les Jumeaux*, dont le germe remonte à 1828. C'était un drame d'intrigue complexe, où le procédé de la substitution jouait un rôle essentiel et plus troublant encore que dans ses drames précédents (Anne d'Autriche se trompait entre ses deux fils). Il est possible que Hugo ait senti le besoin d'un renouvellement total de sa manière dramatique, car, contrairement à son habitude, il laissa le drame au milieu d'un vers du IIIe acte pour gagner Strasbourg. A son retour, il ne le reprit pas : son premier voyage au Rhin l'avait engagé dans d'autres courants de pensée. Mais c'est seulement au cours du second qu'il vit les burgs. Son imagination reste sous l'impression de ces constructions audacieuses et des seigneurs qui les avaient édifiées et habitées. Elle y concevait la matière d'un drame gigantesque et d'un genre nouveau, auquel *le Rhin* fait plusieurs allusions :

> Les antiques châteaux des bords du Rhin, bornes colossales posées par la féodalité sur son fleuve, remplissent le paysage de rêverie. Muets témoins des temps évanouis, ils ont assisté aux actions, ils ont encadré les scènes, ils ont écouté les paroles. Ils sont là comme les coulisses éternelles du sombre drame qui, depuis dix siècles, se joue sur le Rhin (XXV).

Non pas les coulisses seulement, mais le cadre, à la mesure des personnages, où se reflète et se modèle à la fois leur physionomie :

> Ces formidables barons du Rhin, produits robustes d'une nature âpre et farouche, nichés dans les basaltes et les bruyères, crénelés dans leur trou et servis à genoux par leurs officiers comme l'empereur, hommes de proie tenant tout ensemble de l'aigle et du hibou, puissants seulement autour d'eux, mais tout-puissants autour d'eux, maîtrisaient le ravin et la vallée, levaient des soldats, battaient les routes, imposaient des péages, rançonnaient les marchands..., barraient le Rhin avec leur chaîne et envoyaient fièrement des cartels aux villes voisines quand elles se hasardaient à leur faire un affront... Ce n'est que sous Maximilien... qu'expira cette redoutable espèce de gentilshommes sauvages qui commence au dixième siècle par les burgraves-héros et qui finit au seizième par les burgraves-brigands (XIV).

Cette dernière phrase est capitale : elle contient la genèse hardie du sujet. C'est la dégénérescence d'un type de surhomme, concentrée dans les quatre générations successives et contemporaines d'une même famille au début du XIIIe siècle. De père en fils, Job, Magnus, Hatto,

Gorlois résument en cent ans six siècles de résistance de la féodalité contre l'empire en formation. Sujet favori de Victor Hugo : c'est, porté à des proportions grandioses, un aspect d'*Hernani*, et Ruy Gomez développé en quatre personnages. Comme chez celui-ci, les traits dominants de leur caractère sont un orgueil et une passion de l'indépendance irréductibles, auxquels vient s'ajouter, avec le temps, le goût de la rapine, de la vengeance et de la cruauté, bien fait pour intéresser l'imagination romantique de Victor Hugo. Tout le long de son voyage de 1840, il en recueille des exemples, sur lesquels il se renseigne dans le *Guide* de Schreiber, les *Traditions allemandes* des frères Grimm (1838), les histoires de Kohlrausch et Pfeffel, ou même dans des encyclopédies comme la *Biographie universelle* de Michaud, qui lui fournit les noms de Gorlois et de Guanhumara. Falkenstein, seigneur de Velmich au XIVe siècle, noie dans un puits un prêtre avec la cloche de son église suspendue au cou, et le glas monte parfois encore des profondeurs (XV). Hatto est le nom de cet archevêque de Mayence qui brûle son peuple affamé dans une grange et meurt dévoré par une armée de rats (XX). Plus encore, l'histoire de Job emprunte plus d'un détail à la légende de Bligger-le-Fléau, « effroyable gentilhomme-bandit », « épervier à face humaine », « combattant de stature colossale » qui, du haut de son « nid d'hirondelle », tint le siège contre l'empereur et y tomba excommunié, seul, « au moment où le soleil se couchait derrière les collines de Neckargenound » (XXVIII). Tout de cette histoire aussitôt légendaire est fait pour enflammer l'imagination du poète et grandir à ses yeux la silhouette surhumaine et inhumaine des burgraves : leur taille, leur résistance, leur vie solitaire dans ces aires escarpées et sombres qui semblent conspirer pour eux, leur férocité même que le destin finit par retourner implacablement contre eux. L'aventure de ces « Titans modernes », première incarnation achevée des géants de l'antiquité et du Moyen Age qui hanteront *la Légende des Siècles*, appelait les noms d'Homère, d'Eschyle et de la Bible que Hugo cite dans sa préface, c'est-à-dire l'épopée.

Tout drame épique est un combat. En face de ces Titans, il dresse un adversaire à leur taille, « un autre Jupiter », l'empereur Frédéric Barberousse, dont il a croisé la légende au début de son voyage de 1840, à Aix-la-Chapelle : un homme qui ne respectait pas même les morts, puisqu'il n'avait pas craint de violer le tombeau de Charlemagne pour lui dérober son trône et sa croix (IX), qui, historiquement, avait su dompter l'opposition féodale des burgraves, et qui triomphait encore de la mort dans la légende qui le faisait survivre à sa noyade dans le Cydnus, pendant les Croisades, et le ramenait, pénitent endormi, dans la grotte de Kaiserslautern. Hugo adopte cette version et prolonge cette lutte farouche entre ces héros d'épopée au delà de la mort officielle de Frédéric. Ce combat épique de la grande ombre impériale contre quatre générations de géants se double, pour la convenance dramatique, d'une intrigue invraisemblable. C'est tout son passé qui vient réclamer des comptes au burgrave Job. L'empereur, qui lui avait fait la guerre, et, fidèle au rendez-vous des cent ans, revenait pour l'achever, était doublement une ombre, puisqu'il était aussi son propre frère et son rival en amour, dont Job, en leur jeunesse, avait cru se débarrasser d'un coup de poignard. Guanhumara, la sorcière qui « ne cessera au cours de la pièce d'errer au fond du théâtre, épiant tout ce qui se passe », c'est Ginevra, leur commun amour, que Job avait ensuite vendue comme esclave. Cette histoire de vengeance et de châtiment (l'idée se forme et le mot figure en conclusion du récit de la légende de Barberousse, *Rhin*, XXVII), familière au théâtre hugolien, se termine, comme *Hernani*, dans la grandeur du pardon. Aussi bien, ce duel d'un revenant et d'un aïeul était mesuré par le temps !

« Ce vaste tableau à peindre », digne en effet de la *trilogie* eschylienne revendiquée par le sous-titre primitif, Hugo était contraint de l'accommoder aux limites de la scène et de le réduire aux proportions d'un drame moderne, c'est-à-dire d'une soirée de trois ou quatre heures. Malgré la division en trois *parties*, le résultat souffre de cette disproportion. Les dimensions des personnages ébranlent les planches et la portée des événements crève la maigre étoffe des actes. A l'inverse de ce qui s'est passé pour *les Jumeaux*, le poète n'a pas souffert de pénurie, mais de pléthore, et le *Reliquat* du manuscrit contient près d'un millier de vers sacrifiés. Notamment, Hugo avait écrit un *Prologue*, qui rompait avec la tradition française et correspondait à l'*Épilogue* conservé où le Poète prend la parole. Outre qu'il servait à l'exposition du drame, il mettait le spectateur dans l'atmosphère voulue de mystère et de terreur. Hugo l'a remplacé par la scène des captifs (I,2), où il en a amalgamé les passages indispensables à la compréhension, tout en les réduisant beaucoup. La pièce n'y gagne ni en clarté, ni en vraisemblance. Au lieu des esclaves qui discutent sur le sort de leurs maîtres et de l'Allemagne, c'étaient, comme l'écrit G. Simon, « des voyageurs encore libres, perdus dans la montagne, et inquiets de se savoir dans le voisinage d'un château mal famé d'où pouvait sortir pour eux quelque embuscade ». Ainsi, ce Prologue se composait d'une suite de chuchotements anxieux, de rappels à la prudence, d'évocations apeurées de légendes, d'histoires de brigands et de fantômes, où la présentation des principaux personnages et de leurs rapports respectifs trouvait naturellement sa place : survie de Frédéric, rivalité amoureuse des deux frères ennemis, formidable définition du burgrave Job, passée à la sc. 7 et alors placée dans la bouche de Kunz, récit par Jossius du combat gigantesque (« C'étaient des guerres de géants... ») où l'empereur renouvelait à Job le rendez-vous de la centième année donné à son frère Fosco, soit cinquante vers réduits à quinze. Dans sa forme primitive, ce récit épique annonce visiblement le duel des preux dans *le Mariage de Roland* (1846 ?) et constitue le premier du genre.

Il serait inexact de séparer définitivement ce drame des précédents. Nous avons pu, au passage, noter des rapprochements avec leurs schémas ou leurs personnages. Dans le détail de l'exécution, on trouve plus d'un lien de parenté avec la production des années 1830-40 : le lyrisme épars çà et là, le sentiment paternel de Job pour son fils perdu et retrouvé, la romance d'Otbert et Régina, les admonestations sévères et passionnées de Job, de Frédéric, contre la déchéance politique et morale (elles rappellent le monologue de don Carlos et l'apostrophe de Ruy Blas jusque dans les images et les tours), le thème social de l'hospitalité sacrée et l'apparition dramatique du mendiant dans la fête, reprise de *Noces et Festins (C.C.*, IV). Il n'est pas jusqu'au mythe de Napoléon qui ne se retrouve dans le discours adressé par l'empereur Frédéric à ses soldats. Un trait retranche nettement *les Burgraves* du programme romantique de 1827 : l'absence totale de comique, plus sensible encore que dans *Hernani*. Il n'y manquait pas en revanche de quoi faire rire à ses dépens (Job à Magnus : « Jeune homme, taisez-vous ! ») ; Hugo ne résiste jamais à ce goût de la provocation. Mais la gravité du sujet imposait sans doute ce sacrifice. Ce n'était pas le seul effort. Balzac y réprouve « les mêmes enfantillages de prison, de cer-cueil, d'invraisemblances de la dernière absurdité » : si les *Burgraves* gardent les accessoires du mélodrame, ils manifestent par rapport aux drames en prose de 1832-35 le souci de réduire les coups de théâtre en nombre et en portée. L'intrigue, une fois saisie et surtout éclairée par le Prologue, se développe selon une ligne assez simple et en peu de temps. Ce n'est pas seulement aux sources de l'épopée que Victor Hugo a fait appel pour renouveler sa conception dramatique. *Les Burgraves* sont un véritable carrefour où le retour d'Ulysse parmi les prétendants voisine avec la scène des sorcières du début de *Macbeth*, où pêle-mêle Gœthe, Grillparzer, le Racine d'*Athalie* et le Corneille d'*Attila* se ren-contrent avec des comparses comme N. Lemercier, dont Hugo a dû relire l'œuvre pour son discours de réception.

Ce drame n'étonnerait pas du poète de l'exil ; il surprend du candi-dat à la pairie, et, dans l'histoire des œuvres de Victor Hugo, il apparaît, à sa date, une anticipation. Pour le public aussi, ce monstre préwagné-rien venait trop tôt ou trop tard. Préparé en 1841-42 et composé entre le 10 septembre et le 19 octobre 1842, il fut joué pour la première fois le 7 mars 1843 à la Comédie-Française et se maintint pendant une trentaine de représentations. Il y avait trop de vieillards sur la scène et trop peu de jeunesse, de celle de 1830, au parterre. Gautier, toujours fidèle, loua justement « cette violence et cette âpreté de style qui caractérisent Michel-Ange : son génie mâle », et Balzac, en renâclant contre la longueur du spectacle, avoue que « la poésie enlève » : mais « c'est Titien peignant sur un mur de boue ». La majorité de la critique se récria et réagit avec malignité, les satires eurent beau jeu de courir. Les jeunes, ceux qui avaient vingt ans en 1840, se tournaient déjà vers le réalisme et le fantaisisme, curieusement ligués en réaction contre l'engagement passionné des romantiques. Le public ne vit dans cet effort qu'une charge, suprême surenchère, qu'éclipsa un mois après la correcte *Lucrèce* du débutant Ponsard.

Hugo fut sensible à l'échec, mais nullement découragé. Par son originalité, ce dernier drame rejoignait le premier, *Cromwell* : l'auteur avait voulu échapper aux contraintes de la scène et aux mesquineries de la vie dramatique. Il ne s'était jamais fait aux intrigues des coulisses et aux réactions du public. « Un des motifs qui font que je ne donne plus de pièces de théâtre, note-t-il pour lui-même le 6 décembre 1846, est celui-ci : dans ces moments-là, je voyais les nudités de la bêtise humaine, et cela m'était désagréable. » Les occupations absorbantes d'un auteur dramatique n'étaient, décidément, pas compatibles avec l'ambition politique. Là aussi, pourtant, la mort accidentelle du duc d'Orléans, survenue le 13 juillet 1842, avait porté un coup sérieux à ses espoirs. Mais ce fut l'occasion d'un rapprochement avec Louis-Philippe, qui jusqu'alors ne s'y était guère prêté. Touché par la sincérité des sentiments exprimés dans le sobre discours officiel que Victor Hugo prononce en qualité de directeur de l'Académie pour cette année, le roi invite le poète à prendre plus familièrement le chemin des Tuileries. Source d'un nouveau genre d'activité littéraire pour Hugo : il prend l'habitude de noter en un journal intermittent (projet en date du 20 juillet 1846) les portraits des personnages qu'il rencontre, les conversations qu'il tient ou qu'il entend dans la rue, à l'Académie et à la Cour. Ces notes formeront les *Choses vues*, dont beaucoup sont des « Choses entendues » et qui, en majorité de ces années 1840-1850, constituent par leur naturel et leur précision colorée un chef-d'œuvre du genre appelé aujourd'hui *reportage*. En attendant le récit des journées de février 1848 et la fameuse scène de sa visite à Balzac moribond, le compte rendu réaliste du pèlerinage accompli au lieu de l'accident du duc d'Orléans, quelques procès-verbaux de rêves, de nombreux croquis pris sur le vif montrent l'originalité et la variété de *Choses vues*, à ranger, pour la séduction, immédiatement à côté, et peut-être au-dessus, du *Rhin*. Pour l'époque, à moins d'être incorporées à des « Mémoires », elles n'auraient pas fait un livre ; mais, pour nos générations accoutumées à la forme discontinue du « Journal » et des « Notes », elles présentent un intérêt que personne ne met en doute.

Désormais, à la suite de circonstances diverses, Hugo se trouve de plus en plus absorbé par sa vie publique et privée. Extérieurement, il offre encore l'image de la gloire sereine que son ami David d'Angers a fixée dans la pierre en 1838. Mais, intérieurement, ce calme est ébranlé. Hugo s'est installé dans son double ménage, et Juliette lui est devenue une habitude, sinon un régime, qui ne lui réserve plus de surprises. Conscient de ses devoirs mondains, le nouvel académicien se répand dans la société, où il rencontre des membres de l'Institut, des pairs de France et des hommes politiques. Il accepte et rend des invitations ; sa femme l'en presse, et aussi les propos malins, dont cette mauvaise langue de Balzac se fait l'écho (« Hugo... vit comme un rat »). Il noue ainsi de nouvelles relations, dont sa correspondance s'augmente, et aussi des aventures. Il fait, sans doute vers 1842, la connaissance de la jeune femme d'un peintre, Léonie Biard, en qui on a voulu voir à tort l'inspiratrice de *la Fête chez Thérèse* (1840). Le 16 février 1843, un mois avant *les Burgraves*, Hugo marie sa fille aînée Léopoldine à un jeune armateur du Havre, Charles Vacquerie, le frère d'Auguste, son fervent admirateur. Cette séparation l'éprouve durement. Pour se changer les idées, il prépare un voyage (avec Juliette) « soit aux Pyrénées, soit à la Moselle, voyage de santé qui me remettra les yeux [qu'il a malades depuis 1830 environ] ; voyage de travail aussi, tu sais, comme tous mes voyages ». Le Sud-Ouest l'emporte. Vers la mi-juillet, il gagne la Loire, La Rochelle, d'où il songe à s'embarquer pour Biarritz (lettre du 26 juillet), mais continue probablement sa route en diligence par Bordeaux, les Landes, Bayonne, où se réveillent des souvenirs d'enfance, passe la frontière, séjourne à Pasages, au bord de la mer, et visite la Biscaye, remonte sur les Pyrénées, où il admire le Cirque de Gavarnie, s'arrête à Luz pour prendre les eaux, puis revient par Auch, Agen, l'Angoumois et la Charente, voit le 8 septembre l'île d'Oléron sous un jour sinistre, et le 9, brutalement, apprend la mort de Léopoldine, qui s'était noyée le 4 près de Villequier, lors d'une promenade en barque sur la Seine ; son mari avait péri dans la catastrophe. Voici le récit que Victor Hugo adresse le lendemain à sa vieille amie Louise Bertin, qui avait perdu elle-même son père deux ans auparavant :

> Hier, je venais de faire une grande course à pied au soleil dans les marais ; j'étais las, j'avais soif, j'arrive à un village qu'on appelle, je crois, Soubise, et j'entre dans un café. On m'apporte de la bière et un journal, *Le Siècle*. J'ai lu. C'est ainsi que j'ai appris que la moitié de ma vie et de mon cœur était morte.

Cette perte devait endeuiller le reste de sa vie. De Rochefort, il rentre « comme fou » à Paris. « O mon Dieu, répète-t-il, que vous ai-je fait ! » Après un moment de révolte auquel fait encore écho le célèbre poème *A Villequier*, écrit trois ans plus tard et daté de 1847 dans l'édition des *Contemplations*, il se résigne ou plutôt sombre dans l'atonie. Il éprouve alors cet « ébranlement religieux » dont le poème garde un reflet fidèle et que, dira-t-il dans son oraison funèbre de Balzac, « une grande mort communique aux esprits dévorés de doute et de scepticisme ». Or, il n'est pas du nombre. « La mort a des révélations, écrit-il le 23 septembre... Quant à moi, je crois ; j'attends une autre vie. » La pensée et le ton des *Contemplations* sont déjà là. La mort de Léopoldine rétablit le spiritualisme vacillant de Hugo, elle confirme l'homme dans « la religion de la prière » (à Adèle, 4 sept. 1844 : « Il me semble impossible que la prière se perde »), et même le livre aux superstitions (à la même, 3 oct. 1844 : « Tu sais combien le coup qui vient de nous frapper m'a rendu faible et craintif, et je ne voudrais pas vous revoir un vendredi »).

« Que ces affreux coups du moins resserrent et rapprochent nos cœurs qui s'aiment », a-t-il écrit à sa femme. C'est vrai : il n'échappe à l'égarement qu'en reportant sur ceux qui restent son affection pour « la plus aimée » (Balzac). Mais en même temps, il cherche à s'étourdir dans le courant des obligations quotidiennes. On reprend *Marie Tudor* à l'Odéon au début de 1844. En mars, il soutient à l'Académie Sainte-Beuve, qui n'est « point rentré par cette *large blessure* » (en novembre 1843, celui-ci fait tirer pour quelques intimes *le Livre d'amour*) mais qui est tout de même venu frapper à la porte du poète en temps utile. Hugo ne connut l'existence de ces tristes poèmes qu'en avril 1845, par un article d'A. Karr. Jusqu'à nouvel ordre, on n'a pas trouvé trace de sa réaction ; il est possible qu'il ait cru à une infamie calomnieuse. Le 13 avril 1845, « le comte Hugo (Victor), membre titulaire de l'Institut, est élevé à la dignité de pair de France ». Ce couronnement de « vingt-huit années de travail », comme il écrit dans un brouillon de lettre conservé, faillit être gravement compromis par la révélation bruyante de sa liaison avec Léonie Biard, dans laquelle le besoin de diversion l'a sans doute précipité : le 5 juillet, le peintre accompagné du commissaire le surprend en flagrant délit de « conversation criminelle » avec celle-ci. Le drame touche au burlesque. Sa qualité de pair seule le sauva de l'incarcération, que Léonie eut à subir : deux mois de prison, quatre de couvent. Le scandale, exploité par ses ennemis et par la presse conservatrice, étouffé par ses amis, sa femme et le roi lui-même, ne touchera que six ans plus tard la retraite de Juliette, et, pour le présent, diminue notablement les chances du poète pour un ministère. Affolé sur le coup, celui-ci se remet vite, et, en 1847, on le retrouvera courtisant, en compétition avec son fils Charles, l'actrice Alice Ozy. Ces divers coups du destin et les occasions de la vie mondaine ont sans doute, non pas causé, mais favorisé l'hypertrophie sexuelle qui se manifeste alors chez Hugo et se déchaînera dans l'exil.

Son abstention littéraire s'explique, en partie, par les mêmes raisons. Ce silence, qui va durer dix ans, ne peut être imputé à sa grande douleur. Au contraire, le travail lui a paru tout de suite le seul remède. La principale raison est sa vie publique : Hugo est accaparé par ses devoirs politiques et mondains. Selon H. Guillemin, il est prêt à renoncer à la littérature, qui lui a permis de parvenir, et « ne vise plus qu'à s'assurer un rôle politique éminent ». Cette vue est exagérée. Hugo ne publie pas, mais il écrit toujours. Il faut aussi tenir compte de l'indécision littéraire des années 40, qui se manifeste chez d'autres romantiques, Lamartine, Musset, Gautier : une génération nouvelle a fait son apparition, avec des goûts modifiés, le souci du réel, le respect de la science, le culte de l'art. La situation internationale et intérieure de la France pose aussi des problèmes sérieux. Dans ces circonstances, le poète reste en face de ses projets.

Il a songé à tirer de son dernier voyage un volume des « Pyrénées », parallèle au *Rhin*, comme Gautier en 1843 et 1845 et Quinet en 1846. Mais il évite de se reporter par la pensée à ce voyage qui s'est terminé si tragiquement, et charge Juliette d'en collationner les notes. Il y avait là des pages aussi belles et importantes que celles du *Rhin* et qui ne verront le jour qu'après la mort du poète, en 1890 : relevons, à propos du grès et de l'orme, un développement sur l'idée d'*harmonie* dans les formes et à travers les ordres de la nature ; la description d'une messe dite, aux premiers rayons du jour, dans la cathédrale de Pampelune, par un vieux prêtre « pour Dieu et une vieille femme », qui le pénètre d'une impression de mystère sacré et le remplit de respect pour une tradition de piété près de deux fois millénaire ; enfin, des souvenirs réveillés, des images nouvelles de l'Espagne,

> Beau pays dont la langue est faite pour ma voix,

disait-il dans *les Feuilles d'automne*, et qui vont fournir le cadre de récits épiques en vers.

L'échec des *Burgraves* l'a détourné du théâtre. Restent la poésie et le roman. Hugo n'a pas recueilli de poèmes depuis 1840 ; il n'en compose pas moins. Mais il se produit alors un phénomène de la création hugolienne que nous avons déjà signalé et qui va désormais se répéter fréquemment. Les pièces lyriques que lui inspire son deuil et les gracieuses vignettes de Léopoldine enfant, d'autre part les poèmes d'amour pour Juliette ou Léonie, et enfin les « petites épopées » comme *Aymerillot, le Mariage de Roland, Verset du Coran*, sont trop disparates pour former un recueil mixte dans le genre des précédents ; et il ne voit pas encore se dessiner dans son esprit le recueil cohérent auquel il doit se consacrer d'abord, ou, surtout, n'a pas le temps de s'en occuper. Il laisse ses poèmes s'accumuler dans ses cartons. Cependant, le sujet de roman social, couvé dès avant 1830 (en 1832, il avait promis à Gosselin et à Renduel un roman en deux volumes), prend forme, et, le 17 novembre 1845, Hugo, condamné à une discrète réclusion (il passe pour voyager en Espagne), se met à la rédaction du roman, auquel il donne provisoirement le nom de son héros, *Jean Tréjean*. Le 30 décembre 1847, le travail est très avancé. Trop : Hugo prévoit de nouveaux développements. Il précise qu'il s'agit de la première partie d'un « grand ouvrage », auquel il pense sous le titre *les Misères*. Il consent à n'y pas inclure « un chapitre considérable », *le Manuscrit de l'Évêque*, « traité complet de dogme et de discipline ecclésiastique », réservé pour l'édition définitive. Mgr Myriel est né, et nous devinons la tournure de ses pensées. Jusqu'au 21 février 1848, Hugo continuera de travailler avec acharnement à ce roman, qui répond si bien à « la fonction du poète ».

Mais celui-ci a désormais d'autres tribunes où s'exprimer que le théâtre ou le roman. Il suit assidûment les séances de la Chambre des Pairs. Après un an d'observation, il fait appel à la clémence dans les procès de Lecomte et d'Henri, tous deux coupables d'attentats contre le roi (1846), puis s'enhardit en faveur de la Pologne ou du retour du prince Jérôme Bonaparte, expose ses idées sur la frontière du Rhin. Impressions de séances et discours préparés prendront place dans *Choses vues* et dans *Actes et Paroles*. S'ils font douter ses contemporains de ses aptitudes politiques, ils lui assurent le développement de cette « vocation nouvelle » que son collègue à l'Académie, l'historien Ch. de Lacretelle, lui a reconnue en 1841 et qui doit en faire, à côté de Lamartine, « un défenseur de plus à la cause de l'ordre public et de l'humanité ». Hugo s'en persuade aisément : « Quand j'étais enfant, écrit-il en 1844 à un correspondant, j'appartenais aux partis. Depuis que je suis homme, j'appartiens à la France. » Au peuple aussi, et bientôt à l'Europe. En février 1847, Michelet a publié le premier volume de son *Histoire de la Révolution*. En mars, c'est l'*Histoire des Girondins* de Lamartine. Hugo applaudit, tout en réclamant plus de sévérité « dans l'intérêt même de cette sainte et juste cause des peuples que nous aimons et que nous servons tous deux ». Le 14 juin 1847, il peut reprendre à son compte le rôle tant de fois anticipé sur la scène et dénoncer la corruption contemporaine dans un sombre tableau de la France. L'atmosphère générale ne confirme que trop ses vues sur la priorité du social sur le politique. En juillet, à la sortie d'une fête chez le duc de Montpensier, il est frappé des regards et des cris de haine qui s'élèvent sur le passage des invités : « Quand la foule regarde les riches avec ces yeux-là, note-t-il, ce ne sont pas des pensées, mais des événements. » Et en septembre : « L'ancienne Europe s'écroule, ... demain est sombre, et les riches sont en question dans ce siècle comme les nobles au siècle dernier. » Il redoute toujours les mouvements incontrôlés de la foule, pour leurs victimes et pour elle-même : « La misère, écrit-il dans un chapitre des *Misérables* composé à cette époque

(IV,1,5), amène les peuples aux révolutions, et les révolutions ramènent les peuples à la misère. » Il persiste à penser que « la démocratie n'exclut pas plus la monarchie que la république », et c'est pourquoi, le 24 février 1848, il se montre partisan d'une régence de la duchesse Hélène, qu'il essaie courageusement, mais en vain, de faire triompher sur la place de la Bastille. Les hommes du Gouvernement provisoire lui inspirent, Lamartine excepté, une médiocre confiance, et il adopte une attitude d'expectative : « Ce que la République sera pour la France, je le serai pour la République. » Comme en 1832, il reste persuadé que l'heure n'est pas venue pour ce régime, dont il garde une conception idéale : « Deux républiques sont possibles, écrit-il en mai... De ces deux républiques, celle-ci s'appelle la civilisation, celle-là s'appelle la terreur. Je suis prêt à dévouer ma vie pour établir l'une et empêcher l'autre. »

Sur ce programme, il obtient, sans se présenter, près de 60 000 voix aux élections d'avril pour l'Assemblée constituante, et, candidat aux élections complémentaires de juin, il est élu député de Paris par plus de 80 000 voix. Comme il avait fait à la Chambre des Pairs, il se donne à son mandat avec toute sa conscience (il prend même des inscriptions à la Faculté de Droit), son idéal et sa sensibilité. A la fin du mois, pendant les journées d'insurrection, il est retenu à l'Assemblée et séparé trois jours des siens, tandis que son appartement est envahi par les émeutiers. Le 1er juillet, il déménage sa famille et se rapproche de la Chambre, s'installant près de la Madeleine, 5, rue de l'Isly. La répression du mouvement par le général Cavaignac lui inspire autant d'horreur que l'anarchie ainsi évitée. Au mois d'août, se fonde sous son inspiration *l'Événement*, journal qui réunit dans sa rédaction son fils Charles, bientôt François-Victor, et de nombreux amis. Le titre reflète la perplexité du poète dans un présent aussi mouvant. La définition de son « socialisme », à ce moment, a opposé deux spécialistes de la question : pour D.O. Evans, qui suit A. Schinz, Hugo aurait souhaité un gouvernement pour le peuple et par un chef ; pour H.J. Hunt, rien n'est moins sûr : Hugo a évolué du saint-simonisme au fouriérisme et, entre 1845 et 1848, s'est acquis les sympathies du groupement ouvrier de la *Ruche populaire*, qui démentent un tel point de vue. Cette controverse montre au moins combien sa pensée est difficile à fixer : il suit de près « l'événement », sans toutefois réussir à convertir son idéalisme généreux et prudent en formules pratiques. Dans une note intitulée *Moi en 1848* et recueillie dans *Océan*, lui-même nuance ainsi sa position :

> Libéral, socialiste, dévoué au peuple, pas encore républicain, ayant encore une foule de préjugés contre la Révolution, mais exécrant l'état de siège, les transportations sans jugement et Cavaignac avec sa fausse république militaire.

P. Audiat a bien mis en valeur le rôle de la sympathie ou de l'inimitié dans les réactions politiques de Victor Hugo. C'est contre Cavaignac que, comptant peu sur le succès de Lamartine à la présidence de la république, Hugo appuya en novembre, avec *l'Evénement*, la candidature de Louis-Napoléon Bonaparte. Tout ce qu'il en savait, c'est que celui-ci était le neveu du prince Jérôme et professait des idées sociales analogues aux siennes ; il espérait que « dans l'impossibilité d'être grand comme Napoléon, il essaierait peut-être d'être grand comme Washington ». Cet espoir fut déçu, mais il ne convient pas de traiter d'opportunisme ambitieux l'évolution rapide du poète dans les mois suivants. E.M. Grant et P. Audiat l'ont bien analysée. Le 10 décembre, Hugo écrit à son ami P. Lacroix : « Je veux *l'influence* et non le pouvoir. » Fidèle à sa position au-dessus des partis, il adopte le mouvement d'un balancier pour rétablir l'équilibre, de quelque côté qu'il lui paraisse menacé. « Suspect » aux deux ailes, à mesure que le parti de l'ordre écarte les mesures qu'il juge nécessaires au progrès social, Hugo se trouve peu à peu déporté vers la gauche, qui se méfie de lui.

Ce déplacement se manifeste surtout à l'Assemblée législative. Hugo vient de s'installer à Montmartre, 37, rue de la Tour-d'Auvergne. Le 13 mai 1849, à son étonnement, il est élu député de Paris. Indépendant, il reste encore confondu avec la droite. Mais, dès le mois de juillet, il est disqualifié par son discours sur la misère, et, en octobre, la séparation est consommée par son dissentiment sur le sens réactionnaire pris par l'expédition romaine. Il a cru avoir l'appui du prince président et lui a seulement permis un remaniement ministériel : la gauche, en revanche, l'a applaudi. Dès lors, en même temps que *l'Evénement* attaque l'Élysée, Hugo se classe dans l'opposition par ses interventions sur les questions de l'enseignement (loi Falloux), la déportation et le suffrage électoral. Le 17 juillet 1851, le débat sur la révision de la Constitution lui donne l'occasion de brosser un tableau dramatique de l'Europe et d'opposer à Napoléon-le-Grand Napoléon-le-Petit. Cependant, pour la première fois, des ouvriers lui manifestent des marques d'encouragement. Sa réputation d'idéaliste commence à se répandre au delà des frontières : il a noué des relations au Congrès des Amis de la Paix, qu'il a présidé à Paris en août 1849, et entretient une correspondance presque exclusivement politique avec diverses personnalités, Mazzini, Brofferio, etc. On le voit déjà donner son approbation au mouvement anti-esclavagiste aux États-Unis.

Mais, à l'intérieur, les événements se précipitent : le 30 juillet, Charles est emprisonné ; en septembre, *l'Événement* est interdit et remplacé par *l'Avènement du peuple* ; en novembre, ce sera le tour de François-Victor. Et, depuis la fin de juin, une grave complication intime s'est ajoutée : Juliette a enfin appris, de Léonie Biard elle-même, la liaison de son amant ; elle souffre et réclame un choix qui la délivre de sa jeune rivale. En octobre, Hugo s'échappe quelques jours avec elle, comme déjà en septembre 1849, pour faire diversion à la peine de celle-ci autant qu'à ses propres inquiétudes. Désormais, en prévision d'une arrestation, il dort avec la Constitution sur sa table de nuit et vit dans l'appréhension quotidienne d'un coup d'État, qui le prend cependant au dépourvu le matin du 2 décembre. Alors commence pour lui une semaine mouvementée où, aussitôt élu membre du comité de résistance, et sous la menace trop vraisemblable d'un mandat d'arrêt, le poète court les réunions clandestines et les barricades, change de refuge chaque nuit, aidé, gardé par la fidèle Juliette. Finalement, il s'enfuit, grâce à elle, sous le déguisement et avec le passeport de l'ouvrier Lanvin, en route pour Bruxelles, où il doit rejoindre l'imprimerie

Luthereau (11 déc.). Un décret du 9 janvier 1852 confirmera cette fuite en « expulsion ».

Ainsi finit la plus brillante, la plus douloureuse, la plus tumultueuse des phases de la vie du poëte : sur une apparente défaite, dont il allait faire le couronnement de sa destinée. Pourtant, ce n'est pas une rupture dans l'histoire de sa création. Un classement de mars 1848, révélé par H. Guillemin, montre qu'il a ébauché des groupements de ses « vers inédits » en *Contemplations, Petites Épopées*, etc. Une note du manuscrit des *Misérables* (30 déc. 1860) commente discrètement cette unité : « 14 février 1848. Ici le pair de France s'est interrompu et le proscrit a continué. »

CHAPITRE VI

LA RÉVOLTE (1851-1853)

Je m'appelle Protestation
Océan, p.254.

« Il faut passer dignement un défilé qui peut finir vite, mais qui peut être long (22 fév. 1852). » Hugo ne se leurre pas. En avril, il se prépare à « dix ans d'exil au service de la République ». Ainsi commence pour lui et les siens une existence de « camp volant », qui dure cinq ans jusqu'à l'achat de Hauteville House à Guernesey.

Pendant les sept mois de son séjour à Bruxelles, d'abord seul, il habite à l'hôtel et, à partir de janvier, place de l'Hôtel-de-Ville, au n° 16, puis au n° 27. Sa chambre donne sur la place, et la vue pittoresque sur les toits lui en fait aimer la pauvreté. A Bruxelles Juliette, qui l'a suivi le 15 décembre et s'est établie chez son amie Mme Luthereau, à Paris Adèle, qui détourne Mme Biard d'aller le rejoindre, veillent sur son ménage, son calme et sa santé. Il a cinquante ans. Les épreuves et les plaisirs de la période passée ont alourdi son visage. Ses cheveux sont rabattus négligemment, ses yeux se cernent, une lippe amère déforme cette jolie bouche serrée que renfrogne un menton volontaire. On a révélé, d'après les archives de la Banque nationale de Belgique, que Hugo eut, dès février, un dépôt de 168 titres à son compte. Ses lettres, en tout cas, retentissent de dettes et de comptes. Averti par ses débuts difficiles et prévoyant des années maigres, il se refuse à toucher au capital et se condamne avec les siens à un régime de « rigidité », qui lui paraît de mise avec sa présente situation. « Tous les yeux, écrit-il à sa femme le 19 janvier, aujourd'hui sont fixés sur moi. Je vis publiquement et austèrement dans le travail et les privations. » Il ne désespère pas d'écrire, cependant, puisque la seule chose qu'il ait emportée de Paris ce sont ses manuscrits, et, parmi eux, celui des *Misères*, dont la dernière partie reste à faire. Il est peu probable qu'il y ait beaucoup touché à Bruxelles. Il n'en avait ni le temps ni le cœur. Politique d'abord.

En effet, rejoint à la fin de janvier par son fils Charles, qui sort de prison, Hugo est en contact constant avec ses compagnons d'exil : députés comme Victor Schoelcher, journalistes comme Girardin (avant son prochain ralliement), écrivains comme Dumas, professeurs comme Quinet, l'éditeur Hetzel, le général Lamoricière, tous, au cours d'entretiens interminables, ressassent et lui communiquent leur expérience personnelle des événements. Documents et récits s'amalgament à ses propres souvenirs. Tout à son ressentiment personnel qui prend les dimensions d'une lutte pour le droit, Hugo est porté par sa colère et par l'ambiance (chacun écrit son histoire du coup d'Etat) à composer son *Deux-Décembre*. Il songe à l'intituler *Faits et gestes du 2 décembre*, titre « insolent » qui « permet mille petits détails familiers », en attendant de lui donner le titre justicier, *Histoire d'un Crime* (1877). Crime et châtiment, voilà les deux pôles entre lesquels sa pensée s'absorbe. Certainement, l'exemple de Chateaubriand, mort en juillet 1848 et dont *la Presse* de Girardin avait commencé en novembre 1849 de publier les *Mémoires*, hantait son esprit et lui rappelait le rôle de témoin vengeur que le grand indépendant avait assigné à l'historien, dans l'article mémorable du *Mercure de France* (juillet 1807). A Charles, il conseille d'écrire une *Histoire de la République de 1848*. Lui-même s'en réserve le dénouement. « Acteur, témoin et juge, je suis l'historien tout fait », écrit-il à Adèle. A nos yeux, il lui manque l'objectivité. Il en veut d'autant plus à Napoléon de l'avoir dupé qu'il se sent coupable d'avoir contribué, dès avant *l'Événement*, par ses poèmes à la prochaine restauration de l'Empire, comme Janin lui en fera le reproche amical. Selon le mot de Robert Peel, il a une « querelle personnelle » avec le prince-président. Sa colère puise des aliments dans les récits unilatéraux des proscrits et dans les nouvelles qu'Adèle lui fait parvenir de Paris. Cette exaltation explique le tour dramatique pris par son compte rendu des événements. Celui-ci affecte en effet la forme d'un drame en trois, puis quatre « journées » : *le Guet-apens, la Lutte, le Massacre, la Victoire*. La troisième, provisoirement réduite au chapitre qui devient le livre III de *Napoléon-le-Petit*, sera développée seulement après 1870, et la conclusion, *la Chute*, est évidemment postérieure à la guerre. « Encrier contre canon. L'encrier brisera les canons. » Hugo s'en donne, et d'autant plus librement que, dans sa pensée, le livre n'est pas destiné à une publication immédiate, tant à cause de François-Victor, encore incarcéré, que pour ne pas rendre plus embarrassante sa situation de réfugié politique à l'égard du gouvernement belge. C'était pour lui un premier soulagement :

> Ceux qui vivent, ce sont ceux qui luttent...

avait-il écrit dans un poème de la fin de 1848, qui sera recueilli dans *Châtiments*. C'est aussi la continuation de ses fonctions, qu'il a exposées dans une page ardente, au début de *Napoléon-le-Petit*, sous le titre *Mandat des représentants* :

> Le second devoir, c'était, après avoir accepté le combat et toutes ses chances, d'accepter la proscription et toutes ses misères ; de se dresser éternellement debout devant le traître, son serment à la main ; ... de s'oublier eux-mêmes et de n'avoir plus désormais qu'une plaie, la plaie de la France ; de crier justice ! de ne se laisser jamais apaiser ni fléchir, d'être implacables ; de saisir l'abominable

parjure couronné, sinon avec la main de la loi, du moins avec les tenailles de la
vérité, et de faire rougir au feu de l'histoire toutes les lettres de son serment
pour les lui imprimer sur la face !

Debout, voilà bien la posture de Victor Hugo, celle du combattant et
de l'orateur. Il y est plus à l'aise devant le papier que dans une assemblée. L'historien, lui, n'est pas debout, il est assis. C'est bien pourquoi
ce livre, trop proche des événements, n'était pas de l'histoire véritable,
mais préparait le poète à l'explosion des *Châtiments*. A ce titre, il
constitue pour le futur recueil une source d'explications, encore que
certaines pages, comme celle qui relate le meurtre d'un enfant rue
Tiquetonne, soient postérieures à leur version poétique (*Souvenir de
la nuit du 4*).

Le stade intermédiaire de cette conversion à la satire est *Napoléon-
le-Petit*, pamphlet écrit en un mois (14 juin-12 juillet) à la manière de
ses drames, d'un seul mouvement et conçu « comme une bombe ». Le
titre à lui seul en a l'effet, et cette trouvaille remonte, on l'a vu, au
discours du 17 juillet 1851. Ce détail, appuyé par d'autres traits de ses
discours, suggère que cette forme de « rhétorique », qu'on appellerait
inexactement de la satire, constituait pour Hugo une part indispensable
de sa conception de l'action politique (témoin, la dizaine de pièces
des *Châtiments* écrites avant l'exil) : elle est essentiellement revendication (et dans ce mot, il y a vengeance), protestation, ce qui plus d'une
fois avait indisposé contre lui ses adversaires. C'est un livre écrit *à
chaud*, et qu'il faut lire dans des circonstances analogues. Dans les
huit livres qui le composent, P. Moreau retrouve « les trois armes
traditionnelles de l'éloquence satirique : l'ironie, l'indignation, l'enthousiasme vengeur ». En fait, il y a de tout : d'abord le mouvement
et l'abondance du style, et la force imagée du vocabulaire ; d'éloquentes
envolées d'indignation, dans la manière du *De Verre* de Cicéron ; une
foi indéracinable dans le droit de la vérité et dans son triomphe final ;
des tableaux d'épopée, comme cette vision saisissante de la Néva
prise par la glace (liv. I), d'où l'eau, symbole de la liberté, se dégagera
au moment de la débâcle, ou encore les pages sur le peuple de 1789
et la vertu de la tribune, « turbine d'idées » (liv. V) ; de l'esprit, dans
la parodie de la Constitution au livre II, et du calembour (*Napoléon*),
des jeux cruels sur les mots, qui ajoutent don César à Ruy Blas (« un
symbole, il a pris l'aigle ; modestie d'épervier » ; « main baignée de
sang qui trempe le doigt dans l'eau bénite », etc.). Là encore, l'interprète des *Châtiments* trouve des sources, des ébauches et des exercices. Ainsi, le germe de *l'Expiation* est dans cette phrase du livre I :
« le 18 Brumaire est un crime dont le 2 Décembre a élargi la tache
sur la mémoire de Napoléon. » La conclusion, plus générale et d'un
ton plus uni, s'élève à des considérations morales sur la politique,
le rôle civilisateur de la France et l'époque, « âge viril de l'humanité »
(cf. *C.C.*, I), où éclatent çà et là des images pathétiques du pays perdu :
« O patrie !... te voilà sanglante, inanimée, la tête pendante, les yeux
fermés, la bouche ouverte et ne parlant plus » (l'image de *Ruy Blas*),
ou de son état d'âme : « le soir, quand on rêve, quand tout dans la ville
étrangère se revêt de tristesse... »

Hugo ne se faisait aucune illusion sur l'effet de cette publication, qui était de lui couper les ponts aussi bien avec la Belgique qu'avec la France. Aussi combina-t-il son départ avec l'apparition du livre. D'ailleurs Bruxelles, dans sa pensée, n'était qu'une étape, la plus accessible, de sa fuite, où l'avait retenu la perspective d'« affaires d'édition » : elles s'étaient trouvées réduites par la timidité des éditeurs belges (en décembre la loi Faider contre les menées des étrangers sur le territoire leur donna raison) et aussi par les craintes des proscrits eux-mêmes, qui redoutaient une intervention du gouvernement français. « Bruxelles ou Londres sont des postes de combat », écrit-il en février au député de Turin Brofferio pour le remercier de son offre d'une villa sur le lac de Garde (lettre intéressante d'ailleurs, où il évoque déjà « l'avenir inévitable » d'un « grand parlement fédératif continental »). Dès janvier, il a eu les yeux tournés vers Londres et Jersey, où se trouvaient d'autres proscrits : l'Angleterre était le pays libre et indépendant par tradition, Londres offrait les ressources d'une grande capitale, centre de réfugiés de l'Europe entière (Kossuth, Mazzini...) ; à l'abri de la mer, Hugo voulait recréer son foyer, et c'est à Jersey, où l'« on parle français », que son imagination le plaçait. Avant son départ, il conclut un traité avec Hetzel et Marescq pour une édition populaire de ses œuvres, et, à Paris, a lieu la vente de son mobilier, annoncée par un touchant article de Gautier. Le 1er août 1852, il quitte Anvers ; le 2, il est à Londres, où il passe en hâte trois jours maussades, et le 5, jour de la publication à Bruxelles de *Napoléon-le-Petit*, il débarque avec Charles à Saint-Hélier, capitale de l'île de Jersey. Saint-Hélier, Sainte-Hélène, le rapprochement n'échappe pas à Vacquerie, déjà arrivé avec Mme Hugo et Adèle ; François-Victor, sorti de prison, suit avec du retard, et Juliette, de son côté, débarque le 6.

Après un court passage à l'hôtel de la Pomme d'or, ils louent une maison meublée, St Luke's, 3, Marine-Terrace. « Jolie petite maison », qui a l'avantage d'être au bord de la mer, sans offrir de vues réelles, et où Hugo ne cherche pas à s'installer véritablement. Après dix ans, elle lui paraîtra un « lourd cube blanc à angles droits ». Cette impression, postérieure à des hivers de tempête et de hantise, ne rend pas compte du premier ravissement qui les saisit dans cette île charmante au printemps, fleurie, ordonnée et pittoresque. « C'est le sauvage et le riant mariés au milieu de la mer. » Ils y trouvent d'abord une saine détente. Promenades, bains de mer, pêche, photographie emplissent leurs loisirs et compensent la présence de trois cents proscrits bavards et jaloux, la suspicion des agents indicateurs de la police française et l'éloignement des amis. C'est seulement en octobre que Hugo se mit à écrire les pièces « vengeresses » qui devaient en huit mois composer le recueil de *Châtiments*. Imprimé à Bruxelles, le livre ne put paraître avant le 25 novembre 1853, selon un système assez compliqué : l'édition de Bruxelles était expurgée ; l'édition complète, portant, pour éviter des poursuites, l'indication *Genève et N.Y., Imprimerie Universelle, Saint-Hélier,* était colportée secrètement en France par feuilles détachées et brochée sur place.

Ce recueil, comme les deux autres de cette grande période, peut se considérer de plusieurs points de vue connexes : la genèse, la structure, la nature et le rôle.

« L'histoire le tient », avait écrit Hugo dans la conclusion de *Napoléon-le-Petit*. Mais, le 2 décembre 1852, le président Bonaparte s'est fait plébisciter empereur des Français. « *Napoléon-le-Petit* étant en prose, — écrira-t-il le 5 mars 1853 à Esquiros, — n'est que la moitié de la tâche. Ce misérable n'était cuit que d'un côté, je le retourne sur le gril. » Et dès le 18 novembre 1852, il avait annoncé le recueil à Hetzel comme « le pendant naturel et nécessaire de *Napoléon-le-Petit* ». L'image donnait le ton et l'explication est logique. La réalité est un peu plus complexe.

Le point de départ, ce sont huit pièces écrites à Paris entre 1848 et 1851, généralement sous le coup de la colère, pour protester contre Veuillot, contre la droite, qui le bafouait, ou contre le président de l'Assemblée, Dupin, qui était malveillant pour lui. Une chanson, *l'Art et le Peuple* (I, 9), écrite en novembre 1851, éclaire le motif de ces poésies, une revanche, et leur but avoué, par-dessus l'Assemblée atteindre le peuple. A Bruxelles, trop absorbé par ses œuvres d'« histoire », il n'a écrit que deux pièces de circonstance : la première, en janvier, pour saluer ses quatre collaborateurs retenus en prison, Meurice, Vacquerie et ses deux fils (*A quatre prisonniers*, IV,2), l'autre, en juillet, après la déportation de Pauline Roland, hymne bouleversé et indigné *aux Martyres* (VI,2). A Jersey, le sort de ses deux livres réglé, Hugo est repris par la nature et songe à écrire un volume de poésie pure. Mais il est loin d'être encore apaisé. Le 7 septembre, il envisage un compromis :

> J'ai pensé qu'il m'était impossible de publier en ce moment un volume de poésie pure ; cela ferait l'effet d'un désarmement, et je suis plus armé et combattant que jamais. *Les Contemplations*, en conséquence, se composeront de deux volumes. Premier volume : *Autrefois*, poésie pure. Deuxième volume : *Aujourd'hui*, flagellation de tous ces drôles et du drôle en chef.

L'automne le rend exclusivement à sa colère. Au mois d'octobre, *le Chasseur noir*, ballade rhénane tournée en malédiction, et *Toulon*, dont le boulet final oppose deux illustrations de cette ville par les Bonaparte, une victoire de la liberté et un bagne, marient la poésie de combat au souffle latent d'épopée qui lui inspire, le mois suivant, *Carte d'Europe*, la vision des cadavres de *Nox*, la marche au progrès de *Caravane* et la fresque en triptyque de *l'Expiation*. C'est l'époque où il écrit d'autre part *Première rencontre du Christ avec le tombeau, la Vision de Dante, Abîme* et *la Conscience*, toutes pièces qui prendront place dans le grand recueil épique ultérieur. Des unes aux autres, il n'y avait pas de différence de nature, mais de point de vue, et il comptait dresser (nov., *Nox*)

> Assez de piloris pour faire une épopée.

Entre temps, en effet, les invectives mitraillent l'ennemi, ses ministres, ses juges et ses prêtres. Hugo prend conscience du recueil ainsi amorcé.

Il le voit d'abord sous la forme d'un volume de combat, mince et de publication rapide. Le 18 novembre, il estime que « le volume des *Vengeresses* (environ 1 600 vers) sera fini dans trois semaines ou un mois ». Il hésite sur le titre, songe au *Chant du vengeur*, puis revient au premier. A la fin de décembre, il s'agit de trois mille vers, et le volume, une fois achevé, en comptera plus du double. « La veine a jailli. » Il s'est produit cet entraînement de l'écrivain fécond, lorsqu'un sujet le possède. En janvier 1853, Hugo arrête le titre « menaçant et simple » de *Châtiments* (sans l'article, Hugo y insistera).

L'idée ni le mot n'étaient nouveaux dans l'œuvre du poète. Le châtiment est le prix du crime. On en trouve, dans *le Rhin* (XXVII), cette évocation, liée à la légende de Frédéric Barberousse :

> O représailles de la destinée ! 1693, 1793 ! équation sinistre ! admirez cette précision formidable ! Au bout d'un siècle pour nous, au bout d'une heure pour l'Éternel, ce que Louis XIV avait fait à Spire aux empereurs d'Allemagne, Dieu le lui rend à Saint-Denis... Châtiment ! châtiment !...

Et que fait-il d'autre que de prendre à son compte le rôle de Ruy Blas, de Job et de Frédéric ? C'est le mythe vingt ans caressé du justicier, enfin incarné par lui-même. Il est le burgrave, dans la citadelle de son rocher battu des flots. Il n'y tient plus compte de la mesure que lui imposait le contact du monde. Le verbe est lâché. Il arrive que ce ne soit pas toujours pour maudire l'homme, mais aussi pour célébrer les charmes de la nature renaissante, comme dans *Floréal*. A mesure que le printemps remplace l'hiver, on sent croître l'impatience du poète, fatigué des limites où l'enferme sa colère soulagée et aspirant à d'autres horizons poétiques. Les créations qui naissent en avril-juin 1853 de ce débat intérieur ne sont pas les moins saisissantes dans leur complexité : *l'Egout de Rome*, l'importante *Force des choses,* prélude à *la Bouche d'ombre*, et la chanson du *Manteau impérial.*

Cet aperçu de la genèse du recueil éclaire les questions de sa structure et de sa nature. On voit, d'une part, que Hugo n'a pas conçu d'emblée le recueil dans sa structure définitive. Celle-ci est postérieure à la composition de la plupart des pièces et assez artificielle. Les six déclarations qui intitulent les six premiers livres sont une parodie des promesses restauratrices de l'empire, du type du titre II : *L'ordre est rétabli* ; le septième et dernier est un jeu de mots : *les Sauveurs se sauveront.* Ces rubriques, sans rapport particulier avec leur contenu respectif, n'offrent aucune clef de la distribution des pièces. En revanche, les dates de l'édition, à dessein fictives, retracent un itinéraire mystérieux de l'espoir : de *Nox* (nov. 1852) à *Lux* (éd. sept. 1853, ms. déc. 1852), en passant par *Stella* (éd. juillet 1853, ms. déc. 1852) et *Luna* (éd. juillet 1853, ms. mars 1853). Mais cette construction factice révèle le souci, inexistant avant l'exil et très apparent désormais, de « composer » ses recueils poétiques en livres et sections selon un ton dominant, satirique, lyrique, épique ou apocalyptique.

Pourtant, il serait inexact de réduire le recueil des *Châtiments* à l'étiquette de la satire, fût-ce de la « satire lyrique ». « Il contiendra de tout », avait prévu Hugo en novembre. Cette diversité se constate aussi bien dans chacun des livres que dans l'ordre chronologique de composition des pièces. Une formule de P. Moreau résume bien ce qu'il nomme le « paradoxe artistique » de l'œuvre : « Unité d'inspiration, variété infinie de moyens ». L'unité, c'est celle de la réaction, que le ton trahit : la violence. C'est une explosion de sentiments, un « déchaînement », et, à ses amis qui s'effarouchent, Hugo répond simplement : « Or, je vous déclare que je suis violent. » Violence spontanée au début, volontairement prolongée à la fin. Hugo se range derrière l'exemple de Dante, de Tacite et de Juvénal. Il a souvent pratiqué ces deux derniers et il les relit. Ils lui suffisent, sans qu'il soit besoin de citer, autrement que pour mémoire, le Barthélemy de la *Némésis* et le Barbier des *Iambes* (1831), ou de plus minces manieurs d'invectives, que P. Berret, dans l'introduction de sa parfaite édition critique (à l'exception d'erreurs typographiques qui déforment le précieux tableau chronologique), a recensés avec probité et sans conviction. Seul, Béranger, que les circonstances avaient rapproché de Mme Hugo et de lui-même, pouvait présenter au poète le modèle de ses chansons, comme *les Tragiques* de d'Aubigné pouvaient lui donner le ton dans la violence et lui offrir la gamme de ses modes d'expression. Mais, à la différence de d'Aubigné, Hugo ne se tient pas au moule uniforme d'un vers, et la variété des dimensions, des genres et des rythmes donne aux *Châtiments* une souplesse éloignée de la raideur austère des *Tragiques*. Et, à la différence de Béranger, Hugo remplace la douce ironie par la fougue et s'engage tout entier dans ses vers avec la vigueur et la sensibilité de son tempérament. Il ne prétend d'ailleurs à aucune objectivité, pas même à celle qu'il attribue à son précédent ouvrage : « Il n'y a pas de poésie lyrique sans le moi. »

Ce moi déborde d'outrages et de sarcasmes. Ils font des *Châtiments,* selon le mot de Lamartine, une « œuvre de colère », car la colère est le visage de l'impuissance. Et que peut-il d'autre ? L'élément de satire directe occupe la majeure partie de ces vers, et il n'est presque pas de poème qui n'en contienne, si peu que ce soit. Mais il serait faux de penser que Hugo a commencé par l'invective pour s'élever à l'épopée. On a vu le contraire. C'est l'invective qui, à force de violence et de répétitions variées, devient épique. Une épopée burlesque et tragique, un *Lutrin* sanglant. Exemple : *On loge à la nuit*, d'un serré étonnant dans le dessin, l'injure et la verve, ou le dernier mouvement endiablé d'*Éblouissements* ; à côté de quoi, il faut faire une place à part aux stances, d'une jovialité grinçante, de *l'Empereur s'amuse, Joyeuse vie, Idylles*, etc. Le plus souvent, les analogies du vocabulaire sont puisées dans les annales du brigandage, de la cuisine, des fêtes et de l'opéra-comique. Leur sens évolue du faux (« cette altesse en ruolz », « tu n'es qu'un singe ») à l'abject (« césars pourris », « égout ») ou à la cruauté concertée (« Tom-Pouce Attila »). Ce qu'une telle satire garde d'exemplaire, c'est son débordement ; c'est, maintenant que les personnalités visées se sont effacées dans le passé, le souffle extraordinaire qui lui permet un renouvellement infini dans la charge, c'est la débauche de mots, de jeux de mots, d'associations bien ou mal venues, d'insultes, d'images crues, grossières et colorées, de sarcasmes cinglants, qui n'ont pas été dépassés. La mer, invoquée par Michelet, n'y est pour rien :

comparaison n'est pas raison. Mais l'isolement laisse son esprit tourner en cercle fermé et s'exprimer sans mesure. Bruxelles a fait *Napoléon-le-Petit*, Jersey, en ce sens, a fait *Châtiments*. Hugo seul et seul Hugo pouvaient atteindre ce degré orgiaque dans la jouissance du mot, qui allait se révéler si importante dans la suite de sa création poétique.

Mais l'âme, non plus que l'art, du poète des *Châtiments* n'est monocorde. Son expérience réelle des barricades lui a laissé des images tragiques, qui éveillent dans ses vers bien d'autres sentiments : la pitié, l'admiration, l'enthousiasme, l'horreur. Ce sont, par exemple, l'enfant de sept ans tué rue Tiquetonne, le député Baudin, les fusillés du cimetière de Montmartre. Alors, le ton change et devient grave. Un fait comme celui qui inspire *Souvenir de la nuit du 4* est suffisamment chargé d'émotion pour se passer de commentaire. Tout le pathétique vient de la retenue et de la simplicité avec lesquelles Hugo rapporte les faits. Le rythme et les rejets multipliés se combinent pour donner aux vers un air de prose. Le style se modèle sur la netteté élémentaire de l'Evangile, auquel il emprunte certaines images (« mettre un doigt dans le trou de ses plaies »). Ce dépouillement volontaire de la forme, qui contraste totalement avec la luxuriance des poèmes d'invective, ne se soutient que par la précision complète de la scène, le réalisme de l'observation, exercée aux « choses vues ». Sans effet elle dégage le détail symbolique :

> Il avait dans sa poche une toupie en buis.

Ce simple trait, en révélant le jeu interrompu, persuade d'un massacre des innocents et soulève la révolte. L'apostrophe finale, d'une ironie douloureuse, souligne habilement le passage, dit Berret, « du trouble de la pitié à l'ardeur de l'indignation ». C'est le lyrisme familier de *Regard jeté dans une mansarde* et de *Rencontre*.

C'est du lyrisme aussi, mais d'un lyrisme cosmique, que relèvent, dans la ligne de *Saturne*, les poèmes de lumière dont *Stella* est le type. Seule la conclusion accommode la vision à la conjoncture présente et dégage la valeur spirituelle du symbole. L'étoile du matin annonce la libération prochaine de la France, la chute du tyran, mais aussi, d'une manière plus générale, la libération de toutes les âmes encloses dans la matière. Hugo commence à élaborer les idées qu'il va développer dans ses pièces métaphysiques et dans *la Fin de Satan* : c'est en 1854 qu'il se mettra à écrire ce poème où l'Ange Liberté, adapté de l'Apocalypse de saint Jean, jouera un rôle essentiel et délivrera Satan lui-même. Il prend en effet le ton d'un prophète, lorsque, dans *Lux*, il annonce que « l'avenir est aux peuples ». Et aussi d'un prophète sont les visions d'horreur de *Nox* :

> Ils étaient là, sanglants, froids, la bouche entr'ouverte,
> La face vers le ciel, blêmes dans l'herbe verte,
> Effroyables à voir dans leur tranquillité,
> Éventrés, balafrés, le visage fouetté
> Par la ronce qui tremble au vent du crépuscule...

Le lyrisme, on le voit, n'y est pas discernable de l'épopée. Berret renonce avec raison à des classifications étrangères à la pensée du poète Hugo. Quand s'offre la chance épique, celui-ci se laisse emporter aux évocations des éléments ou des masses, qui possèdent son génie créateur depuis *Feu du ciel* et *Notre-Dame de Paris*. Qu'il s'agisse des armées de Napoléon Ier dans *A l'obéissance passive* et *l'Expiation,* ou des trompettes de Jéricho, ou du « fourmillement terrible » des animaux nocturnes de *la Caravane*, il est clair que sa pensée poétique est loin des mesquineries de la satire et s'attarde volontiers à peindre la grandeur de l'homme ou de la nature. La précision des traits, la puissance des silhouettes, l'ampleur des mouvements et des espaces, cet art de fresque par lequel Hugo excelle à évoquer la densité lamentable ou furieuse des foules ou des éléments font de ces poèmes les équivalents des futures *Petites Épopées*. Surtout, Hugo ne s'arrête pas à la description pittoresque, même puissante : les apparitions, d'essence apocalyptique, du lion de Juda, de l'ange à la trompette ou de la volonté divine communiquent à ces visions épiques un éclairage prophétique, soutenu par l'approfondissement de son vocabulaire philosophique et le recours aux épithètes décalées (dans *la Caravane*, par exemple, *jour zodiacal, peuple rauque, œil vermeil*).

Ainsi, le recueil de *Châtiments* est un phénomène important dans l'histoire de notre littérature et dans celle de la poésie hugolienne. A sa date, il constitue un bloc poétique d'une nature inconnue jeté au milieu de la publication contemporaine. Un an après les *Émaux et Camées* de Théophile Gautier et *les Poèmes antiques* de Leconte de Lisle, c'est un défi du « romantisme pas mort » au réalisme, au fantaisisme, à l'art pour l'art. La presse contrôlée ne pouvait guère réagir : une allusion de Veuillot (« la dernière phase de son génie qui est une mixture de Marat et de Richelet »), de rares échos dans des feuilles obscures à l'étranger, voilà tout. Mais, dans le secret, Hugo se gagnait un nouvel auditoire, fruste, enthousiaste et fidèle, dans ce peuple dont il avait toujours attendu l'approbation et qui ne la lui retirera plus. Littérairement, Hugo renoue avec le XVIe siècle de Ronsard et de d'Aubigné pour réaliser un *apax* dans l'histoire de la satire du XIXe. Aucun contact direct, sans doute, mais le même effet qu'après les « études » de 1827-28 : sa poésie sort encore assouplie des *Châtiments* et avec des puissances d'expression nouvelles. Les *Châtiments* ont été pour Hugo une libération, non seulement psychologique, mais poétique. Pour la première fois, il semble se livrer à sa mesure. Hugo aime le combat. Ce n'est pas, comme on l'a dit, que le fond de son génie soit d'abord satirique. Mais sa satire est hugolienne au plus haut point : le ressentiment lui a donné le choc, et la satire lui a ouvert le champ qui lui permettaient d'être pleinement et librement lui-même.

De temps à autre, quelques discours témoignent encore de son activité politique. Ils seront recueillis par la suite dans *Actes et Paroles*. Hugo s'est préoccupé de faire paraître à Bruxelles deux volumes de ses *Oeuvres oratoires*. A Jersey, il prononce en cercle restreint des allocutions aux anniversaires de la révolution de Pologne, exprime son opinion sur le procès d'un Guernesiais condamné à mort, Tapner, et adresse publiquement une *Lettre à lord Palmerston* (fév. 1854), où il dénonce une intervention peu vraisemblable du « proscripteur » contre le proscrit, sauve un agent provocateur, Hubert, de la fureur de ses compagnons d'exil. Au-delà de cette activité locale, il suit attentivement la guerre d'Orient qui, en 1854-1855, oppose l'Angleterre et la France à la Russie (il fait relier sous le titre *Crime et Crimée* la collection des *Illustrated News* de cette période), entretient une correspondance politique avec des idéalistes d'Europe et d'Amérique, et, continuant ainsi la « fonction du poète », s'apprête à ce rôle d'avocat international qu'il prendra, pour certains milieux, après son départ de Jersey. Jusqu'en 1870, des pièces destinées à un recueil de *Nouveaux Châtiments* attestent la continuation de cette « veine d'airain », reconnue dès 1830 et intensivement exploitée en ces deux années. Mais Hugo ne devait plus s'y intéresser que de façon intermittente. Le recueil ne vint jamais à terme. Les pièces en ont été, à mesure ou plus tard, distribuées dans divers recueils poétiques, postérieurs ou posthumes : un peu dans *la Légende des Siècles,* surtout dans le *Livre satirique* des *Quatre Vents de l'Esprit*, dans *la Corde d'airain* de *Toute la Lyre,* dans *les Années funestes.* D'autres sentiments, plus amples, que nous avons reconnus dans les poèmes de 1830-1840 et entrevus dans les *Châtiments,* prennent la place de la colère dans la vie et dans l'œuvre du poète. De ce moment à la fin de l'exil, la vie de Victor Hugo se confond avec l'histoire de sa création, qui occupe largement sa correspondance.

CHAPITRE VII

LE SONGEUR (1853-1855)

> Un seul homme debout qu'ils nomment le songeur...
> *Les Contemplations*, VI,21.

L'expression est de janvier 1855. On la rencontre dans un autre poème de 1847 (I,27). En 1856, Hugo la met au point dans cette belle image : « un somnambule de la mer ». Sous l'une ou l'autre forme, elle donne très exactement le ton de cette période. Devinant, dirait-on, quelle impulsion nouvelle la solitude de Jersey allait apporter à la poésie de Victor Hugo, Béranger lui avait prédit dès septembre 1852 : « Mais vous, mon cher poète, vous voilà dans une nouvelle phase d'inspiration poétique... Oh ! mon ami, au bord de la mer, à la vue de la France, chantez, chantez encore ! »

Sous le titre *les Contemplations*, repris d'un projet des années 1835-38, *les Contemplations d'Olympio*, Hugo avait groupé en 1846 un certain nombre de « vers inédits ». Puis, il avait successivement envisagé, en août 1852, « un volume de vers... prêt dans deux mois », et en septembre, on l'a vu, un recueil mixte de poésie pure et de poésie militante, dont le principe de division, *Autrefois, Aujourd'hui*, est conservé pour une autre application. La partie de poésie militante, hypertrophiée aux dépens de l'autre, avait donné le volume indépendant des *Châtiments*. C'était encore de l'action. Mais l'exil en réduit le champ, et l'explosion des *Châtiments* a délivré Hugo de sa colère. Le voici rendu à la poésie pure : « Après l'effet rouge, l'effet bleu », écrit-il à P. Meurice (21 fév. 1854). Sur la couverture, il annonce *les Petites Épopées* en un volume et *les Contemplations* en deux volumes ; sur celle de la *Lettre à lord Palmerston*, en février 1854, *les Misérables*. Et déjà, il conçoit *la Fin de Satan*, dont il écrit des fragments en même temps que les poèmes de la série lugubre des *Contemplations*. Ce dernier projet prend bientôt la priorité dans sa création, sans que les autres soient oubliés. Il se présente à son esprit comme « un volume de vers calmes », c'est-à-dire de poésie détendue par rapport à la poésie crispée des *Châtiments* : peut-être Hugo songe-t-il à développer la veine gracieuse, inaugurée au printemps de 1853 (I,21 ; II,7), ou, plus vaguement, envisage-t-il un recueil de poésie lyrique, aux résonances humaines et philosophiques, dans la manière des recueils de 1830-1840. Le résultat ne fut pas tout à fait ce qu'il attendait.

Dans une note antérieure à l'exil, Hugo avait décomposé son « moi » en quatre tendances : *Olympio,* la lyre ; *Hermann,* l'amour ; *Maglia,* le rire ; *Hierro,* le combat. Dans cette âme en état de siège, un nouvel équilibre semble se constituer. *Hierro* a eu sa part, et sa vigueur se porte au bénéfice d'*Olympio*, le poète, dont la vision du monde s'approfondit. L'union d'*Hermann* et *Maglia* produit cette fantaisie sensuelle, qui se glisse dans *les Contemplations* et se débridera dans *les Chansons des rues et des bois*. Le génie hugolien tend à présenter deux versants, l'un d'ombre, l'autre de soleil.

C'est le premier qui apparaît surtout dans l'hiver 1853-1854. Il y a plusieurs raisons à cela. Hugo se croit atteint d'une maladie de cœur et pense qu'il va bientôt mourir. Enfin dégagé du tourbillon politique qui l'absorbait, il est rendu à son deuil, dont il commémore en exil le dixième anniversaire. La plaie est restée à vif. Le même moi de septembre, une amie, Delphine de Girardin, s'est décidée à visiter Marine-Terrace et, pour occuper les longues soirées, a instauré la pratique des tables tournantes. Hugo a pris la chose en souriant, mais, au nom de Léopoldine, émis par la table, il a été bouleversé. Il a cru. Le *Journal de l'exil*, tenu par sa fille Adèle, le recueil des procès-verbaux de Vacquerie publié par G. Simon en 1923, les études de Cl. Grillet, de D. Saurat et d'A. Viatte ont montré qu'entre 1853 et 1855 ces communications avec l'au-delà ont été le centre vital du poète, au grand mécontentement de Juliette Drouet qu'elles privaient de ses soirées intimes avec lui. « Nous vivons, écrit-il à Mme de Girardin le 4 janvier 1855, dans un horizon mystérieux qui change la perspective de l'exil. » Les séances ne cessèrent qu'au départ de Jersey, lorsque la folie saisit l'un des assistants : P. Hazard l'avait dit, et H. Guillemin nous donne son nom, J. Allix ; la démence contemporaine de l'occultiste V. Hennequin est évoquée par A. Viatte. Désormais, Hugo peut se passer d'intermédiaire. On imagine quelle atmosphère put se créer ainsi dans cette maison glacée par les nuits d'hiver, battue par les vents, retentissant du bruit des vagues, hantée au surplus, disait-on, par le fantôme d'une Dame-Blanche, qui passe dans *les Contemplations* (VI,3). Hugo vit au milieu des morts et dans la pensée de la mort. Il est obsédé par le mystère de l'Etre et poursuivi par l'invisible jusque dans son sommeil. « La nuit, les âmes ; le jour, les idées », écrit-il. D. Saurat a souligné les points de concordance de celles-ci avec les théories de la Kabbale juive, auxquelles Hugo avait pu être initié par Alex. Weill, à Paris et encore à Bruxelles. Mais le poète estimait bien peu l'homme pour le prendre au sérieux. A. Viatte, de son côté, a étudié les analogies de ses thèmes avec ceux des nombreux « illuminés de son temps », sans conclure à aucune adhésion cohérente. Ce qui ne fait pas de doute, c'est sa foi dans le spiritisme. Il y trouve une confirmation de ses idées, plus qu'une révélation :

... dans ce travail de vingt-cinq années, note-t-il le 19 septembre 1854, j'avais trouvé par la seule méditation plusieurs des résultats qui composent aujourd'hui la révélation de la table... Aujourd'hui... les choses que j'avais vues en entier, la table les confirme, et les demi-choses, elle les complète. En cet état d'âme, j'ai écrit.

Il faut s'y faire. Hugo n'est pas à notre mesure, mais à la sienne. Le crédit qu'il accorde à l'irrationnel met mal à l'aise plus d'un lecteur à la suite du philosophe Renouvier. Le passage brutal de Hugo mondain au Hugo mage déconcerte ou même choque. Pourtant, l'avertissement du poète est formel. Nous savons que ses superstitions datent au moins de la mort de Léopoldine, et l'on convient sans peine avec D. Saurat que bien des idées de sa philosophie se trouvaient exprimées par lui avant l'exil, dans des formules seulement plus indécises. Il n'est pas même impossible de trouver dans *le Rhin* ou dans les poèmes d'avant 1850 des impressions analogues aux hallucinations de 1853-55, comme en témoignent ces vers de 1846, recueillis plus tard dans *Toute la Lyre* (II,30) :

> Avez-vous fui, baigné d'une sueur glacée ?
> Et, plongeant à demi l'œil de votre pensée
> Dans ce monde inconnu d'où sort la vision,
> Avez-vous médité sur la création
> Pleine, en ses profondeurs étranges et terribles,
> Du noir fourmillement des choses invisibles ?

Le mondain nous avait caché le primitif, et sa vie littéraire et publique l'avait déguisé à ses propres yeux. Dégagé de la société, en milieu naturel et étranger, il s'épanouit. Hugo le constate, quelques années plus tard : « On peut être primitif à toutes les époques. Quiconque s'inspire directement de l'homme est primitif. » Lanson a adopté le mot. Or, remarque D. Saurat, allant un peu plus loin, « le primitivisme survit surtout, dans les sociétés civilisées, sous forme d'occultisme ». Hugo en a certainement subi l'appel, bien qu'il se soit défendu de mêler les messages des tables à sa poésie (à Mme de Girardin, 4 janvier 1855). Finalement, l'effet sur celle-ci en a peut-être été exagéré. Car, l'effroi n'est pas le seul sentiment du « primitif ». Celui-ci éprouve avec autant de force la joie qui naît de la jouissance de la nature. La correspondance de Victor Hugo pendant cette période et l'étude chronologique de son inspiration nous montrent qu'il n'est pas resté constamment un homme hanté à Jersey et qu'il y a connu des impressions ou des souvenirs de paix et de bonheur, dont l'alternance lui a permis de traverser ces états de tension sans compromettre son équilibre spirituel.

L'hiver de 1854, après quelques poèmes de février sur la mer (*les Pauvres gens*), donne une série lugubre dont les titres, à eux seuls, sont révélateurs : *Crépuscule, Mors, Dolor, Horror, Un spectre m'attendait, Pleurs dans la nuit*. Hugo compose, en même temps, quelques fragments d'apocalypse pour *la Fin de Satan*. Cette inspiration se poursuit assez tard dans le printemps jusqu'à l'apparition de la fantaisie avec *la Forêt mouillée* (mai), pastorale humoristique de trois cents vers recueillie dans *le Théâtre en liberté*. Cette détente caractérise encore l'automne, riche en pièces légères inspirées par l'amour et la nature (*A Granville en 1836, Vere novo, Vers 1820*) et crevé en plein cœur par le message de *la Bouche d'ombre* (1er-13 octobre), près de huit cents vers. De manière assez inattendue, avec *Réponse à un acte d'accusation* (24 oct.), se dessine la série de théorie et d'apologie

littéraires qui occupe le mois de novembre (*Écrit en 1846*) et pousse
un prolongement en janvier (*Écrit en 1855*). Elle n'a pas plus de rapports avec la fantaisie qu'avec l'apocalypse. On en attribue l'origine à
l'envoi par Jules Janin des tomes III et IV de son *Histoire de la Littérature dramatique*, où la vie littéraire de Victor Hugo a une large part.
C'est un faible argument pour y voir le signal d'un projet d'autobiographie en vers. Décembre et janvier sont partagés entre le thème de la
mort (*Joies du soir, Spes*), puis celui des amours enfantines, dont
Vieille chanson du jeune temps offre un exemple réussi, d'ailleurs
remarqué à la publication : le nombre des variations sur ce dernier
thème, assez dans la manière de Béranger, dément l'hypothèse de
souvenirs authentiques. Au printemps de 1855, la victoire est définitivement acquise à la fantaisie, qui inspire au poète des chansons
pour Juliette et des « vere novo » en l'honneur de l'amour et de la
nature. La seule note grave est donnée en mai par quelques développements de la « fonction du poète », dont le plus célèbre est *les Mages*
(voir, dans *la Légende, les Montagnes* et *les Esprits*, I). Enfin, ayant
arrêté le schéma de son recueil et renouant avec une habitude de
toujours, il adresse un geste particulier à chacun des amis éloignés,
Louise Bertin, Dumas, Meurice, Janin, et à l'éternelle absente, *A celle
qui est restée en France*. Ici et là, quelques pièces attestent le pur
lyrisme du poète dans la nature : *Paroles sur la dune, Pasteurs et troupeaux, la Chouette, Mugitusque boum*. Elles ont un air de famille
avec celles des *Voix intérieures* et sont peut-être les seules à justifier
le rappel de l'ancien titre, *les Contemplations d'Olympio*. Elles permettent à Hugo de leur adjoindre, sans faute de ton, des descriptions
de voyages comme *Lettre* (1839) ou de vastes méditations, depuis
lors largement développées comme *Magnitudo parvi* (1846-1855).

    Telle est la genèse du recueil. Elle se combine avec la conception
de sa structure, qui a varié. Hugo avait dans ses cartons de « vers inédits » une cinquantaine de pièces aussi diverses que *la Fête chez Thérèse* et *le Rouet d'Omphale* des années 40, les poèmes sur Léopoldine
et notamment *A Villequier*, auxquels s'ajoutent les vers graves et
légers que nous venons de voir, soit plus du double. « Vingt-cinq
années, écrit justement Hugo dans sa préface... L'auteur a laissé, pour
ainsi dire, ce livre se faire en lui. » Il lui fallait opérer un choix et un
classement. Du recueil combiné de « poésie pure » et de poésie de
combat qu'il a envisagé un moment, il garde le principe de répartition,
Autrefois, Aujourd'hui, qui lui sert à distinguer, non plus deux catégories de poésie, mais deux apports poétiques séparés par le départ
en exil, plus réellement que par la mort de Léopoldine. Mais cette
dernière date lui permet d'établir une équation temporelle, et par
suite psychologique, commode (treize et douze ans), en arrondissant
aux limites les dates initiales et finales (pour II,10, ms. 1834, éd.
1830 ; il aurait voulu 1856 comme date terminale, ce qui fait une
équation parfaite : 1830-1843 et 1843-1856 au lieu de 1843-1855) (1).

    1. Les dates du projet intermédiaire, dont il est question dans la suite, étaient :
Autrefois (1833-1842), *Aujourd'hui* (1843-1854). La date de départ était un hommage à Juliette. C'est sans doute un souci d'équilibre qui lui dicte la modification
de 1833 en 1830, pour faire pendant à 1855.

La disproportion quantitative des deux apports l'amène tout naturellement à antidater un bon nombre de pièces écrites en exil et qui vont être affectées à *Autrefois*. Aussi naturellement, ce sont les idylles et les amours enfantines qui se prêtaient à ce décalage, et elles y gagnaient de ne pas mêler le visage du faune à celui du père douloureux et du mage proscrit. Le poète se livra donc à un petit travail de modification des dates en vue de l'édition, qui l'entraîna à changer encore celles d'un certain nombre de pièces, de manière à leur donner soit une valeur d'anniversaires plus ou moins mystérieux pour nous, soit une signification précise dans le recueil, comme c'est le cas pour *Spes*, placé avec intention vers la fin du livre VI et post-daté d'un an. Hugo avait d'abord conçu son recueil, sans doute vers janvier 1855, quand il l'annonça presque terminé à Mme de Girardin, en quatre livres : *les Joies, les Rêves, Au bord du tombeau, Au bord de la mer*. Ces deux derniers se retrouvent aisément dans le classement définitif, où ils sont devenus *Pauca meae* (IV ; c'est d'ailleurs le plus court) et *Au bord de l'infini* (VI). Mais les pièces de la série littéraire et les contemplations nettement localisées à Jersey (*Cérigo*) obligèrent le poète à intercaler un nouveau livre, assez mêlé, *En marche* (V), où prennent place les épîtres aux amis, peut-être destinées à lui donner du corps. Parallèlement, le livre des *Rêves*, dans *Autrefois*, recueillit, sous le titre définitif *Les Luttes et les Rêves*, toutes les pièces mal caractérisées de la première partie de sa vie littéraire, sociale et sentimentale. Le souci de symétrie lui fit dédoubler le livre des *Joies*, consacré à la jeunesse et à l'amour, en *Aurore* (I) et *l'Ame en fleur* (II). C'est alors qu'il se mit à écrire en série les idylles du printemps de 1855. Le 31 mai, il confirme à Hetzel le développement du livre : « Ce que je gardais à part moi, je le donne pour que *les Contemplations* soient mon œuvre de poésie la plus complète. »

Cette élaboration progressive montre à quel point le souci de la construction, déjà apparent dans *Châtiments*, est devenu fort dans la conscience poétique de Victor Hugo au moment des *Contemplations*. On le retrouvera désormais dans tous ses recueils de vers, même dans les *Chansons des rues et des bois,* aussi bien que dans ses romans. Il provient d'un sens des volumes et des proportions, qui est lié à une appréciation très soigneuse de la répartition des tonalités et des effets dans les différentes sections de l'œuvre. « L'effet produit par le livre premier : *Aurore* — enregistre Adèle dans le *Journal de l'exil* — sera un effet « gorge de pigeon », couleur anodine. Puis viendra le second livre : *l'Ame en fleur*, la poésie de l'amour. » A J. Janin, Hugo écrit (2 sept. 1855) : « cela commence bleu et finit noir. » Et à E. Deschanel (15 nov.) : « Qui ne lit que le premier volume dit : c'est tout rose. Qui ne lit que le second dit : c'est tout noir. » Le contraste de ces deux tons a déconcerté plus d'un lecteur ou d'un critique depuis la publication du recueil. Or, il lui est essentiel. Hugo concevait *les Contemplations* — dans un projet de préface, il avait écrit : « c'est encore l'homme, ce n'est plus le moi » — comme « un miroir d'âme » (à Deschanel, 14 janv. 1855). Il faut entendre par là les reflets du monde dans une sensibilité de poète, et ces vers de *Magnitudo parvi* (1er fév. 1855) éclairent bien cette expérience :

> La solitude éclaire, enflamme,
> Attire l'homme aux grands aimants,
> Et lentement compose une âme
> De tous les éblouissements.

Les Éblouissements auraient été un titre possible pour ce recueil. C'est seulement après coup que, considérant la matière poétique réunie des deux périodes, il infléchit en apparence son projet et adopte l'expression de « mémoires d'une âme ». Expression ambiguë. Sur le manuscrit de la préface, Hugo développe le mot au féminin : « toutes les mémoires vagues, riantes, ou funèbres que peut contenir une conscience... » et il le corrige en « impressions » sur l'épreuve de l'édition originale. Détaché de sa répétition, le terme prend un import historique et crée un malentendu sur lequel le poète a joué, mais qui ne doit pas nous tromper. *Les Contemplations* n'ont pas été conçues comme une autobiographie en vers. Ces deux inspirations opposées sont contemporaines, le plus souvent alternées, parfois simultanées. Cette constatation éclaire un cas de psychologie créatrice. On peut concevoir que, dans l'ambiance cultivée d'effroi où vivait le poète à Jersey, le meilleur remède aux hantises de l'irréel lui venait des puissantes réserves de joie sensuelle, exprimées précisément dans ces sursauts de fantaisie poétique. Hugo suit le rythme de la nature : la nuit et l'hiver nourrissent ses cauchemars, un rayon de soleil, le printemps restaurent sa confiance (« spectacle rassurant », disait-il en 1839). Il écrira à Meurice, le 5 février 1856, qu'il a placé « quelques idylles au début pour faire contrepoids aux apocalypses de la fin ». Cet équilibre, jugé souhaitable pour le lecteur, a d'abord été vital au poète, qui en a éprouvé les péripéties.

> On ne s'étonnera donc pas de voir, nuance à nuance, ces deux volumes s'assombrir pour arriver cependant à l'azur d'une vie meilleure. La joie, cette fleur rapide de la jeunesse, s'effeuille page à page dans le tome premier, qui est l'espérance, et disparaît dans le tome second, qui est le deuil. (*Préface*, fin.)

L'ordre historique de la présentation est une transposition et une justification de l'alternance du bleu et du noir dans sa création poétique : le bleu avant, le noir après. Ce phénomène pourra s'observer encore dans la suite, soit d'un recueil au suivant, soit à l'intérieur d'une même œuvre.

Cette étude combinée de la genèse et de la structure des *Contemplations* permet d'en dégager la nature et l'originalité. Ce recueil passe généralement pour la plus grande œuvre lyrique du poète. Réparti sur vingt-cinq ans de création poétique, il avait des chances d'être, comme lui-même l'a voulu, le plus complet de ses recueils à cette date, et il l'est resté. Aussi présente-t-il une grande variété de poèmes, accrue par le nombre des vers : Hugo en comptait avec satisfaction près de 10 000. Un grand nombre d'entre eux reprennent des thèmes développés dans les précédents recueils : poèmes de l'enfance, où le souvenir sacré de Léopoldine inspire au père des accents d'une simplicité émouvante (*Elle avait pris ce pli*) ; poèmes de l'amour, dans lesquels il trouve encore pour la fidèle amie des inventions délicates et tendres (*J'ai cueilli cette fleur*) ; poèmes de la douleur, qui, des plus courts (*Demain, dès l'aube*) aux plus amples (*A Villequier*), échappent à la rhétorique familière au poète ou s'en font un complice si pathétique qu'ils touchent bien des cœurs éprouvés ; poèmes de la nature, où des images récoltées en promenade soulèvent l'émotion religieuse du poète (*Pasteurs et troupeaux*) ; poèmes de la solitude, de la lassitude (*Paroles sur la dune*), d'une sincérité prenante et d'une grandeur âpre. Rien de tout cela n'est à proprement parler nouveau, si ce n'est par une fermeté de ton qui se trahit, dirait-on, dans la nouvelle écriture, grande et droite, des manuscrits, et par ce mélange de passion et de maîtrise, qui fait de tant de ces pièces des chefs-d'œuvre. Le titre invite à une comparaison avec *les Méditations* que Hugo n'a sans doute pas écartée de son esprit : on peut dire que le recueil de 1856 offre moins de charme indéfini, mais une ampleur de conception et une variété d'exécution qui ne sont pas dans celui de 1820.

Mais la véritable originalité du recueil doit être cherchée dans le premier et dans le dernier livre, où apparaissent respectivement les expériences jersiaises de la fantaisie et de l'apocalypse.

Dans sa lettre du 4 janvier à Mme de Girardin, Hugo faisait allusion à « tout un système quasi cosmogonique, par moi couvé et à moitié écrit depuis vingt ans... confirmé par la table avec des élargissements magnifiques ». Il est vrai que, là encore, le lecteur attentif retrouve des éléments connus. La prière et l'aumône forment toujours l'essentiel du sentiment religieux du poète : *Chose vue un jour de printemps* et *les Malheureux*, d'une part, *le Pont* et *Relligio,* de l'autre, font écho à *Rencontre* et à *la Prière pour tous*. Le problème du mal et de ses rapports avec le Créateur reste le centre de ses investigations morales. Les moments de doute et de dépression subsistent. Mais Hugo a voulu reconstituer, dans le livre VI, avec les témoignages poétiques de ses méditations jersiaises et dans leurs alternances d'angoisse et d'espoir, un itinéraire spirituel orienté. Selon l'image platonicienne, « nous sommes au cachot » (VI,1). Le « pont » pour en sortir est la prière (I,1), élan d'intuition et d'amour. De l'univers puni s'élève un immense appel à la miséricorde divine, auquel l'homme doit joindre sa voix. Car le poète voit non seulement dans le règne animal, mais parmi les plantes et les minéraux, et même collectivement, dans les astres, —

> Ces planètes pontons, ces mondes casemates,
> Flottes noires du châtiment... (2)

— une hiérarchie de matérialisation régies par le châtiment. L'échelle des êtres se résout en expiations successives. Pensée inséparable de sa croyance en l'immortalité de l'âme. Mais le mal serait au principe de la création : car, selon une conception commune à la Kabbale et aux illuminés, la création serait · limitation de pouvoir, occultation de

---

2. Dans *Inferi*, poème de juin 1854, que le poète réserve et qui établit un lien entre les *Châtiments*, dont il a le vocabulaire, *les Contemplations*, dont il est contemporain, et *la Légende*, où il sera recueilli.

lumière, au prix desquelles Dieu aurait fait l'homme imparfait, sans quoi celui-ci n'aurait pas existé

> Et la création, à force de clarté,
> En lui serait rentrée et n'aurait pas été.

Le mal se confond avec la matière, qui leste l'esprit. Ainsi, les hommes, « libres et prisonniers », sont dans un immense camp de régénération, où « tout est plein d'âmes ».

Cette pensée naît du vertige et y renvoie. Jusque-là, elle présente des ressemblances, relevées par P. Berret, J. Vianey, D. Saurat et A. Viatte, avec les théories de Fourier en partie, avec les idées exposées par Boucher de Perthes dans *la Création* (1838-41), J. Reynaud dans *Terre et ciel* (1854) et V. Hennequin dans *la Religion* (1854), avec l'ouvrage plus ancien de Delisle de Sales, *la Philosophie de la nature* (1769 ; éd. 1804, 10 vol. à Guernesey), d'inspiration pythagoricienne, et avec le livre d'A. Weill, *les Mystères de la création* (1855), postérieur aux poèmes de Hugo. Mais, outre que la plupart parurent pendant ou après la composition des *Contemplations*, on peut douter que le poète les ait eus entre les mains à Jersey. Beaucoup des livres d'occultisme et de philosophie qui figurent encore dans la bibliothèque de Hauteville House sont au contraire la conséquence de l'intérêt manifesté par lui dans *les Contemplations* pour les problèmes de l'au-delà. Hugo devint une cible d'hommages pour les auteurs de ce genre d'ouvrages.

Mais sa pensée, peu soucieuse d'ailleurs des contradictions, se caractérise par des variantes ou des intonations personnelles. Son sentiment de Dieu, par exemple, est très complexe. Le poète allie la conception hébraïque et très XVIIIe siècle d'un Dieu créateur, qui se confond parfois, dans son imagination panthéistique, avec l'univers créé, et, d'autre part, la tradition chrétienne d'un Dieu personnel, qu'il interroge et qu'il prie. Dans son essai sur *Hugo mage*, M. Raymond ne semble pas loin de la vérité, lorsqu'il pose le problème en ces termes :

> Mais ce Dieu est-il celui de Jésus ? On le dirait plus proche de l'Etre sans visage des métaphysiques de l'Asie, bien qu'il soit doué d'une vie personnelle et affective, et qu'il ait été « sensibilisé » au contact des traditions hébraïques et chrétiennes primitives ; on le dirait de la substance de Hugo lui-même, divinisée.

Le ton surtout frappe. La hantise de l'invisible, le sentiment de l'oppression des éléments, ciel, mer, vent, communiquent le malaise réel du poète au lecteur avec une intensité éprouvée et une puissance de persuasion qu'on a rarement atteintes avant et après lui. Ce n'est pas qu'il n'essaie de les dominer. Au contraire, il prend soin de faire alterner dans ce même livre VI *Éclaircie* avec les *Pleurs dans la nuit* et de placer *Dolor* après *Horror* par une interversion pleine de sens par rapport à l'ordre de la création. Des ténèbres, le poète tient à faire surgir la lumière, comme le montre la strophe finale d'*A la fenêtre pendant la nuit*, très caractéristique du ton et du message de ces vers :

> Peut-être en ce moment, du fond des nuits funèbres,
> Montant vers nous, gonflant ses vagues de ténèbres,
> Et ses flots de rayons,
> Le muet Infini, sombre mer ignorée,
> Roule vers notre ciel une grande marée
> De constellations.

Spes, daté dans l'édition de janvier 1856, semble indiquer que le dernier mot du poète est d'espoir :

> Cette blancheur est plus que toute cette nuit.

Ces modifications voulues nous avertissent que l'intention finale du poète est de dissiper l'épouvante : comme il écrivait à J. Janin en septembre 1855, c'est-à-dire au moment où le plan du recueil se dessinait à ses yeux : « C'est un noir où je tâche qu'il y ait des rayons d'astre. » Or, ce n'est pas seulement par la promesse d'une révélation *post mortem* qu'il prétend y arriver, mais aussi par la simple contemplation du renouveau de la joie dans la nature. C'est là que les idylles de printemps et d'automne prennent un sens dans le schéma métaphorique de la pyramide, « où toutes les pierres se tiennent ».

Les thèmes et les motifs de cette fantaisie présentent assez de nuances pour exiger une étude approfondie, que, comme nous l'avons entreprise ailleurs, nous nous bornerons à résumer ici. Cette fantaisie est en majeure partie pastorale. Mais, au lieu de ressusciter le couple de bergers traditionnel, Hugo ébauche avec tendresse une « enfant blonde » à la fontaine et la « petite gardeuse de chèvres » dans les prés, ou campe malicieusement, dans le concert amoureux de *la Forêt mouillée* (recueillie dans le *Théâtre en liberté*), le couple citadin d'un commis naïf, Denarius, et d'une grisette rouée, Balminette. La nature est complice ; bien plus, par les frémissements troublants de son printemps, elle invite l'homme à aimer. *Vere novo*, début d'un vers des *Géorgiques,* devient le titre générique et provisoire de ces divertissements bucoliques. Si de tels poèmes ont d'abord été la manifestation spontanée d'une allégresse momentanée, ils n'en ont pas moins créé chez le poète, par le fait de leur multiplication, une aptitude à continuer d'en écrire, une habileté dans ce genre, c'est-à-dire un véritable entraînement. C'est le cas typique du thème des amours enfantines que le poète a exploité en série dans les premiers mois de 1855. *Vieille chanson du jeune temps*, dès sa publication en revue, ravit les plus réticents critiques par sa fraîcheur, sa négligence étudiée :

> Je ne songeais pas à Rose ;
> Rose au bois vint avec moi ;
> Nous parlions de quelque chose,
> Mais je ne sais plus de quoi.

D'autres vers de cette veine, plus riches, choquèrent par leur sensualité prononcée ; ceux-ci, par exemple, sur le thème de l'apparition dans les champs ou les bois d'une belle fille un peu sauvage, nouvelle Galatée (I,21), qui ont un charme irrésistible :

> Elle était déchaussée, elle était décoiffée,
> Assise, les pieds nus, parmi les joncs penchants...
> Je vis venir à moi, dans les grands roseaux verts,
> La belle fille heureuse, effarée et sauvage,
> Ses cheveux dans ses yeux, et riant au travers.

C'est dans de telles pièces que le poète, selon les termes de sa déclaration, s'attache particulièrement à « prendre à la prose un peu de son air familier ». La répétition des mots et des tours, l'emploi des expressions indéfinies répandent habilement une atmosphère ambiguë et vague autour de ces « choses vues » ou rappelées. Car, datées systématiquement d'avant l'exil et localisées dans la banlieue de Paris, elles mêlent aux souvenirs des voyages en France et hors de France les impressions présentes et les vagabondages imaginaires. Elles constituent, au milieu des *Contemplations*, un mémorial sensuel à la vie, dont on peut dire déjà ce que le poète écrira dans sa préface aux *Chansons des rues et des bois*, qui forment la suite de ces idylles et dont le livre I s'intitulera pareillement *Jeunesse* : « Ce livre est écrit beaucoup avec le rêve, un peu avec le souvenir. »

Hugo l'avait bien vu : ces pièces légères firent passer le recueil à l'époque de sa publication. Si plusieurs critiques furent déconcertés par ce qu'A. de Pontmartin nommait leur « paganisme Pompadour », la plupart se montrèrent plus ouverts encore au premier tome qu'au second, dont, exception faite pour *Pauca meae*, les incartades métaphysiques, le vocabulaire et le vague les mirent mal à l'aise. A l'opposé, c'est précisément cet aspect que notre époque apprend à découvrir et retient à l'exclusion du premier : ce qui est l'excès contraire, car Hugo les a voulus, et ils sont, inséparables. C'est la pensée métaphysique qui, plus rassérénée, va dominer pendant les trois années suivantes.

Une note recueillie dans *Océan* établit à la date du 9 novembre (1854 ou 1855) le bilan des années de Jersey :

> Je trouve de plus en plus l'exil bon... Depuis trois ans — en dehors de ce qui est l'art — je me sens sur le vrai sommet de la vie, et je vois les linéaments réels de tout ce que les hommes appellent faits, histoire, événements, succès, catastrophes, machinisme énorme de la Providence... Je mourrai peut-être dans l'exil, mais je mourrai accru.

Ce constat n'était pas illusoire. Hugo avait conscience du bienfait réel que sa pensée tirait de l'isolement imposé par l'exil. Il évite ainsi la dispersion qui naît de la fréquentation des milieux politiques et littéraires. Un événement précipite alors ce détachement. Depuis quelque temps déjà, la présence des proscrits à Jersey était mise en question. Napoléon III était venu à Londres en visite officielle. Quand la reine Victoria se rendit à son tour en France dans l'été de 1855, le proscrit Félix Pyat lança à Londres une protestation injurieuse, que le journal des exilés à Jersey, *l'Homme*, reproduisit. Le rédacteur en chef, Ribeyrolles, et deux de ses compagnons furent décrétés d'expulsion. Hugo, tout en désapprouvant, sinon l'esprit, du moins la forme du factum, affirma sa solidarité avec le journal, sachant à quoi il s'exposait. Ce fut l'expulsion générale. Le 31 octobre 1855, il quittait avec les siens Jersey pour l'île voisine, Guernesey.

CHAPITRE VIII

LE MAGE
Épopées d'autrefois et de toujours
(1855-1859)

Le changement, d'abord, ne fut pas sensible. Le poète poursuivit la correction des épreuves des *Contemplations*. Après un court séjour à l'hôtel, il s'installa dans le haut quartier qui domine le port de Saint-Pierre, au n° 20 de Hauteville, « dans une sorte de nid de goélands ». « Guernesey, constate-t-il en novembre, est une île normande moins anglaisée que Jersey. L'idylle, moins peignée, n'en est que plus jolie. » Hugo correspond avec Noël Parfait, qui surveille l'édition de Bruxelles, plus avancée, et avec P. Meurice pour celle de Paris. Il organise et prévoit les comptes rendus. Enfin, le 23 avril 1856, le livre paraît en deux volumes, à la fois à Bruxelles et à Paris (chez Pagnerre et M. Lévy). La première édition s'enleva vite, mais non, semble-t-il, la suivante. Cette publication rendait Hugo à son travail créateur, c'est-à-dire *Dieu* et *la Fin de Satan,* annoncés sur la couverture et effectivement commencés ; *les Petites Épopées* avaient, provisoirement, disparu de l'avertissement.

Le 10 avril, il décrit son état d'âme au poète belge Stevens en des termes dont il garde copie (*Océan*, p.256) :

> Rendez-vous compte de l'état de mon esprit dans la solitude splendide où je vis, comme perché à la pointe d'une roche, ayant toutes les grandes écumes des vagues et toutes les grandes nuées du ciel sous ma fenêtre. J'habite dans cet immense rêve de l'océan, je deviens peu à peu un somnambule de la mer, et, devant tous ces prodigieux spectacles et toute cette énorme pensée vivante où je m'abîme, je finis par ne plus être qu'une espèce de témoin de Dieu.

Cependant, l'homme ne perd pas pour autant le sens des réalités. Le 16 mai, il achète pour 24 000 francs une maison située au n° 38 de la même rue ; après avoir songé à l'appeler Liberty-House, il la baptise simplement Hauteville House, comme la précédente. En août, il écrit à Janin : « Depuis la première poutre jusqu'à la dernière tuile, *les Contemplations* paieront tout. Ce livre m'a donné un toit... » L'avantage de cette acquisition était de rendre plus difficile son expulsion, l'inconvénient, de le fixer. Mais Hugo voyait le régime reconnu par l'Angleterre et assuré de durer : la fin de la guerre de Crimée et la naissance du prince impérial, la même année 1856, en étaient des garants.

De son côté, il prenait ses dispositions pour se consacrer à la poussée créatrice de son esprit et s'installait également pour durer. Les siens prirent la chose avec moins d'enthousiasme. Le 17 octobre, lorsqu'ils entrèrent dans les lieux, Mme Hugo écrivit à une amie :

> Voilà que nous entrons dans notre maison ; c'est pour moi comme la constatations de l'exil... Ce n'est pas que je croie à une très longue durée de ce qui est en France ; mais mon mari va prendre vie ici. Il va arranger sa maison suivant ses goûts, la meubler comme un logement de Paris, cela n'aura nullement la physionomie d'une de ces maisons qui sont des maisons de campagne, d'une de ces maisons qui sont des accidents... Avec cela, mon mari aime l'île, il prend des bains de mer à profusion. Ils lui sont très favorables, il est rajeuni et superbe. Il n'est pas détaché de la France, mais il a de l'éloignement pour la génération actuelle... Ah ! voyez-vous, on n'est pas impunément éloigné cinq ans de son pays sans qu'un écartèlement se produise.

Mise au point clairvoyante. Pour Hugo, cette maison était une garantie de travail et d'indépendance. Dans les six mois, le bâtiment fut consolidé, transformé à l'intérieur et notamment doté d'une cage de verre au sommet, le *look-out*, qui devint, hiver comme été, l'atelier du poète. Mais l'ameublement et la décoration devaient lui prendre encore trois ans, jusqu'en 1859, car Hugo voulut tout faire par lui-même, seulement aidé d'un ébéniste local et de quelques ouvriers. Ce lui fut, pendant tout ce temps, un divertissement salutaire, qui équilibrait ses heures de plongée dans l'apocalypse. Cette œuvre, car c'en est une, est d'un style baroque, c'est-à-dire surchargé et composite, où l'on trouve réunis les styles de toutes les époques et de toutes les civilisations. Le livre de J. Delalande, après celui de R. Weiss, en offre les commentaires et les illustrations désirables. Hugo s'est montré capable non seulement de créer de ses mains des paravents, tablettes et porte-manteaux pyrogravés selon des motifs de son invention, mais aussi de recomposer dans les espaces proposés un buffet et une cheminée de proportions monumentales avec des meubles, fragments de meubles ou carreaux de faïence récoltés chez les brocanteurs de l'île et disposés, après de nombreux plans, croquis et essais, de manière à former un tout original. L'ensemble est assez monstrueux, mais moins lugubre qu'on ne dit. Or, cette manière de composer est tout à fait représentative du comportement poétique de Hugo à cette époque : on le voit jongler avec les ensembles dans des plans généraux et, à l'intérieur de ces ensembles eux-mêmes, procéder à un placement, sans cesse modifié, de blocs, fragments et poussières de poésie. C'est ainsi que la première ébauche de *Dieu* figure, selon un plan transitoire, parmi *les Contemplations,* que *la Fin de Satan* a comporté d'abord des éléments des *Petites Épopées (la Vision de Dante, Elciis)* à côté de *la Pitié suprême*, et que Hugo conçoit peu à peu les trois recueils comme les panneaux d'une immense trilogie épique, où *la Légende des Siècles* représente celui de *l'Humanité.*

Toutefois, *Dieu* se présente essentiellement comme un poème philosophique. Le ton épique y vient seulement de la grandeur du thème abordé. Le poème n'a pas le mouvement voulu, sinon dans l'ensemble, où le schéma de *l'Ascension dans les ténèbres* en tiendrait lieu, du moins dans le détail des fragments assemblés, qui sont autant de visions des différentes réponses apportées par la pensée humaine au problème de Dieu. Chacune d'elles est statique ; l'ensemble fait figure d'un escalier à larges degrés. Le projet primitif n'a pas changé, mais il subit des additions importantes. Commencé en février ou mars 1855, à la mi-avril il comptait plus de 1 600 vers, près de 2 000 au 1er mai. C'est le moment où Hugo écrit des pièces de fantaisie pour *les Contemplations* : l'apocalypse s'est réfugiée dans ce poème.

A l'origine, après une introduction au mystère intitulée *le Seuil du Gouffre* et laissée vacante, le poète percevait six visions successives, qui, d'un « point noir », grandissaient jusqu'à prendre la forme d'un être volant : la Chauve-Souris, le Corbeau, l'Aigle, le Griffon, l'Ange, la Lumière. Ces visions sont inspirées, selon R. Schwab, du « poème de philosophie religieuse », le *Mantic-Uttaïr* de Ferid Uddin Attar, que lui avait révélé, dès 1828, l'orientaliste Fouinet. Elles symbolisent, dans l'ordre, diverses réponses possibles au problème : l'athéisme (*Nihil*), le manichéisme (*Duplex*), le mosaïsme (*Unus*), le christianisme (*Triplex*), le rationalisme (*Homo*), « ce qui n'a pas encore de nom », ou la révélation du poète (*Deus*). Après avoir surmonté l'angoisse du chaos, que hantent « le hasard, tisserand de la nuit » et la destruction universelle (le thème de *Sacra fames*, de Leconte de Lisle, est l'un des aspects de la nature qui a le plus tourmenté Hugo), le poète dépasse chacune des réponses suivantes pour s'arrêter à l'éclaircie consolante du griffon :

> La clémence de Dieu de tous les côtés s'ouvre
> Et c'est la seule embûche où l'on tombe toujours.

Mais l'ange rationaliste, pourvu d'une aile noire et d'une aile blanche, ne se satisfait ni du Dieu jaloux de la Bible, ni du Dieu miséricordieux de l'Évangile : « Il est juste » est sa réponse. Cette détermination est en soi limitative. Or Dieu, « l'incréé », ne connaît pas de limite, pas même celle de sa justice : « Il n'est point juste, il est ». Et le poète confie à la Lumière la mission d'évoquer « l'innommé », en des vers aussi explicites que beaux :

> Il est. C'est le vivant, le vaste épanoui !...
> Il est l'œil gouffre, ouvert au fond de la lumière,...
> D'où l'univers jaillit en rayons infinis.
> Il regarde, et c'est tout. Voir suffit au sublime.
> Il crée un monde rien qu'en voyant un abîme ;
> Et cet être qui voit, ayant toujours été,
> A toujours tout créé de toute éternité.
> Quand la bouche d'en bas touche à ce nom suprême,
> L'essai de la louange est presque le blasphème.

Tel était à peu près le manuscrit daté du 12 avril 1855 et « lu le 2 mai ». A ce moment, Hugo semble avoir envisagé d'inclure cet ensemble de « choses entendues dans l'immensité », sous le titre *Solitudines cœli*, dans le recueil des *Contemplations*, à côté des *Solitudines terrae*, qui pouvaient bien être les révélations de *la Bouche d'ombre* recueillies au dolmen de Rozel. Mais le sens de l'équilibre l'en a sans doute retenu. En avril 1856, délivré des *Contemplations*, le poète reprend le projet de *Dieu*, qui devient ainsi autonome, au même titre que *la Fin de Satan*. Cette enfilade de théories s'augmente alors de deux visions, le Hibou (II) et le Vautour (IV), qui représentent respectivement le scepticisme (*Quid ?*) et le paganisme (*Multiplex*). Elle se retire, à la manière d'un temple, derrière le portique monumental et creux de *l'Esprit humain* et des *Voix*, qui constitue désormais le *Seuil* de cette *Ascension dans les ténèbres*, pour déboucher sur *le Jour*, dont la chute ouvre, dans sa concision dramatique, une perspective illimitée de connaissance. L'homme demandait à voir Dieu...

> ... Et je sentis
> Que la création tremblait comme une toile ;
> Alors, levant le bras et, d'un pan de son voile,
> Couvrant tous les objets terrestres disparus,
> Il me toucha le front du doigt, et je mourus.

Ayant projeté un réveil « après la mort », Hugo borna son poème à cet effet mystique, déjà utilisé par Ballanche dans sa *Vision d'Hébal* (1831), où la mort est naissance, et *connaissance* (« Dans *connaître*, il y a *naître* ») au sens hugolien, et depuis claudélien, du mot. Conclusion logique, puisque le fini ne peut atteindre l'infini qu'en perdant sa limitation. Le 30 juin, il pouvait annoncer à George Sand que *Dieu* était « aux trois quarts fait ». Il ne cessait d'ajouter des vers de nuit et de lumière, qui forment un riche reliquat. La puissance indéfinie de développement verbal d'un thème en lui-même inépuisable nuit finalement à la densité de pensée et de forme du projet primitif, ainsi qu'au mouvement d'ascension, auquel le prologue des *Voix* fait une préparation piétinante. En revanche, portée à plus du double, cette épopée de « la recherche effrayante de Dieu » regagne par la masse de poésie diffuse : par contraste, *l'Ascension* apparaît comme une réduction lente et progressive du chaos à une clarté suprême, qui demeure liée à la mort, c'est-à-dire à la disparition de l'obstacle corporel, car

> La matière n'est pas et l'âme seule existe.

Le poème est, on le voit, loin d'être vide de pensée et d'art. Il abonde en trouvailles de vers philosophiques, où Hugo réussit à rendre l'abstrait pittoresque, comme dans celui-ci, d'un condensé expressif :

> Le monde est à tâtons dans son propre néant.

Si l'on relit alors *la Chute d'un ange*, que Lamartine appelle une « épopée métaphysique », et notamment le *Fragment du livre primitif*, on y retrouve des idées apparentées sur Dieu l'innommé et, en raccourci, la réponse de la Lumière à l'Ange :

> Dieu dit à la raison : Je suis celui qui suis ;
> Par moi-même enfanté, de moi-même je vis ;
> Tout nom qui m'est donné par l'homme est un blasphème,
> Nul ne peut prononcer tous mes noms que moi-même.

De tels vers valent sans doute les derniers du fragment que nous avons cité, mais les premiers sont incontestablement d'une autre qualité. Le style philosophique de Hugo a tiré profit des procès-verbaux des tables : on reconnaît, transposé, le schéma de questions et réponses, notamment dans l'*Esprit humain*, et le ton dogmatique des messages. Il doit aussi beaucoup à la lecture des prophètes et en particulier de Job. Les descriptions de l'Esprit Légion et de Léviathan, certains tours stylistiques (la conjonction *et* en tête de phrase), l'emploi d'images-refrains dénotent une lecture familière de la Bible, dont Hugo a deux éditions, la traduction de Lemaistre de Sacy et une édition d'Amsterdam par le pasteur D. Martin (1707). Exemple, l'image introductrice des visions :

> Et je vis au-dessus de ma tête un point noir.
> Et ce point noir semblait une mouche dans l'ombre.

Enfin, le poème se ressent de la fréquentation des livres curieux de philosophie et d'occultisme dont Hugo aime à s'entourer et d'une imagination depuis longtemps exercée au fantastique et surexcitée, presque systématiquement, par le spectacle des éléments, les séances de spiritisme de 1854-1855 et les rêves auxquels il accorde de plus en plus d'attention. La célèbre image du cirque de Gavarnie, né d'un atome, témoigne, au surplus, du processus inconscient selon lequel une impression du voyage de 1843 a pu resurgir au cours de ces méditations, y gagner un sens et leur fournir en échange une illustration, un symbole, ou un mythe.

Comme *Dieu*, publié posthume en 1891, *la Fin de Satan* ne devait paraître en volume qu'en 1886. Elle fut l'objet de divers projets successifs et de nombreux remaniements, sans parvenir à un état définitif et achevé. Mieux que *Dieu* encore, ce poème montre, dans son mystérieux dessin général et débarrassé de toute dialectique, le triomphe de cette imagination cosmique.

Les précédents épiques de Lamartine et de Vigny ne sont pas étrangers, sans doute, à l'idée du sujet : Hugo a chez lui *la Chute d'un ange* (1838) et les *Poèmes antiques et modernes*, dans l'édition de 1846. Dans cet ordre, les travaux de H. Guillemin (son édition des *Visions* de Lamartine) et de M. Rudwin sur *Satan et le satanisme dans l'œuvre de Victor Hugo*, surtout le livre de H.J. Hunt, *The Epic in Nineteenth-Century France* (1941), auquel il est indispensable de se reporter pour mesurer la fermentation épique de ce siècle, font apparaître, avant 1855, une suite presque ininterrompue de tentatives analogues. Les œuvres de Ballanche, de Quinet, de Soumet (*la Divine Épopée*, 1840, figure parmi les livres de Hauteville House), de L. de Cailleux (*le Monde antédiluvien*, 1845), d'A. Pommier (*l'Enfer*, 1853, à Hauteville House), pour se borner à quelques noms, relaient jusqu'à Hugo les mythes bibliques de Dante, de Milton et de Byron. L'ouvrage déjà cité de R. Schwab a montré comment des intermédiaires comme le baron d'Eckstein et des poètes idéologues tels que Quinet ont acclimaté en France les conceptions religieuses de l'Inde vues à travers le symbolisme germanique et ont contribué, indirectement ou directement, au développement des épopées religieuses. Le détail même de ce poème réserve encore plus d'une découverte du genre de celle de P. Jourda sur la dette de Hugo, pour l'un des épisodes initiaux, au *Nemrod* publié en 1850 par J.-J. Ampère dans *Littérature, voyages et poésie.*

Mais ce rapprochement, en retirant à *la Fin de Satan* son caractère d'exception, fait ressortir davantage la hardiesse de la conception et la puissance de l'imagination chez Victor Hugo. Il l'avait commencée en février-mars 1854, en pleine série sombre des *Contemplations.* Dès les premiers fragments se dessine une composition sur deux plans parallèles, l'un supraterrestre, *Hors de la terre,* l'autre terrestre et historique. Ce sont : d'une part, *Et nox facta est, Entrée dans l'ombre* et *la Sortie de l'ombre* (ces deux fragments, réunis sous le titre *la Première page,* montrent le mal survivant au Déluge dans la créature de Satan, Isis-Lilith), enfin *Satan dans la nuit,* qui deviendra la première partie de *Hors de la terre,* III ; d'autre part, *le Glaive,* qui porte en manuscrit les dates de février et de mai, et constituera le *Livre Premier.* Cet épisode où Nemrod, petit-fils de Cham, tente, après avoir ravagé la terre, la conquête du ciel, incarne la malédiction de l'ange déchu sur la création divine. *La Sortie de l'ombre,* où Lilith s'empare des armes de Caïn, fer, bois, pierre, contient le symbolisme fondamental des scènes terrestres, axées sur les « trois germes du crime » : *le Glaive* (fer), *le Gibet* (bois), *la Prison* (pierre).

Il s'en faut, cependant, que le poète ait déjà arrêté le détail de cette épopée. Le *Reliquat* montre des plans successifs où il paraît hésiter entre la forme du drame et celle du poème (toujours en trois parties). On peut même observer que certains symboles, celui de la flèche de Nemrod par exemple (la blessure du ciel), le laissent perplexe sur leur signification (ce doute se manifeste dans les nombreuses variations manuscrites sur le tour affirmatif ou interrogatif ; c'est ce dernier que le poète retient finalement : « Avait-il blessé Dieu ? »). Pendant deux ans, Hugo néglige *Satan* pour *les Contemplations* et *Dieu*, et en écrit seulement quelques fragments nouveaux, dont probablement *la Sibylle.* En mars 1857, le refus de Hetzel, qui préfère ajourner la publication des poèmes métaphysiques, l'en détourne pour trois ans. Hugo, engagé dans *les Petites Épopées,* et sous leur influence, continue d'hésiter sur le plan et envisage des combinaisons mixtes où *la Fin de Satan* recueillerait les poèmes de 1854, *l'Océan, Elciis* et *la Vision de Dante,* à côté de textes presque achevés comme *Dieu* et de projets en cours comme *les Religions (Religions et Religion)* et *la Pitié suprême,* poème conçu en 1858. C'est après avoir terminé *les Petites Épopées* qu'il reprend *la Fin de Satan,* à la fin de 1859 et dans les premiers mois de 1860. Il écrit alors sa paraphrase poétique de la Passion, *le Gibet,* qui rejoint l'inspiration de *Première rencontre du Christ avec le tombeau, la Plume de Satan* et *l'Ange Liberté (Hors de la terre*, II et III), quelques vers de *la Prison* et la conclusion, *Satan pardonné*. L'œuvre n'est pas achevée, et, chaque fois retardé par l'urgence d'un nouveau projet, le poète la laissera ainsi.

Même en cet état, le sens général qu'il a voulu lui donner n'est pas douteux. L'Ange Liberté, né du simple regard que Dieu pose sur la plume échappée à la chute, est le beau et clair symbole, déjà conçu en 1854, du pardon auquel Hugo destine le « proscrit » Satan. La goule Lilith disparaît du regard de Dieu, et le problème du mal est résolu par la suppression de la seule borne qui limitait l'amour de Dieu pour ses créatures :

> Satan est mort ; renais, ô Lucifer céleste !

Satan lui-même s'aperçoit qu'il ne souffrirait pas tant, s'il n'aimait Dieu. Cette conclusion est dans la ligne de la pensée philosophique de *Dieu* : Hugo répugnait à concevoir une limitation quelconque à l'amour infini qui régit l'univers. Dans cette mesure, *la Fin de Satan* constitue « le dénouement » promis par la préface des *Petites Épopées* en 1859. Mais le rapport qui unit les épisodes à cette pensée directrice nous est parfois plus obscur. Sans doute, *le Glaive* illustre une tentative presque victorieuse de Satan par personne interposée, et *le Gibet*, aux yeux de Hugo et de son interprète effaré Barabbas, auquel le poète prête un splendide réquisitoire, est une victoire de Satan, qu'il charge d'un sens anticlérical :

> Et le plus blême éclair du gouffre est sur ce lieu
> Où la religion, sinistre, tua Dieu.

Si « la prison détruite abolit la géhenne », on voit moins bien, en l'absence du livre III, comment Hugo pensait lier de façon harmonieuse et convaincante aux prestigieuses images de la Bible et de l'Évangile *la Prise de la Bastille*, symbole de l'émancipation humaine, et l'épisode de *Camille et Lucile* (Desmoulins), destiné à couronner d'amour le poème. En décembre 1857, Hugo compose le poème épique *la Révolution*, qu'il recueillera finalement au dernier livre des *Quatre Vents de l'Esprit* : les statues d'Henri IV, de Louis XIII et de Louis XIV vont à la recherche de celle de Louis XV, trouvent à sa place, aux Tuileries, « on ne sait quel échafaud inconnu », la guillotine, forme moderne du gibet, et voient s'inscrire dans le ciel en lettres de nuages la date « Quatrevingt-treize », comme, dans *l'Expiation*, Napoléon celle de « Dix-huit brumaire ». Ce poème a des froissements d'airain et de pierre impressionnants, et il est évidemment apparenté au mouvement d'imagination qui portait ce livre III resté en blanc.

Le véritable lien, cependant, apparaît entre les éléments ainsi réunis. Il est dans le caractère même de la composition, musical et symphonique, pour une fois, plus qu'architectural. Ce ne sont pas des blocs dont le poète varie la disposition, mais des thèmes d'une symphonie à l'échelle universelle, qui se répondent, s'entremêlent et se développent en des variations sucessives, où alternent avec les moments noirs de la durée infernale les motifs légers de la nature (*Chanson des Oi-*

seaux, Hymne des Astres, Hymne des Anges (1), dont la première seule est composée) et les grandes pages lyriques de l'amour (*le Cantique de Bethphagé*, le Lépreux, Barabbas).

Les épisodes où ces dernières sont incluses, véritables « petites épopées » du *Glaive* et du *Gibet*, montrent le va-et-vient de l'imagination hugolienne entre les visions d'apocalypse et la narration historique. Le vol de Nemrod, qui anticipe sur *Plein ciel* (1859) et rappelle l'intérêt passionné du poète pour les essais de « locomotion aérienne » et le système Pétin (quatre ou cinq ballons attachés à une armature de bois (1850), comme les quatre aigles de Nemrod), le récit de la Passion, disposé en tableaux dramatiques comme l'étonnante visite du docteur Rosmophim au charpentier Psyphax dans le faubourg Zem (*la Poutre*), comptent parmi les grandes pages épiques de Victor Hugo. Mais, de toute évidence, c'est surtout dans l'évocation des régions infernales que son imagination visionnaire se surpasse. Dans *Contemplation suprême* (1864), il distinguera les étapes de sa pensée poétique : « Peu à peu l'horizon s'élève, et la méditation devient contemplation, puis il se trouble, et la contemplation devient vision. » L'art du poète, très conscient, est de ne jamais tolérer que ses images se dégagent du « vague indispensable » dont parle Baudelaire. Loin de verser dans l'allégorie composite, même à la manière de Bosch, qui le guette en de tels sujets, Hugo sait borner la description et marier l'abstrait au figuratif de manière à brouiller les effets redoutables de la représentation. Exemple, cette évocation du chaos, dans la prodigieuse descente de l'Ange Liberté :

C'était du vide en pleurs et du miasme qui souffre.

Tout un vocabulaire, déjà entrevu, se coalise pour obtenir cet atroce effet épique : à côté de mots de la tradition fantastique, comme *larve, goule, spectre,* se placent des termes concrets, mais vagues et horrifiants, comme *spasme, miasme, cloaque,* et des termes abstraits employés sans déterminant, *décharnements, flamboiement, stagnation,* etc. La même répartition se retrouve dans les épithètes, *glauque, fétide,* d'un côté, et, de l'autre, *insondable, impénétrable,* etc. Seule, une étude de détail de cette langue pourra donner une idée de la richesse verbale et de l'invention visionnaire déployées par le rêveur nocturne Hugo pour faire une apocalypse à la mesure de son terrible héros.

La Pitié suprême et *l'Ane* sont des poèmes philosophiques, comme *Dieu*, et même didactiques, plutôt que des poèmes épiques comme *la Fin de Satan* et *la Révolution*. Pourtant, tous deux apparaissent plus d'une fois mêlés à la composition et aux plans de *Satan* et des *Petites Épopées*. Ce fait montre que, dans ces années 1855-59, d'une part,

---

1. Plusieurs plans offrent cette variante primitive : *Chant des clairons, Chant des ténèbres, Chant de l'aube,* « nécessaires pour élargir les *livres* terrestres aux proportions sataniques, divines, archangelesques. Ce sont des manières de commentaires des fléaux terrestres dans le sens de l'infini ». Hugo renonça à cette disposition et plaça la *Chanson* et les *Hymnes* (leurs titres au moins) dans *Satan dans la nuit.*

la pensée de Victor Hugo se concentre sur le problème du mal (sous tous ses aspects : origine, pardon, ignorance) et que, d'autre part, sa conception de l'épopée oscille entre trois formes d'expression : l'apocalypse, le poème philosophique à tendance allégorique, et le récit héroïque.

Conçue dès 1855, *la Pitié suprême* figure en effet, on l'a vu, sur un plan de 1858 pour *la Fin de Satan*, après être apparue dans un projet de 1857 pour *les Petites Épopées*. Parmi celles-ci, elle est directement liée à l'inspiration du *Crapaud* (mai 1858, *Première Série*) et de *Sultan Mourad* (juin 1858, *Nouvelle Série*). Il est possible que Hugo ait songé à se servir de ce poème pour combler, avec *la Révolution*, la lacune du XVIIIe siècle dans *les Petites Épopées* : plus développé, l'épisode où Villeroy enseigne l'étendue de son pouvoir à Louis XV enfant en eût fourni le prétexte. Le manuscrit, achevé le 1er janvier 1858 et lu le 18 juin, porte les noms des compositeurs qui l'ont manié : fait inusité, car Hugo ne livrait plus que des copies à l'imprimeur. Il se peut qu'il ait été réservé pour une combinaison de dernière heure, puis finalement retiré : il semble trop court et trop didactique pour avoir fait l'objet d'une publication séparée, à cette époque de création monumentale. Il ne devait paraître qu'en 1879.

Comme *la Fin de Satan*, c'est une illustration de la loi d'amour et de pardon. Ce plaidoyer pourrait s'appeler *Pitié pour les tyrans*, et Hugo a effectivement songé au titre *Miserere tyranni*. D'après l'adage de Socrate, personne n'est méchant volontairement, il met au compte de l'ignorance leurs cruautés. L'acte d'accusation, comme l'indique le dernier vers, est dressé contre la Nuit. Ainsi ce poème de 1500 vers environ combine le ton du révolté à la pensée du mage. Des *Châtiments*, on retrouve le refus de *Non* et de *Sacer esto*, l'abandon du coupable au *Jugement*, l'image de la « grande caravane humaine », cheminant obscurément vers le progrès ; de *la Fin de Satan*, c'est la pitié, lumière portée par l'ange aux hommes ; et les pages sur le paria de l'Inde ou le pardon de Jean Huss au bûcher ne détonneraient pas dans *les Petites Épopées*. Mais l'abondance remplace le souffle. « Évoquons tous les rois, s'écrie le poète, et il collectionne les tyrans de tous les pays et de tous les temps. Ce poème se présente ainsi comme un pamphlet didactique, où éclate pourtant plus d'un vers vigoureux :

> O Dieu, qui vannes l'homme aux trous noirs de ton crible...

Aussi peu philosophique ou épique est *l'Ane*, qui, sous le titre *l'Épopée de l'âne*, figurait dans le projet ci-dessus cité des *Petites Épopées*. Le poème, dans son état de 1857-58 (le manuscrit porte les dates de septembre 1857 et mai 1858), contenait à peine plus de trois cents vers. Lorsqu'il parut en 1880, il avait été considérablement dilué et perdait dans un verbalisme diffus cette alacrité caustique, dont le premier vers donne le ton :

> Un âne descendait au galop la science.

D'où Hugo tient-il l'idée de confier à l'âne ce réquisitoire contre la connaissance humaine ? Le ton indique La Fontaine plutôt que l'Inde. Ce vers-clef, comme le premier du *Satyre* (1859), sent le pastiche rectifié. C'est l'éternelle victime des *Animaux malades de la peste* et des hommes (voir *le Crapaud* qui, extrait de *l'Ane*, établit un lien avec *la Pitié*), le symbole de l'ignorance et de la patience (de *pati*, souffrir), que le poète charge de conduire, du haut de sa muette connaissance, le procès cursif du savoir humain. Il saccage de son galop vindicatif ces cimetières de la science, les bibliothèques. Hugo affecte de professer à leur endroit un mépris qui ne l'empêche pas de constituer à coups de dictionnaire une collection impressionnante de noms de savants et d'en tirer un effet d'accumulation burlesque. Comme le dit avec esprit P. Berret, « *Moreri* est un pré de fleurs rares, où l'Ane de Victor Hugo a tondu plus que la largeur de sa langue ». Sans doute peut-on y voir une revanche obscure du poète, dans la veine d'*A propos d'Horace* (Hugo a toujours détesté les cuistres), le revers de sa méthode laborieuse, et, à sa manière, une fantaisie comme *la Forêt mouillée* : le moment n'est pas éloigné où, lassé d'étreindre l'invisible, le poète va mettre Pégase en liberté, au vert des *Chansons*. Cette explication vaut pour la forme, mais, pour le fond, que signifie cette charge inattendue chez le partisan déclaré du progrès, des découvertes scientifiques et de l'instruction universelle ? Le propos ne s'éclaire que par rapport à *Dieu*, dans la mesure où les contradictions de la raison humaine diminuent la portée de ses objections à la révélation du divin et du surréel. Il ne prendra tout son sens qu'à l'époque de la publication. Alors, des divisions auront été introduites dans ce déchaînement, qui, originellement, n'en comportait pas. L'âne se bornait à piétiner les plates-bandes de la science avec un pyrrhonisme désordonné et à ressasser la présomptueuse vanité de la connaissance humaine,

> De la semence d'ombre en un van de ténèbres,

tout en laissant espérer un jour

> Où l'étude pourra s'appeler délivrance.

Aucun de ces projets n'a donc abouti pour le moment. C'est que, depuis le mois de mars 1857, Hugo s'était mis avec détermination aux *Petites Épopées*, qu'il avait annoncées dès la publication des *Châtiments* et dont l'idée avait séduit l'éditeur Hetzel lors de son voyage de 1856 à Guernesey. Celui-ci savait que la partie d'apocalypse avait nui au succès des *Contemplations* (la 2e édition n'était pas épuisée, la troisième attendra 1858) et il n'était pas disposé à tenter l'expérience avec deux volumes, *Satan* et *Dieu*, qui ne seraient que cela. Le 17 mars 1857, il avait offert au poète de prendre deux volumes de *Petites Épopées*, ou à défaut *les Misérables*. « Vous savez, écrit le 8 décembre Hugo à P. Meurice, que je me suis décidé ou plutôt qu'on m'a décidé aux *Petites Épopées*. Cela va se publier. On m'a donné d'excellentes raisons pour cela ; et je me laisse faire. » Comme souvent dans les phénomènes de création littéraire, les circonstances venaient précipiter l'œuvre qui prenait forme dans l'esprit du poète.

Pourtant, à cette date, il n'était pas fixé sur la nature et le nombre des poésies qui entreraient dans ce recueil. Originellement, le titre l'indique, c'étaient des récits sur des sujets historiques ou légendaires, sans autre lien que leur caractère héroïque. On a vu que, dès *les Orientales* et dans les recueils de 1830-1840, certaines poésies présentaient des traits qui se trouveront réunis et affirmés dans *les Petites Épopées*. Hugo l'a noté lui-même en 1876 : « Il y a des branches... de *la Légende des Siècles* dans *les Orientales* et *les Burgraves*. » C'est précisément ce qui avait dérouté le public de 1840, peu préparé à accepter ce ton épique au théâtre, s'il lui paraissait de mise dans un recueil en l'honneur du grand empereur. On se rappelle que, dans un court avant-propos, Hugo avait souligné « l'espèce d'épopée » formée par ses poèmes napoléoniens. Jusque-là, il s'agissait donc de réunir sous le titre *Petites Épopées* des poèmes ayant trait à l'histoire ou à la légende de Napoléon Ier (*le Retour de l'Empereur*, 1840, *Après la bataille*, 1850) ou encore aux vieilles chansons de geste (*Aymerillot, le Mariage de Roland*, 1846-1849), dégagées de l'oubli par quelques érudits (*la Chanson de Roland* par Francisque Michel, 1834) et popularisées par les adaptations romanesques de Jubinal, un peu plus proches du texte que celles de Tressan et de Marchangy que Hugo avait utilisées autrefois pour les *Ballades*. Anciens ou modernes, ces récits avaient un caractère commun : une grandeur exaltante.

Mais, à l'époque des *Contemplations*, la veine apocalyptique vient contaminer cette conception limitée. *La Fin de Satan* est encore, par maints endroits, essentiellement narration : la chute de Satan, dans *Et nox facta est* provient de la même conception dynamique que celle de Napoléon dans *l'Expiation*. A son contact, un récit comme *Première rencontre du Christ avec le tombeau* (1852), bien que *le Gibet* soit seulement de 1860, paraît au poète à sa place dans *les Petites Épopées* : c'est une grandeur rayonnante de charité qui s'en dégage. Mais *les Pauvres gens*, si pareils à certains poèmes des *Contemplations* et à ce *Revenant*, choisi par Hetzel comme échantillon publicitaire (« une merveilleuse réclame ») du nouveau recueil, n'y entrent que dans une mesure plus lâche encore. Et sans doute le thème de la grandeur des humbles ne parut, aux yeux de Hugo, approprié à la ligne du recueil qu'assez tard, lorsqu'il eut conçu son plan, et à défaut d'autre chose pour représenter l'époque moderne : par le biais de l'épopée sociale, de tels poèmes s'introduisent dans *les Petites Épopées*, en même temps qu'ils y inscrivent le schéma « progressif », comme disait Hugo, de l'œuvre. Or, cette loi même du progrès, si chère à son esprit depuis la *Préface* de *Cromwell*, ne se dégageait qu'avec peine des poèmes de 1854-1855, écrits pour les *Contemplations* : il en retient peu de chose, *Au lion d'Androclès* et *le Temple*. De 1856, *le Romancero du Cid* rejoint la veine des récits héroïques antérieurs à l'exil. Mais, une fois le projet des *Petites Épopées* passé en 1857 au premier plan de sa création, des épisodes apparentés à l'inspiration de *l'Ane (Dieu invisible au philosophe)* ou de *la Fin de Satan (les Lions, Puissance égale Bonté)* élargissent, dans la mesure où ils sont finalement retenus, sa conception épique. Si, par définition, Hugo a renoncé à une vaste épopée, qu'il réserve à la manière de ses prédécesseurs, Ballanche, Quinet, Soumet, pour des sujets de *Genèse* ou d'*Apocalypse*, il n'en fait pas moins entrer dans son propos des fragments d'épopée cosmique. Sur le type des poèmes dont Vigny se déclarait à bon droit l'initiateur et de ceux, plus récents, de Leconte de Lisle, Hugo conçoit une série d'épisodes, que son exigence de composition architecturale lui fait lier par une idée fondamentale, le progrès de l'humanité, et qui déborde largement le cadre anecdotique des *Petites Épopées*.

La meilleure définition du projet qui se dessinait ainsi dans l'esprit du poète se trouverait dans un des premiers écrits d'Edgar Quinet, *De l'origine des dieux* (1828). Celui-ci exposait ainsi le programme de l'épopée moderne qu'il a tentée par la suite et qu'il appartenait à Hugo de réaliser :

> Et maintenant, qu'un homme dispose des annales de l'humanité comme Homère de celles du peuple grec, que pour unité il choisisse l'unité de l'histoire et de la nature, qu'il rapproche des êtres réels à travers des siècles, dans la voie merveilleuse de l'infini, que ces scènes se succèdent et s'enchaînent, non plus dans les ombres de l'enfer, du purgatoire ou du paradis du Moyen Age, mais dans un espace aussi illimité, brillant d'une lumière plus complète, il aura atteint la forme possible et nécessaire de l'épopée dans le monde nouveau... Sa mission est de dégager des voiles mystiques de la Comédie divine, du Paradis perdu et des saints livres du Christianisme, le côté réel de l'humanité.

Hugo a peut-être ignoré ce texte, qui annonce si parfaitement son projet, mais il en a connu au moins une application, l'*Ahasvérus* (1833), qu'il possède à Guernesey. Désormais, les poèmes qu'il écrit sont destinés aux *Petites Épopées*. C'est à l'Espagne et l'Italie, à l'Orient et la Bible, à l'Allemagne des burgraves, qu'il demande les sujets et les décors jusqu'alors destinés à ses drames. Presque tous passent dans les deux volumes de 1859, sinon *Elciis, Montfaucon* et *Gaiffer-Jorge*, encore réservés (provisoirement pour *Satan* ou *la Pitié*), du moins *Ratbert, l'An neuf de l'Hégire, le Crapaud, le Parricide, Sultan Mourad*, etc., jusqu'à *Booz endormi* et *la Trompette du Jugement* inclus. Parmi les dernières écrites, Hugo laisse deux poésies apparentées à la veine des *Châtiments, le Cid exilé* et *Masferrer*, et deux visions d'apocalypse, *Vision d'où est sorti ce livre* (prélude à l'édition collective) et *Tout était vision*, qui attendront un second recueil, désormais inévitable.

En effet, le premier titre était dépassé, et aussi le projet primitif : « ... à mesure que *les Petites Épopées* grandissent, écrivait-il à A. Vacquerie en mars 1859, votre objection contre ce titre grandit avec elles ; elle me revient à chaque instant. Ce livre débordera évidemment deux volumes ; je ne fais que le commencer, je le continuerai ; il contiendra le genre humain ; il sera la Légende humaine. » Il envisage successivement ce nouveau titre, la *Légende épique de l'homme, Ébauches épiques,* qu'il rejette ; puis, il hésite entre la *Légende de l'homme* et *la Légende des Siècles* ; finalement, il opte pour ce dernier, qui devait devenir si populaire. Le 3 avril, il écrit à Hetzel : « J'ai dépassé *les Petites Épopées*. C'était l'œuf... J'écris tout simplement *l'Humanité,* fresque à fresque, fragment à fragment, époque à époque. » Il consent pourtant à garder en sous-titre, malgré son antipathie pour ce procédé, le vieux titre auquel Hetzel reste attaché avec une superstition commerciale : ce sera sous la forme *Histoire — Petites Epopées*, ce qui, pour Hugo, laisse la porte ouverte à d'autres catégories, *Philosophie* par exemple. C'est alors qu'il écrit *Pleine mer, Plein ciel* et *la Trompette du Jugement*, pour conclure par une ébauche prophétique du XXe siècle et de la Justice suprême cette première approximation de son immense projet.

Lors d'un bref séjour de détente dans l'île de Serk (26 mai-10 juin), il esquisse la préface. Il l'achève à Guernesey au mois d'août. Il renonce alors à y invoquer ses pièces-témoins, *le Feu du ciel, l'Expiation* et *le Revenant*. Il remet à plus tard l'emploi de la *Vision d'où est sorti ce livre*, qui, paradoxalement, comme jadis *la Pente de la rêverie*, propose une méditation sur les ruines des civilisations disparues :

> J'eus un rêve : le mur des siècles m'apparut...
> Ce livre, c'est le reste effrayant de Babel...
> C'est l'épopée humaine, âpre, immense, — écroulée.

Un vers, pourtant, dégageait son espoir du passé,

> Décombre où l'avenir, vague aurore, est mêlé.

Il rejette enfin la fière déclaration, qui, sous le titre *Épître-Préface*, établissait — « solitairement, solidairement » — un lien entre la lutte du proscrit et le combat de l'homme dans *la Légende*, et, détail bien intéressant, entre la démesure de ses héros et celle du paysage qui l'entoure (non plus un « printemps perpétuel », mais un hiver éternel) :

> J'habite sur un mont et j'ai sous moi la mer.
> La vague et l'ouragan sont mes seuls voisinages.
> Plusieurs de mes héros, plusieurs des personnages
> Qui vivent dans les chants de mon poème altier,
> Qui ne se laissent pas vaincre ni châtier
> Et tonnent sous la foudre comme des enclumes,
> Sont des rochers d'ici, debout dans les écumes,
> Que j'ai mis dans mon livre, et que j'ai copiés,
> Ayant cet infini formidable à mes pieds.

Peut-être par habileté, pour engager Hetzel qui gardait son goût des *Petites Épopées* (et il n'était pas loin d'entendre par là des « épopées petites »), mais surtout par ambition d'architecte, Hugo insiste sur les proportions de « l'édifice », dont le faîte doit toucher à la lumière : « Exprimer l'humanité dans une espèce d'œuvre cyclique ; la peindre successivement et simultanément sous tous ses aspects, histoire, fable, philosophie, religion, science, lesquels se résument en un seul et immense mouvement d'ascension vers la lumière ». L'image de la « mosaïque » est trop modeste : c'est celle de la pyramide, déjà employée pour *les Contemplations*, qui eût convenu. « Plus tard, ... on apercevra le lien qui, dans la conception de l'auteur, rattache *la Légende des Siècles* à deux autres poèmes, presque terminés à cette heure, et qui en sont,

l'un le dénoûment, l'autre le couronnement : *la Fin de Satan, et Dieu*. »
Lien contestable entre le poème épique, un poème d'apocalypse, et un
poème philosophique, n'était le « grand fil mystérieux du labyrinthe
humain, le Progrès », que le poète nous livre pour nous conduire, ou,
plus justement, suivant le dernier vers de *Plein ciel*, « La liberté dans la
lumière ».

P. Berret a insisté avec raison sur l'unité conceptuelle du recueil
de 1859, « si l'on y compare l'artificielle classification des *Châtiments*
ou des *Contemplations* ». Elle a frappé les contemporains, dont Michel-
let. Du moment où la race humaine est née d'Eve (*le Sacre de la Femme*), l'ascension de l'homme a commencé. Elle s'affirme dans la lutte
du bien contre le mal, ou, ce qui revient au même, la résistance de
l'esprit à la matière. Il en ressort que, malgré les défaites passagères,
« Puissance égale Bonté » (titre d'un poème apparenté à *la Fin de
Satan*) ou mieux, que le Bien finit par triompher (variante significative
du titre : *Impuissance du mal et Puissance du bien*). Et là se manifeste
l'effet psychologique des *Châtiments* sur le poète : à l'inverse de *la Fin
de Satan, la Légende des Siècles* est une épopée de la bonne révolte.
Épopée morale, où tout se pèse en termes de remords (*la Conscience*),
de châtiment (*le Parricide*) et de pardon (*Sultan Mourad*), où, comme
dans ce dernier poème, une seule bonne action suffit à racheter une
vie de cruauté : en ce sens, morale évangélique, dont l'inspiration est
attestée par la présence du Christ avec *Première rencontre*, mais qui,
du « beau couple innocent » de l'Eden, passe sans transition à Caïn.
Et sans doute, Hugo est-il tenté de dire avec le Mahomet de *l'An neuf* :

> Jésus m'a précédé, mais il n'est pas la Cause.

C'est à Jéhovah, au Dieu vengeur de la Bible, que *la Trompette du
Jugement* nous ramène. Car la vengeance est sainte (*le Petit roi de
Galice, Eviradnus, Ratbert*), et Hugo a toujours eu la passion des
revanches éclatantes. Mais le poème s'accommode mieux que la scène
du personnage du justicier, tant de fois dressé dans ses drames, Nangis,
Saint-Vallier, Ruy Blas, Barberousse (*Elciis, Ratbert*). A la disposition
des surhommes qui assurent la vengeance du Bien sur le Mal, le poète
déchaîne les forces surnaturelles du verbe et de l'acte : elles font parler
la coupe et la lampe contre Zim, déracinent un chêne pour Roland et
soulèvent l'épée qui, en s'abattant sur le marquis Fabrice, fauche la
tête du tyran Ratbert.

C'est le *Satyre* que, dans sa série de héros, le poète a chargé d'exprimer le mythe fondamental de cette régénérescence de l'homme jusqu'au
divin. M. Raymond a fait observer qu'il était bien à sa place au XVIe
siècle : « il suffit de se rappeler qu'un Pic de la Mirandole... et les philosophes de la nature du XVIe siècle, tous ceux qui ont pensé que l'homme avait à sa disposition des pouvoirs infinis et qu'il lui appartenait
de se régénérer jusqu'au divin (selon Pic), ont cru que cette réintégra-
tion... ne pouvait avoir lieu qu'avec l'assentiment de Dieu, et qu'elle
était la réalisation même de son vœu le plus profond. » En montrant
la libération de l'homme par la connaissance, Hugo reste dans la tradition de la Renaissance : son faune, renouvelé des visions de Mongogul

dans les *Bijoux indiscrets* de Diderot et de celles de Pythagore chez Delisle de Sales, est le frère du *Prométhée* de Shelley (résumé dans la *Revue des Deux Mondes* de 1848) et du *Prométhée* de Quinet (1838), dont celui-ci avait fait, selon le mot de H.J. Hunt, le « prototype hellénique du Christ ». Véritable Christophe, il porte le monde et le devient, débarrassé de sa pesanteur et « transfiguré » sous les yeux de Jupiter ; il annonce la bonne nouvelle :

> Le réel renaîtra, dompteur du mal immonde.

Introduit sur le ton d'une fable (« Un satyre habitait l'Olympe... »), il devient « démesuré » et se change en la terre elle-même, dans une vision d'une puissance inégalée dans notre littérature :

> Sa chevelure était une forêt ; des ondes,
> Fleuves, lacs, ruisselaient de ses hanches profondes ;...
> Sur ses flancs palpitaient des prés et des campagnes,
> Et ses difformités s'étaient faites montagnes ;
> Les animaux qu'avaient attirés ses accords,
> Daims et tigres, montaient tout le long de son corps ;
> Des avrils tout en fleurs verdoyaient sur ses membres,
> Le pli de son aisselle abritait des décembres ;
> Et des peuples errants demandaient leur chemin,
> Perdus au carrefour des cinq doigts de sa main...
> Sa poitrine terrible était pleine d'étoiles.

Cette métamorphose grandiose, qui a l'air d'un mythe indien (on songe à *la Vision de Brahma*) se termine dans une apothéose de l'amour et de l'harmonie, les deux mots-clefs de l'idéal fouriériste qui a déjà inspiré à Leconte de Lisle sa première version de *Niobé*. Un jour, l'humanité divinisée mettra « Jupiter à genoux ». Cette revanche de Pan-l'Humanité n'est pas placée sans dessein avant les déchaînements du vent (*la Rose de l'Infante*), du volcan (*les Raisons du Momotombo*) et de l'aigle des Alpes (*le Régiment du baron Madruce*) :

> Le mot Liberté semble une voix naturelle.

Par delà ces interludes d'un caractère voltairien, la promesse du *Satyre* rejoint le socialisme du poète, qui se manifeste dans la vision terminale du progrès technique, nécessairement associé dans sa pensée au progrès moral : l'esprit humain, « de la pesanteur délivrée » (*Plein ciel*), s'assurera la maîtrise définitive de la nature avec les inventions scientifiques, le « Léviathan » et « l'aéroscaphe ». C'est un poème socialiste que *la Légende des Siècles* : à ce titre, on s'explique que, entre Napoléon (*Après la bataille*) et l'hommage à la Révolution (*Paroles dans l'épreuve*), le poème de la fraternité humaine (*les Pauvres gens*) ait pu représenter symboliquement, aux yeux du poète, la section *Maintenant* de son œuvre. Car, toute la construction de la *Première Série* est d'un symbolisme qui, déjà apparent dans chacun des poèmes, devrait faire l'objet d'une étude d'ensemble approfondie.

On comprend ainsi l'enthousiasme de l'opinion de gauche, d'un Michelet, qui perçurent, avant toute autre, cette signification. Elle doit être bientôt confirmée par la geste romanesque des *Misérables,* qui est annoncée sur la couverture. Or, l'épopée, pour Hugo, ne fait que relayer l'action de son théâtre. A l'époque, le critique E. Montégut, souvent clairvoyant, a bien vu la parenté du style des *Petites Épopées* avec celui de ses drames. De la même manière que, dans les préfaces des drames, il indiquait avec une feinte négligence leur portée philosophique, Hugo détourne l'attention du sens social en insistant sur l'histoire. C'était la mode du temps, mais déjà Corneille et Racine, dans leurs préfaces, faisaient-ils autrement ? Pour Hugo, l'histoire n'est, au théâtre comme dans l'épopée, qu'un moyen. Il ne lui demande que des faits symboliques et des mots évocateurs. Selon sa formule, c'est « de l'histoire écoutée aux portes de la légende » ; et, ces portes, il les ouvre avec la clef de sa philosophie. P. Berret a, dans un ouvrage d'un labeur considérable, reconstitué *les Sources du Moyen Age européen dans « la Légende des Siècles ».* Des articles dispersés dans les revues, et notamment dans la collection de la *Revue d'Histoire littéraire de la France,* complètent partiellement ce dépouillement pour l'Orient, la philosophie, etc. L'admirable édition critique de ce texte, où P. Berret a résumé les résultats de ces recherches, peut seule donner une idée de la documentation de Hugo. Elle n'a rien de dirigé. La composition de la bibliothèque de Hauteville House, que nous avons étudiée ailleurs, permet de s'en rendre compte. Le comportement de Hugo lecteur est celui d'un pêcheur qui a du flair et qui connaît ses coins. Les dictionnaires, de préférence anciens (Moreri, en tête), mais aussi récents (*l'Encyclopédie moderne*), ont été ses répertoires de noms, de faits et de descriptions, du simple vers au fragment développé. Des ouvrages d'histoire ou d'érudition comme les *Livres sacrés de l'Orient* de Pauthier (1840), *l'Histoire des usages funèbres et des sépultures des peuples anciens* (1856) par E. Feydeau, les *Idées sur la politique et le commerce des peuples de l'Antiquité* par Heeren (1830-34) et *l'Histoire d'Allemagne* de Pfeffel ont nourri les nomenclatures du poète et guidé son pittoresque. Mais de plus humbles auxiliaires ne lui ont pas été moins précieux : une illustration de vieux livre (*la Conscience*) ou de magazine (*Pleine mer*), un article du *Journal du Dimanche (Aymerillot)* ont été l'origine de plus d'un poème, où venaient s'insérer des images personnelles, parfois vieilles de quinze ans ou plus, comme les laveuses d'Andorre du *Petit roi de Galice.*

Il reste que ce n'est pas de l'histoire que le recueil tient son caractère épique. Elle n'en est que la condition. L'éloignement du passé prête seulement, sans invraisemblance, son décor à la *démesure* qui caractérise les personnages et les scènes d'épopées. La démesure est à la fois nécessaire à l'épopée et naturelle au génie hugolien. C'est le mot qui qualifie le Satyre, lorsqu'il se révèle sous sa véritable forme. Or, elle est aussi bien la marque de *l'Iliade* et de *l'Odyssée,* où Homère se livre à une surenchère d'animaux sacrifiés et d'ennemis massacrés, que de Roland, qui succombe à la fois au nombre de ses adversaires et à sa propre *hybris.* E. Rigal, cherchant à définir, au seuil de son *Victor Hugo poète épique,* la nature de « l'épique », a distingué les

éléments suivants qu'il retrouve dans *la Légende des Siècles* : le genre
narratif, le sujet d'une lutte (le bien et le mal), l'animation merveilleuse
de la nature animée ou inanimée. On peut y ajouter la quantité : l'accumulation est un des procédés essentiels à l'épopée hugolienne, dans la
vision comme dans la phrase même (les victoires de Zim, par exemple).
Mais la démesure épique, surtout chez Hugo, tient à quelque chose
de plus profond. Rigal l'a entrevu, sans remonter à la cause première :
« Le poète, a-t-il écrit, agrandit tout, attribue à tout ce qu'il raconte
une portée et comme une signification extraordinaires... Poète épique,
ajoute-t-il plus loin, en effet, est quelque peu synonyme de poésie
primitive et grandiose. » Cette démesure correspond à celle du Témoin
omniprésent. Tout se passe, dans l'épopée, sous le regard et avec la
complicité de Dieu : sous son regard, comme aux temps primitifs, en
effet, de la *Genèse* et de l'*Iliade*, et avec sa complicité, car le dessein
de Dieu est de rapprocher l'homme de lui-même par les épreuves qu'il
lui impose. Or, cette vue s'accorde aussi parfaitement avec le but
poursuivi par Hugo (le progrès de l'humanité) qu'avec les interventions
surnaturelles auxquelles il a recours (le cèdre, l'épée, le clairon).

L'originalité de cette épopée vient de ce que, après Dieu, le grand
personnage, qu'il s'agisse de la nature ou des hommes, c'est Victor
Hugo. « Dieu, a écrit M. Raymond, est toujours avec le poète, qui est
son complice. » Lui-même se désigne à cette époque comme « l'enclu-
me de Dieu », mais il est aussi le bras qui frappe. C'est lui qui est
Roland, Éviradnus, Fabrice, l'Aigle de Madruce, mais aussi bien Kanut,
Zim ou Mourad. Il est l'acteur aux cent rôles, et il est de ces acteurs
qui ne se laissent jamais oublier derrière leur composition. C'est sa
présence qui impose à son épopée ce caractère dramatique que Berret
a relevé. Les coups de théâtre, les dialogues, les réponses altières appar-
tiennent à cette scène imaginaire dont Hugo, déçu par la scène réelle,
rêvait. Nous avons dit que l'épopée, dans son travail créateur, avait pris
la place de son théâtre. En fait, le poète ne fait plus de différence
entre eux. A la fin de 1859, il demande à Meurice l'*Histoire de l'Inquisition* (1817-1818) par Llorente en vue d'écrire *Torquemada*, amorcé
par la section de *l'Inquisition* dans *la Légende*, et il songe à reprendre
le drame inachevé des *Jumeaux* : les deux titres sont annoncés sur la
couverture de *la Légende* sous la rubrique *Drame*. Or, *Torquemada*
figure aussi dans le plan du *Théâtre en liberté*, avec *l'Épée*, qui y restera,
et *Welf*, qui fera partie de *la Légende*. Il n'y a plus désormais pour lui
qu'une immense œuvre épique en gestation, où se rencontrent, toutes
barrières des genres supprimées, *le Théâtre en liberté, la Légende des
Siècles, les Misérables,* qu'il va achever, et *les Travailleurs de la mer,*
dont il a conçu le projet à Serk. Hugo a conscience que *la Légende
des Siècles* constitue le véritable sommet expressif de son œuvre, à la
fois aboutissement et point de départ, et il rassure Hetzel, qui s'inquiète
de la conjoncture pour la publication : « Au point de vue de l'avenir,
j'ai foi dans ce livre. Je n'ai pas fait et je ne ferai pas mieux. »

Si, à ses yeux, cette fresque poétique devait sa grandeur à son
message, c'est surtout son art, qui, aux nôtres, la lui assure : mais l'un
reste lié à l'autre. L'ambition même du projet imposait au poète un
constant effort d'adaptation à des époques et à des civilisations diffé-

rentes. Nulle part ailleurs la poésie de Victor Hugo n'est plus éclatante et plus diversement colorée, ses ressources verbales plus somptueuses, ses images plus riches et plus nettes. Mais ce premier recueil de *la Légende* se signale surtout par son caractère dynamique : il est prodigieusement entraînant. Hugo aime raconter, et il est à son aise dans le récit. Il ménage l'intérêt et entretient son lecteur haletant et ébloui. En représentant la lutte des faibles contre les puissants, il nous intéresse à ses héros. Combats, poursuites, fuites interminables et défis prolongés donnent à cette poésie une chaleur et un mouvement qui ne se retrouvent en effet à ce degré, mais avec un art plus mêlé, que dans sa grande épopée en prose, *les Misérables.*

CHAPITRE IX

L'APOTRE
Épopée d'aujourd'hui
(1859-1862)

Le labeur de ces huit premières années d'exil avait été intensif. Hugo n'avait pu le maintenir qu'au prix d'une stricte hygiène du corps et de l'esprit : en novembre 1857, il note qu'il a pris son 126e bain de mer. Mais, au mois de juin 1858, un anthrax au dos l'avait rendu sérieusement malade, et, pendant trois mois, il avait dû cesser tout travail. Il avait besoin de détente, mais il ne pouvait s'en accorder avant d'avoir achevé *les Petites Épopées*, qui parurent le 26 septembre 1859. Deux occasions de diversion s'offraient à lui : la décoration de sa maison, qu'il poursuit activement, et les *Chansons*, poèmes de franc délassement commencés pendant son séjour du début de juin dans l'île de Serk. La maison était définitivement arrangée, lorsqu'il fut touché par la proclamation d'amnistie du 16 août. Le 18, il se borna à répondre : « Fidèle à l'engagement que j'ai pris vis-à-vis de ma conscience, je partagerai jusqu'au bout l'exil de la liberté. Quand la liberté rentrera, je rentrerai. » Cette fière déclaration faisait du proscrit un exilé volontaire. L'empire pouvait évoluer vers les compromis libéraux, le poète n'avait plus de raison pour quitter son attitude intransigeante, ni pour abandonner Hauteville House et son régime créateur. Au contraire, en 1864, il soupirera : « Quel dommage que j'aie été exilé si tard ! » Dès lors les siens, Mme Hugo en tête, s'évadèrent périodiquement pour des séjours plus ou moins longs à Bruxelles et à Paris. De son côté, à l'occasion d'un voyage documentaire en 1861 (à Mont-Saint-Jean, pour l'épisode de Waterloo dans *les Misérables*), il reprit son habitude des voyages d'été à l'étranger : en Belgique surtout, où il voyait ses éditeurs (1861, 62, 64, 65, 68, 69), et, par la même occasion, en Allemagne (1862, 63, 64, 65), au Luxembourg (1862), en Hollande (1867) ou en Suisse (1869).

Circonstances, pression des inspirations et nécessités de l'édition se combinent de manière complexe dans le travail créateur des dix années qui viennent. Le poète n'avait pu s'empêcher de remarquer dans la préface des *Petites Épopées* : « Les tableaux riants sont rares dans ce livre ; cela tient à ce qu'ils ne sont pas fréquents dans l'histoire. » Il lui fallait donc aller les chercher dans la nature et dans ses souvenirs d'avant l'exil. Or, dès 1853, il avait prévu un recueil de *Poésie de la rue*, qui, élargi, va donner *les Chansons des rues et des bois*. Sans doute, à l'origine, envisageait-il un volume de cette poésie populaire, dont il avait donné quelques échantillons dans les *Châtiments*. La mort de Béranger, en 1857, a pu ramener dans son esprit ce projet, longtemps caressé, d'atteindre le peuple par une forme d'art qui lui fût adaptée. En ce sens, il est lié aux *Misérables*, qui contiendront aussi des « chansons ». Dès le début de 1859, Hugo avait écrit au moins deux de ces pièces légères, qui figureront dans *les Chansons* (I,III,1 et I,VI,11). Les poésies de cette année qui sont destinées à *la Légende des Siècles* laissent voir un certain éclaircissement des couleurs : *Booz endormi, la Rose de l'Infante*, et même *le Satyre (le Bleu)*. La *Chanson des Reîtres*, du 16 mai, fait la transition d'un recueil à l'autre et, à Serk, le poète en vacances compose une demi-douzaine d'idylles, qui, à la manière des *vere novo* de 1854-1855, mais plus capricieusement, marient la nature et les hommes dans une atmosphère de printemps et d'amour. Une fois entamée, l'exploitation du filon dura tout l'été et produisit près de quatre-vingts chansons, dont la moitié seulement devait passer dans le recueil. En novembre, *Rupture avec ce qui amoindrit*, qui sera publiée dans la *Dernière Série* de *la Légende*, marque l'adieu temporaire à la fantaisie et le retour aux choses sérieuses. En effet, on l'a vu, le poète s'est remis le 16 novembre à *la Fin de Satan* et y travaille jusqu'en avril 1860, sans toutefois l'achever. Rien ne pressait, non plus que pour la suite à donner aux *Petites Épopées*. Comme le lui écrira un peu plus tard l'éditeur Lacroix, « *la Légende des Siècles* est trop sérieuse et trop élevée pour la masse du public », et ce n'avait pas été un succès d'édition. Il était temps d'alterner les publications. Ce souci vint retarder la suite de *la Légende* et les apocalypses, et donner la priorité au roman des *Misérables*. Les *Chansons*, de proche en proche, furent remises jusqu'en 1865.

C'est au mois d'avril 1860 que Victor Hugo reprend le manuscrit du roman, qui porte son titre définitif depuis 1854. « Aujourd'hui 30 décembre 1860, a-t-il noté, je me suis mis à écrire *les Misérables*. Du 26 avril au 12 mai, j'ai relu le manuscrit. Du 12 mai au 30 décembre, j'ai passé sept mois à pénétrer de méditation et de lumière l'œuvre entière présente à mon esprit, afin qu'il y ait unité absolue entre ce que j'ai écrit il y a douze ans et ce que je vais écrire aujourd'hui. » La rédaction en avait été interrompue en février 1848. Quelques pages avaient été écrites entre le mois d'août 1851 et le coup d'État. Dans sa première version inachevée, l'œuvre se présentait comme un roman social, voire populaire, quelque chose à mi-chemin d'Eugène Sue et de Balzac, mais traité à la manière artiste de *Notre-Dame de Paris*. Comme le scénario de 1828 avait été refondu en 1830-1831, ce roman de 1845-1848, fondé sur une intrigue, ne pouvait plus tel quel satisfaire son auteur, qui, huit années durant, s'était complu dans les protestations sociales et politiques, l'apocalypse, l'histoire des civilisations et de la conscience morale. En le reprenant, le poète de 1860 l'a revu à travers ses idées philosophiques et lui a donné les proportions d'une épopée humanitaire. *Les Misérables* ont pour sujet la régénération d'une conscience d'homme, et, dans ce sens, ce roman est tout proche de *la Légende des Siècles* et de *la Fin de Satan*. « Faire le poème de la conscience humaine, ne fût-ce qu'à propos d'un seul homme, ne fût-ce qu'à propos du plus infime des hommes, ce serait fondre toutes les épopées dans une épopée supérieure et définitive (I,VII,3). » Il est évident que c'est ce poème qui s'est greffé sur le roman primitif.

Le héros du roman est un forçat. Le point de départ de sa régénération est le geste charitable d'un évêque, qui lui tend la main, lui ouvre sa maison, et, pour la première fois, le traite comme un homme, son frère. Cette donnée du roman reposerait sur un fait authentique, dont Hugo aurait eu connaissance vers 1830 : en 1806, un forçat libéré, Pierre Maurin, aurait reçu cet accueil de l'évêque de Digne, Mgr de Miollis ; celui-ci l'aurait confié à son frère, le général Sextius de Miollis, au service duquel Maurin se serait racheté par son honnête conduite pour mourir courageusement à Waterloo. Mais J. Pommier a montré que ces faits ne sont pas consistants et reposent sur une invention tardive du critique Pontmartin (1). Il reste que Hugo s'est bien inspiré de Mgr de Miollis. Longtemps, il s'est contenté des initiales *Mgr de M.*, et il a conservé, par une superstition commune à bien des créateurs, le prénom de Bienvenu à Mgr Myriel. Le héros, sous le nom de Jean Tréjean d'abord, puis de Jean Vlajean, modifié en 1860 en Jean Valjean, s'ajoutait à la série de ses personnages poursuivis par la fatalité et la société. Ce n'était pas une innovation. Dès avant 1830, Hugo mettait en scène dans *le Dernier jour d'un condamné* un forçat récidiviste et endurci, le *friauche*. Depuis la publication des *Mémoires* de Vidocq en 1828, le personnage du forçat était devenu un héros de roman ou de drame : il avait inspiré *le Bonnet vert* de Joseph Méry, *Julien ou le forçat libéré* d'Auguste Ricard, et surtout le Vautrin de Balzac. Encore en 1859, Léonie d'Aunet (Mme Biard) publiera un recueil de trois nouvelles, *Étiennette,* dont l'une, *Silvère*, évoque le cas pathétique d'un ancien forçat qui, caché sous l'habit d'un domestique, se rachète par son dévouement. Au moment où Hugo, après le succès de *Notre-Dame*, promettait aux éditeurs Renduel et Gosselin un roman en deux volumes, ce sujet rejoignait ses préoccupations sociales, déjà exprimées dans *le Dernier jour d'un condamné* et renouvelées dans *Claude Gueux*, et s'apparentait aux rachats d'une Marion et d'un Triboulet par la passion et l'amour paternel. Le personnage de Fantine est né de ces associations précipitées par la « chose vue » de janvier 1841 (histoire de la boule de neige jetée à une prostituée). Mais J. Pommier lui a trouvé un précédent dans une étude de mœurs de Jules Janin, *Elle se vend au détail*, publiée dans ses *Contes fantastiques* (1832), dont l'héroïne, poursuivie par la misère, vend ses cheveux et une dent. Fantine se rachète par son sacrifice à sa fille Cosette, qui, après la mort de sa mère, suscitera le dévouement de Valjean et sera l'instrument heureux et douloureux de sa rédemption. La phrase finale de la IIe Partie, « Cosette grandissait », est l'amorce de ces développements, dont l'émeute républicaine de 1832 devait fournir la conclusion, à la fois thème d'épopée et moyen de liquider les personnages. Ainsi, à partir de ces deux proscrits de la société, une femme

---

1. *Bulletin de la Faculté des Lettres de Strasbourg*, janvier 1962.

et un homme, s'ébauchait un tableau des *Misères*, « grand ouvrage » dont le roman en deux volumes ne constituait plus que la Ire Partie.

Ce vaste projet figurait dans la convention de rappel passée avec les éditeurs le 30 décembre 1847. Depuis dix ans, alors, la pratique du feuilleton dans les journaux avait fourni un débouché au roman populaire. Les romans de Paul de Kock (*La Laitière de Montfermeil*, 1827, a sans doute suggéré à Hugo le choix de cette localité et, en tout cas, l'épisode de Cosette portant un seau dans la forêt, comme l'a montré J. Pommier), *les Mémoires du diable* en 8 volumes par Fréd. Soulié (1837-38), *les Mystères de Paris* en 10 volumes par le socialiste E. Sue (1842-43), *le Comte de Monte-Cristo* en 18 volumes d'A. Dumas (1844-45), tous trois amis du poète, ont habitué le lecteur à de larges fresques des bas-fonds et des prisons, où l'élément romanesque, et même policier, destiné à soutenir l'intérêt d'un jour au suivant, joue un rôle important. Hugo fut certainement influencé par ces exemples, mais il voulait concilier l'art et la leçon morale avec l'intérêt. Lorsque la révolution de 1848 interrompit son travail, il disposait d'un récit suivi, arrêté en pleine barricade, et composé de quatre parties, soit la matière de six volumes. Son activité politique à l'Assemblée Constituante, puis à la Législative, lui donna plusieurs fois l'occasion de se pencher sur les problèmes de *la Misère*, contre laquelle il prononça le 9 juillet un vibrant réquisitoire : « Je ne suis pas, Messieurs, de ceux qui croient qu'on peut supprimer la souffrance en ce monde ; la souffrance est une loi divine ; mais je suis de ceux qui pensent et qui affirment qu'on peut détruire la misère. » Comme naguère dans sa préface de 1832 au *Dernier jour*, il demandait l'institution du « grand code chrétien de la prévoyance et de l'assistance publiques », prétendait « étouffer les chimères du socialisme sous les réalités de l'évangile » et voulait qu'on traitât et guérît la misère, « maladie du corps social, comme la lèpre était une maladie du corps humain ». Les idées et le ton de tels discours ont réagi sur l'œuvre, qui a ses moments de plaidoyer. Plus tard, les interventions dans l'affaire John Brown en décembre 1859 (soulèvement des esclaves noirs à Charlestown en Virginie ; Brown fut condamné à mort ; Hugo l'appelait un « combattant du Christ ») et, en juin 1860, pour l'insurrection républicaine de Garibaldi en Sicile ont pu avoir un effet analogue sur le développement de l'œuvre.

Lorsqu'il entreprit d'achever son roman, en janvier 1861, Hugo se croyait atteint de laryngite tuberculeuse. « Je prie Dieu, note-t-il, d'ordonner à mon corps de patienter et d'attendre que mon esprit ait fini. » On songe au mot pathétique de J. Valjean à Cosette : « Oh oui, défends-moi de mourir. Qui sait ? j'obéirai peut-être. » A la fin de mars, rassuré par son médecin qui lui conseillait un changement d'air, il partait pour la Belgique. Il y demeura jusqu'à la mi-septembre, tantôt à Bruxelles, tantôt à Mont-Saint-Jean, pour discuter le contrat avec son nouvel éditeur Lacroix, rédiger sur place le livre *Waterloo* et terminer *les Misérables* (fin juin 1861). Toute la Ve Partie a donc été écrite à Guernesey pendant les trois premiers mois de 1861, achevée à Mont-Saint-Jean en juin, et, comme le reste, revue en 1861-62. Elle représente un volume de trois cents pages dans l'édition grand in-8⁰ de l'Imprimerie Nationale et deux volumes de l'édition originale, qui devait tenir en six volumes et en comprit finalement dix. Il a donc ajouté, non seulement cette Ve Partie, mais encore la valeur de deux autres volumes, répartis en additions et modifications diverses : soit les deux cinquièmes du tout (sur 1 420 pages gr. in-8⁰, 580 contre 840). La révision générale prit encore un an, de septembre 1861 à mai 1862. La 1ère Partie, achevée au début de décembre 1861, parut au début d'avril 1862 ; la IIe et la IIIe, respectivement terminées en janvier et mars, sortirent le 15 mai, et les deux dernières, livrées en avril et en mai, à la fin de juin.

L'historique de l'édition de l'Imprimerie Nationale et le petit livre d'E. Benoît-Lévy permettent de suivre dans le détail le travail de Hugo pour ce roman, qui représente le plus long effort créateur de sa vie. A tous les plans et projets de cette édition, on ajoutera la note en 19 points du printemps 1860, recueillie par H. Guillemin dans *Pierres*. La *Chronologie sommaire*, établie par R. Journet et G. Robert dans leur étude des variantes du *Manuscrit des « Misérables »*, donne un état de la question, en attendant une étude de genèse, si elle est possible (2).

La Ière Partie, *Fantine*, s'est accrue d'un cinquième (60 p. sur 300) : soit, notamment, le chapitre du « Conventionnel » (I,10), le livre III, *En l'année 1817*, qui accentue la faute de la société dans la chute de Fantine, un complément aux portraits des Thénardier au livre IV, et, ici et là, quelques pages de commentaire philosophique, *l'Onde et l'Ombre* (II,8) et peut-être *Christus liberavit* (V,2). La *Préface philosophique*, que Victor Hugo écrivit dans les trois derniers mois de 1860 et qui dégage la signification spirituelle du roman, devait remplacer dans sa pensée *le Manuscrit de l'Evêque*, dont il a été question plus haut : elle équivaut en effet au demi-volume abandonné par la convention de décembre 1847. Elle ne devait d'ailleurs pas figurer davantage dans l'édition.

La IIe Partie, *Cosette*, a gagné presque un tiers du total (80 p. sur 270) : c'est-à-dire le livre I tout entier, *Waterloo*, rédigé sur place entre le 7 mai et le 30 juin 1861 et projeté au mois d'octobre précédent, et le livre VII, la *Parenthèse*, sur la vie de couvent. Le prétexte du premier était de créer un lien de reconnaissance de Marius à Thénardier, qui permet une complication dramatique de l'action et justifie les hésitations nécessaires de Marius, autrement incompréhensibles. Mais le motif était plus profond. Les romanciers romantiques ont rêvé de composer un tableau de cette bataille du siècle, que Stendhal a réalisé d'une manière originale en tête de *la Chartreuse de Parme* et dont le projet a hanté Balzac. Hugo écrivait en septembre 1858 au colonel Charras, auteur d'une *Histoire de la campagne de 1815* (avec un atlas) dont il s'est servi : « Cette sombre bataille de Waterloo est une de mes émotions presque permanentes. » D'autre part, la *Parenthèse* lui permettait d'exprimer ses idées sur la vie monastique, dont le mystère lui

---

2. Voir J. Pommier, *Histoire des « Misérables »*, *Revue des Deux Mondes*, octobre 1962.

posait des problèmes. Il blâmait ses rigueurs, tout en les admirant, et approuvait sa mission de prière. Les souvenirs de jeunesse de Juliette Drouet et, en 1858, l'entrée au Carmel de sa cousine Marie, qui prit le voile en 1859 (3), lui fournissaient la matière et l'occasion de réflexions. Il faut ajouter quelques pages sur le sauvetage de l'Orion, d'après des documents fournis par le baron La Roncière le Noury, les chapitres sur le trésor enfoui dans la forêt de Montfermeil et les « portraits complétés » des Thénardier, des modifications topographiques apportées à la *Chasse noire* de J. Valjean (la position du couvent étant déplacée de la rive gauche à la rive droite) et à son enterrement fictif.

La IIIe Partie, *Marius*, augmentée d'un tiers (de 160 p. portée à 240), comporte essentiellement des additions destinées à caractériser dans le détail la description du Paris misérable. Ce sont les pages sur *le Gamin* (I), qui rappellent, au delà d'E. Sue, les propres souvenirs du poète, *la Canne de jonc* de Vigny et le célèbre tableau de Delacroix, où le gamin parisien marche devant la Révolution de 1830 ; celles de verve et de politique sur les étudiants républicains en 1832, *les Amis de l'ABC* (IV), qui font pendant au tableau de la génération précédente (*l'Année 1817*), le croquis du jeune officier Théodule Gillenormand (III,7), le livre tronqué de *Patron-Minette* (VII), exploration des bas-fonds de Paris, qui contenait encore une étude de courtisane, supprimée dans l'édition.

Dans la IVe Partie, *l'Idylle de la rue Plumet et l'Epopée de la rue Saint-Denis*, la plus longue de toutes, où l'idylle et l'épopée, déjà mêlées dans le reste de l'œuvre, sont officiellement associées par le titre ; les additions de 1860-61 forment presque le quart du total (80 p. sur 340). Ce sont des compléments documentaires : portraits du roi Louis-Philippe et du républicain Enjolras dans le livre I, développements sur *la Cadène* (III,8), *l'Argot* (VII) ou la maison dite *Corinthe* (XII) ; des compléments de l'action aussi ; J. Valjean garde national (III,2) et l'assaut de Montparnasse contre l'ancien forçat (IV,2). L'information vient des souvenirs personnels de l'auteur, consignés dans ses *Choses vues*, et du livre de Rey-Dusseuil sur *le Cloître Saint-Merry*.

La Ve Partie, *Jean Valjean*, aussi copieuse que la précédente, mais moins chargée d'événements, est une liquidation des personnages, déjà amorcée à la fin de la IVe par la mort d'Éponine : mort héroïque de Gavroche et des étudiants (II), suicide de Javert (IV), élimination de la Thénardier et de divers comparses mineurs (V), départ de Thénardier pour l'Amérique (VIII) et apothéose de J. Valjean (IX). Seuls survivent l'indifférent grand-père Gillenormand et le couple de Marius et Cosette, longtemps promis à une fin brutale. Le sauvetage du jeune homme a permis à Hugo de s'étendre, là encore, sur un sujet favori : l'égout, « conscience d'une ville » (cf. dans *Châtiments, l'Égout de Rome*) ; description et réflexions viennent d'une *Statistique des égouts de Paris* et d'une plaquette de P. Leroux parue à Jersey en 1853 sur l'utilisation de l'engrais humain, qui lui fournit le thème balzacien de son 1er chapitre (V,II,1).

---

3. Voir H. Guillemin, *V.H. et la Carmélite, Figaro Littéraire*, 14 déc. 1957.

Telles sont la genèse et la structure chronologique de l'œuvre. Les remarques faites au passage montrent combien, à son ordinaire, Hugo a eu le souci de la documentation. D'autres, comme P. Berret, ont assez insisté sur le réalisme des *Misérables* pour nous dispenser de le faire. Hugo lui-même a inscrit ce roman parmi les livres où « naturalisme et socialisme sont mêlés ». Sans doute, il a pu surveiller de loin le mouvement littéraire naissant. Mais, s'il est « réaliste », c'est à la manière de Balzac, pour accréditer une histoire éminemment romantique. Les récentes recherches sur le créateur de *la Comédie humaine* ont montré qu'il n'y a là aucune contradiction. De même, on retrouve dans *les Misérables* des détails personnels comme la balle égarée qui a failli frapper le poète en 1832 et Marius dans son roman. Ou bien, ce sont de larges pans de souvenir : la jeunesse de Marius suit à peu près la sienne, l'éducation de Cosette, à peu près celle de Juliette ; la nuit de noces des jeunes gens le 16 février 1833 est un hommage non déguisé à Juliette. Ainsi Hugo nourrit son roman de sa propre expérience ou de celle de ses proches. Ce champ de fouilles présente assurément plus d'un chantier qu'on n'a pas encore ouvert. Un reportage de J. Gallotti (*Nouvelles littéraires*, 12.7.1951) a permis de constater que, des Gobelins à la rue Mondétour, la précision topographique n'était pas factice et qu'on pouvait la vérifier sur un plan de Paris de 1839. Les notes de travail de Hugo nous avertissent qu'il avait, en écrivant, les cartes sous les yeux, aussi bien pour Waterloo que pour Paris, et que, par exemple, le simple déplacement du couvent d'un bord à l'autre de la Seine lui a posé des problèmes sérieux d'itinéraire.

A cet égard, en revanche, on a moins évoqué les problèmes techniques que Victor Hugo s'est posés, notamment dans sa révision générale. De cet ordre sont d'abord les considérations de dates. Une note reproduite au tome II de l'édition de l'Imprimerie Nationale (p. 608) nous révèle quels problèmes lui posait une intrigue dont plusieurs repères historiques, comme l'insurrection de 1832, étaient inchangeables. C'est ainsi qu'il eut à réduire l'éducation de Cosette de sept à cinq ans (1824-1829), de façon à laisser assez de temps à cette idylle intermittente, dont les contours temporels demeurent d'ailleurs dans le vague, mais cohérents : elle était sortie du couvent en octobre 1829 ; Marius la voyait « depuis plus d'un an » (III,VI,2), ce qui nous porte à 1830, après la révolution de juillet ; les « six mois d'absence » nous font aller jusqu'au printemps de 1831 (III,VI,3). « L'été passa, puis l'automne, l'hiver vint » (III,VIII,1) : nous arrivons ainsi à la fin de l'année et bientôt au guet-apens Jondrette du 3 février 1832. Or, ces détails sont rappelés par la suite de façon concordante (IV,III,5). Ce petit exemple, un des plus délicats à débrouiller, témoigne du reste. A un an près, il est facile de reconstituer les dates de naissance de M. Gillenormand (1740-1741), de M. Mabeuf (1752), de J. Valjean (1767-1769), de Javert (1780), de Marius (1810), de Cosette (1815), de Gavroche (1819). Toute une chronologie cohérente de l'action, dont les détails se fixent parfois au détour d'un chapitre inattendu de récapitulation, prouve que l'auteur ne l'a jamais perdue de vue (par exemple, le n° du *Drapeau Blanc* du 25.7.1823 dans II,II,1, sans que la date exacte du procès d'Arras soit jamais fixée). Cette chronologie se répartit inégalement entre les cinq parties. Si la Ière va de 1815 à 1822-1823 (en se référant à la condamnation de Valjean en 1796), la IIe nous reporte d'abord en 1815, passe en 1823-1824 (*l'Orion*) avec des retours explicatifs sur le passé, et se centre sur la chasse à l'homme de mars 1824. La IIIe Partie nous fait parvenir, avec des retours à 1817, de 1827 à 1832 et se concentre sur le guet-apens du 3 février 1832. La IVe nous ramène en 1831, époque des rencontres de Marius et Cosette, et même en 1829 (location de la maison de la rue Plumet) : elle nous mène jusqu'au 5 juin 1832. La Ve et dernière Partie nous conduit du 6 jusqu'à l'été de 1833.

Ces observations nous introduisent à une autre manifestation des problèmes techniques du romancier : le constant souci de maintenir l'intérêt. Il est lié à la nature et à l'enchaînement des chapitres. Ces fréquents chapitres de retour donnent, avant leur usage systématique dans le roman moderne (technique dite du *flash-back*), l'impression de la vie. L'alternance des chapitres d'idylle, d'épopée et de bas-fonds varie le ton. Il en est de même des chapitres de description et des chapitres d'action, entremêlés de manière à ne pas ralentir outre mesure l'intérêt. Le style passe ainsi de développements denses à des successions de paragraphes de deux ou trois phrases, parfois d'une, et à des dialogues, qui aèrent la masse du roman. Du même ordre, le soin avec lequel Hugo a intitulé ses chapitres, en s'inspirant de la manière piquante des romans du XVIIIe siècle, ou même du roman-feuilleton (bien qu'il refuse de débiter *les Misérables* pour les journaux). Les coups de théâtre, communs au roman-feuilleton et au drame romantique, sont préparés avec minutie et de longue main. Ainsi, en introduisant le chapitre sur J. Valjean garde national, Hugo se ménageait la possibilité de faire parvenir son héros sans encombre à la barricade et d'y sauver inopinément l'un des cinq pères de famille. Le petit enfant abandonné qui crie dans les ténèbres la nuit de Noël 1823 (II,III,1) reparaît de temps à autre à la masure Gorbeau, à point pour ne pas se faire oublier ; il sauve des petits enfants inconnus, puis son père sans le savoir, et noue le drame final juste avant sa mort insouciante. Hugo fait dresser l'oreille à Marius, quand Valjean tire en l'air et feint d'avoir exécuté Javert : « l'affreux coup de pistolet » hantera le jeune homme jusqu'à la fin. Et la révélation tardive de Thénardier est juste ce qui manquait à Marius pour lui permettre de reconstituer la vérité. Les poursuites dans le dédale des rues ou des égouts de Paris, les évasions et les disparitions par une fenêtre ou dans la mer de ce héros « d'endurance » contribuent à entretenir cet intérêt propre au roman d'aventures ou au roman policier, et il est vrai que c'en est un.

Mais il est inexact de dire que les personnages y sont tout d'une pièce. Un Gillenormand, ni bon ni mauvais, vieil « indifférent » de Watteau survivant dans un monde qui le dépasse, atteste l'attention que l'auteur a consacrée à cet homonyme de son grand-père maternel. Des notes de travail jalonnent cet effort créateur. En 1861 : « Compléter Gillenormand. Approfondir Mabeuf... Approfondir les jeunes gens républicains. » Et en 1860 : « Modifier le côté philosophique de l'évêque. » Ses personnages sont bien vivants : Mgr Myriel, Enjolras distinct de Grantaire et de Courfeyrac, comme de son ancien Tholomyès, et Montparnasse de Boulatruelle ou du suspect Claquesous, Éponine, canaille et émouvante, bien différente de Fantine. Les mots significatifs ne sont pas le privilège de Balzac : ainsi, la réponse du fruste Champmathieu au tribunal, « Je dis — Fameux », est d'un laconisme expressif qui résume autant son caractère que sa situation. Le calvaire paternel de J. Valjean, lorsque l'amour détache peu à peu Cosette de lui, Hugo l'a vécu personnellement et il le transpose avec une délicatesse douloureuse. Sans doute les personnages principaux, comme dans son théâtre, ont-ils des réactions trop uniformes : Valjean, l'apôtre, Javert, le bras de la loi. Mais cette simplification s'explique aussi par le sens que le poète a voulu donner à son œuvre.

On répète que *les Misérables* sont une épopée. Et sans doute les fresques historiques de Waterloo ou de l'émeute de 1832, les amples mouvements de masses, le grouillement des personnages contribuent à donner ces proportions au roman, qui finissait par étonner Hugo lui-même : « Ce livre est une montagne », s'exclamait-il. De la montagne, en effet, il a non seulement la taille, mais surtout cet air raréfié des sommets : le ciel est à portée. *Les Misérables* sont une épopée, au même titre que *la Légende* et que *la Fin de Satan*, parce qu'on y sent la présence de Dieu : tout s'y passe sous son regard.

Les diverses définitions que Victor Hugo a données de son livre convergent vers cette constatation. « Ce livre a été composé du dedans au dehors », a-t-il écrit le 21 juin 1862 à Fréd. Morin, et il le note pour lui-même. La *Préface philosophique*, essentielle à ses yeux, commence ainsi : « Le livre qu'on va lire est un livre religieux » et se termine par ces mots : « Je crois en Dieu ». Ses amis, ses proches même, s'effarent des concessions faites à la religion. Il s'en explique : « Il faut, la misère étant matérialiste, que le livre de la misère soit spiritualiste. » La misère appelle le jugement de Dieu. Elle constitue à elle seule une accusation si grave, non pas de Dieu, mais des hommes, qu'il faut qu'il y ait un Dieu pour rétablir l'équilibre rompu. Le fini prouve l'infini. De fait, Hugo déclare au cours du roman (II,VII,1) : « Ce livre est un drame et le premier personnage est l'infini. » Il faut relire cette étrange et belle préface, qui éclaire toute l'œuvre par la croyance, mi-chrétienne, mi-théosophique, de Hugo sexagénaire (plus chrétienne peut-être qu'au temps des *Contemplations*), selon laquelle les âmes dotées de la force ascensionnelle du repentir luttent pour se dégager de la pesanteur du péché. Au moment de faire mourir l'ange Enjolras, Hugo reprend à son compte la loi du progrès dont il l'a fait le porte-parole dans le roman : « Le livre que le lecteur a sous les yeux en ce moment, c'est d'un bout à l'autre, dans son ensemble et dans ses détails, quelles que soient les intermittences, les exceptions et les défaillances, la marche du mal au bien, de l'injuste au juste, du faux au vrai, de l'appétit à la conscience, de la pourriture à la vie, de la bestialité au devoir, de l'enfer au ciel, du néant à Dieu. Point de départ : la matière, point d'arrivée : l'âme. L'hydre au commencement, l'ange à la fin » (V,I,20). De fait, J. Valjean est qualifié par Javert d'« ange infâme » (V,IV,1). Et Enjolras a dégagé la loi de sa transformation, lorsqu'il proclame : « En exécutant cet homme, j'ai obéi à la nécessité ; mais la nécessité est un monstre du vieux monde ; la nécessité s'appelle la Fatalité. Or, la loi du progrès, c'est que les monstres disparaissent devant les anges, et que la Fatalité s'évanouisse devant la Fraternité... Amour, tu as l'avenir (IV,XII,8). » On comprend que, dispersées, de telles déclarations aient passé, mais que, comme *Dieu* et *la Pitié suprême*, cette *Préface* qui les assénait en bloc ait effarouché le sens commercial de Lacroix, déjà inquiet des audaces politiques et sociales.

Pour Hugo, le livre était clair sans préface. Cette lumière n'est pas une découverte tardive de 1860 : dès avant l'exil, l'œuvre a été conçue dans cet éclairage. Lorsque J. Valjean se dénonce à Arras, il déclare : « Ce que je fais en ce moment, Dieu, qui est là-haut, le regarde, et cela suffit. » Et Hugo commente : « Lui, il avait sur le visage je ne sais quelle expression de souffrance heureuse et céleste, et il fixait son œil tranquille sur Javert qui le regardait toujours. Il avait en ce moment je ne sais quoi de divin, qui fait que les multitudes reculent et se rangent devant un homme (I,VII,2). » C'est que J. Valjean se présente comme un martyr de sa conscience. « La première justice, c'est la conscience », répond-il sévèrement à Javert, qui, aux yeux de Dieu, vient de tuer Fantine. Chaque épisode de la lutte contre le policier, gardien de l'ordre établi, propose une épreuve nouvelle à la conscience de J. Valjean, « ce fil, confie-t-il à Marius, que j'ai là dans le cœur et qui me tient attaché », ce « quelqu'un qui me parle bas quand je suis seul (V,VII, 1) ». Ces lignes sont de 1860, mais, dès la version de 1847, J. Valjean préfère le bagne à un mensonge d'omission et place son salut ultérieur au-dessus de son salut terrestre. Aux yeux naïfs du père Fauchelevent, il est « l'homme du bon Dieu » ; mais l'auteur ne voit pas moins en lui « l'homme régénéré, qui avait tant travaillé à son âme (IV,XV,1) », une sorte d'apôtre qui fait fructifier le message de l'évêque, dont l'ombre l'accompagne jusqu'à la fin de son expiation terrestre. Comme son maître, Valjean cherche « cette satisfaction qui suffit à la conscience et qui vous dit tout bas : Tu es avec Dieu ». Dans la poursuite (II,IV,7) il a l'impression physique de la présence divine : « Il se confiait à Dieu comme elle (Cosette) se confiait à lui. Il lui semblait qu'il tenait, lui aussi, quelqu'un de grand par la main. » En véritable apôtre, il finit par communiquer sa foi aux autres. Même Javert, aux ordres de la société et qui « n'avait guère songé jusqu'à ce jour à cet autre supérieur, Dieu », est ébranlé par le geste de Valjean : il « le [Dieu] sentait, inopinément, et en était troublé ». « Comment s'y prendre pour donner sa démission à Dieu ? » charge Hugo (V,IV,1), qui livre Javert au désespoir de Judas. Si Valjean a pu envisager le suicide, il le rejette comme un acte irréligieux, pour assumer sa part quotidienne d'un sacrifice qui vient à bout de lui. Même pour Marius amoureux, « Dieu était dans cette aventure aussi visible que Jean Valjean » (V,VII,2). Le pardon de Marius et Cosette n'est qu'une figuration terrestre du pardon depuis longtemps accordé par Dieu : concession au goût du lecteur sensible, mais non nécessaire aux yeux du visionnaire qui nous engage à voir avec lui l'apothéose de son héros : « La nuit était sans étoiles et profondément obscure. Sans doute, dans l'ombre, quelque ange immense était debout, les ailes déployées, attendant l'âme. »

Cette perspective supérieure justifie, en quelque sorte, l'accumulation des coïncidences : Dieu organise cette expiation. « Le hasard, c'est-à-dire la Providence », écrit Hugo, assure la « conjonction », non pas seulement « de deux étoiles », Marius et Cosette, mais du trio d'instruments, Javert, Thénardier, Valjean, à Montreuil-sur-Mer, dans la mesure Gorbeau et à la barricade de la rue de la Chanvrerie. Ce n'est plus la fatalité aveugle de *Notre-Dame de Paris*, mais la providence divine qui permet à Valjean aux abois de tirer une première traite sur le crédit de bonnes actions de M. Madeleine, en aboutissant au couvent où il a naguère fait placer le père Fauchelevent. « Hélas ! qu'est-ce que toutes ces destinées ainsi poussées pêle-mêle ? où vont-elles ? pourquoi sont-elles ainsi ? » demande le poète, qui donne la réponse : « Celui qui voit cela voit toute l'ombre. Il est seul. Il s'appelle Dieu » (I,V,2).

Pour A. Thibaudet, *les Misérables* constituent un « roman des héros ». Je dirais plutôt le roman de *la Justice suprême*. Dans une de ses notes de travail, Hugo se réfère, de façon inattendue, à l'Évangile du Bon Pasteur et à l'Épître du IVe dimanche de l'Avent (*ad. Cor.*, IV,1-5) qui demande de suspendre le jugement jusqu'à celui de Dieu. Ce sentiment d'une justice supérieure, à laquelle Valjean accède et qu'il interprète, est partagé par Gavroche (la bourse volée par Montparnasse à Valjean et qu'il « restitue » à M. Mabeuf, la pierre dans la vitre du coiffeur inhospitalier) et chemine jusqu'à la conscience obscure de Javert. Celui-ci est le héros de l'obéissance passive et sa rigidité a sa grandeur. J. Valjean est un héros d'une catégorie transcendante : « L'héroïsme a ses originaux », remarque sentencieusement Combeferre (V,I,17). Valjean est devenu, selon l'expression dont Hugo se servira pour lui-même en 1870, un « fonctionnaire de Dieu », et son inspiration évangélique est indéniable. Ce n'est plus à la manière de Didier qu'il s'écrie pathétiquement à la fin devant Marius : « Je ne suis d'aucune famille, moi... Je ne suis pas de celle des hommes... Je suis le malheureux, je suis dehors » (V,VII,1). Car, du héros fatal, il a remplacé l'orgueil par l'humilité (« Pour que je me respecte, il faut qu'on me méprise »), et son ciel est plein. Sa fin debout, le crucifix à la main – « Voilà le grand martyr » (cf. *le Gibet*) – est d'un saint. C'est une mort du père Goriot retournée : verroteries ou nouilles, l'un et l'autre ont un dernier souci de leur industrie, mais, pour Goriot, c'est un vain projet d'avenir, pour Valjean une légitimation de son épargne ; tandis que Goriot reste désespérément attaché à la terre, Valjean s'est détaché de ses liens d'amour et de haine avec une grande douceur. Sa mort témoigne d'une assurance de la vie immortelle qui n'a d'égale que l'émouvante fin d'Éponine, disant à Marius : « On se revoit, n'est-ce pas ? ». Son désir d'expiation a depuis longtemps dépassé sa dette et s'inscrit au compte des autres.

Tout cela fait des *Misérables* beaucoup plus qu'un roman social, et même socialiste (« clarifier la populace et en extraire le peuple », écrit sans illusion Hugo dans sa préface) : le roman romantique par excellence, c'est-à-dire à la fois romanesque et missionnaire, où réalisme et idéalisme sont confondus. Si Hugo approche d'une œuvre mystique, c'est bien là. Les discussions passionnées que souleva le livre à son apparition montrent que les contemporains ne s'y sont pas trompés : « C'est l'Évangile du XIXe siècle. Tous l'ont compris », riposte un jeune journaliste, Ed. Fournier, à Barbey d'Aurevilly. C'est un roman *apostolique*, et par là, comme l'a remarqué A. Le Breton, beaucoup plus proche de sa postérité russe, de Tolstoï surtout, qu'à aucun moment de Zola. Du roman russe, il a déjà ce mélange de naïve tendresse qui rayonne fraternellement sur les hommes et de férocité qui porte le lecteur aux limites de l'émotion (« ce qu'il y a parfois de farouche et d'inexorable dans la compassion », note lucidement Hugo dans la préface), ce mélange aussi de malice fantasque qui se répand, même au seuil de la mort, dans les propos de Grantaire ou de Gavroche, et de prédication qui fait que l'abondant commentaire, comme le prétend Hugo, est à sa place dans un tel livre. Lamartine a paru d'abord remué par ce roman : « J'ai été ébloui et étourdi du talent devenu plus grand que nature. » Puis, dans ses *Entretiens*, il exprima de sévères réserves sur le fond de l'œuvre. Hugo évita de se défendre : « Il faut être Michel-Ange, écrivit-il spirituellement, pour avoir le droit de répondre à Raphaël. » Cette comparaison fixe heureusement le rapport des deux arts et la mesure de l'œuvre.

Vendue en octobre 1861 300 000 francs pour douze ans, droits de traduction compris (il y en eut tout de suite en Allemagne, aux États-Unis, etc.), elle dépassa l'accueil et le profit escomptés. Elle reste celle qui a le plus fait pour la gloire populaire, immédiate et durable, de Victor Hugo. « L'affaire est excellente », concluait-il, et il conseillait une édition à bon marché, qui remporta un plein succès sans nuire à l'autre. L'éditeur s'y retrouvait encore. Quant à lui, rassuré sur son crédit, il s'octroyait des vacances bien gagnées sur les bords du Rhin (août-sept. 1862).

CHAPITRE X

L'OCÉAN
Idylle et épopée
(1862-1870)

A son retour, Hugo retrouvait le dossier des *Chansons*, toujours en attente, et deux romans en gestation : un roman sur la mer, *Gilliatt*, conçu en 1859 pendant son séjour à Serk, et un roman sur la révolution, *Quatrevingt-treize*, nouveau projet confié à Meurice en octobre 1862 : « J'ai travaillé tout l'hiver, *passim*, — lui récrira-t-il en mai 1863 — la tête plongée dans cette incubation de ma grande rêverie que vous savez. » Mais, comme son correspondant, il était d'avis d'aérer sa publication. Une circonstance le permit : François-Victor achevait sa traduction de Shakespeare, publiée à mesure depuis 1858, et l'on se préparait à fêter le 300e anniversaire du poète (1).

Hugo avait suivi le travail de son fils, se faisant parfois expliquer sur le texte l'originalité du poète, qu'il avait cité dès 1822, et projetant d'écrire une préface pour l'édition. Le sujet le replongeait dans les problèmes du génie et du romantisme. Il saisit cette occasion pour mettre au point un dossier d'idées sur l'art et l'absolu, sur la mission des créateurs, déjà affirmée dans *les Mages*. Le dossier était constitué avant son départ pour les bords du Rhin, où, de la mi-août à la fin de septembre 1863, Hugo revit Bingen, Heidelberg, Falkenstein et le Luxembourg. Le projet de préface prit ainsi les proportions d'un fort volume, rédigé probablement en majorité au retour, achevé en manuscrit le 2 décembre, d'ailleurs, comme à l'ordinaire, corrigé et développé jusqu'en mars 1864, et publié par Lacroix en avril sous le titre *William Shakespeare*. Le prospectus portait cette fière correction de sa main : « le poëte de l'Angleterre jugé par le poëte de la France », et présentait ce nouveau livre comme « le manifeste littéraire du XIXe siècle ». C'était cela, et beaucoup plus.

---

1. L'année 1863 voit paraître, en juin, le *Victor Hugo raconté*, écrit sous l'inspiration du poète par sa femme et peut-être Charles ; de ce dernier, en novembre, une plaquette anonyme, *Chez V. Hugo par un passant* ; enfin, P. Chenay, beau-frère de V. H., prépare la gravure d'un *Album de Dessins* du poète, préfacé par Th. Gautier. Juliette déménage de La Fallue à Hauteville-Féerie en mai. En janvier 1864, reprenant une idée chère, Hugo écrit la *Lettre à Nadar* sur l'avenir de la locomotion aérienne.

Sur Shakespeare, Hugo s'est documenté sans doute, mais rapidement. Des notes de travail recueillies dans l'édition de l'Imprimerie Nationale indiquent qu'il a utilisé des listes bibliographiques établies par François-Victor, sur lesquelles il a coché les auteurs consultés par lui. Il s'est reporté aux jugements de Voltaire, de Diderot, il a relu le livre de Guizot, l'essai de Villemain, le livre de son éditeur Lacroix, d'autres encore. Mais les chapitres concernant Shakespeare proprement dit sont la minorité : une brève esquisse de l'homme et de sa vie (I,1), un chapitre dédoublé sur le génie (II,1) et l'œuvre (II,2, écrit en 1864), enfin un chapitre sur sa gloire posthume et l'Angleterre (III,1), qui contient de piquantes remarques sur l'insularité britannique. Shakespeare l'intéresse parce qu'il a été méprisé par « le bon goût » : c'est une revanche. A-t-il relu l'œuvre ? On a l'impression qu'il s'en fait un tableau symbolique auquel chaque pièce apporte une nuance particulière. « Hamlet, le doute, est au centre de son œuvre, et, à ses deux extrémités, l'amour, Roméo et Othello, l'amour de l'aube et l'amour du soir. » Hamlet, surtout, l'a retenu : « c'est le chef-d'œuvre de la tragédie du rêve ». Il glisse même une interprétation personnelle de la folie du prince. Autour de cette pièce, il groupe Macbeth, « la faim du monstre toujours possible dans l'homme », Othello, « la nuit », et Lear, « la maternité de la fille sur le père », où il transpose peut-être le nouveau drame qui traverse sa vie : sa fille Adèle, dont la jeunesse a été sacrifiée, s'est enfuie au mois de juin 1863 au Canada sur les traces d'un officier britannique, avec lequel elle se prétend fiancée. Pendant huit ans, elle restera égarée dans son rêve, sans revenir. Enfin, l'année 1872 la ramènera de la Barbade en France, où elle sera internée à Saint-Mandé jusqu'à sa mort en 1915. Hugo n'oublie pas cependant que son auteur a des aspects plus souriants : Falstaff, tant vanté dans la Préface de Cromwell, et le Songe d'une nuit d'été, qui lui inspire une brillante improvisation sur le génie antithétique de Shakespeare.

Mais Shakespeare lui permet une mise au point des problèmes traités trente ans auparavant et un bilan de l'art romantique, dont la publication du Victor Hugo raconté lui rappelle les luttes. Ce sujet est traité dans les quatre derniers livres de la IIe Partie, Zoïle, Critique, les Esprits et les Masses, le Beau serviteur du vrai, et dans la Conclusion (le XIXe siècle). Comme Hugo l'écrit au début de janvier à Vacquerie, il « venge tous les poètes » des critiques, dont il dénonce les bévues avec une fougue juvénile. Il reprend les théories de la critique d'explication (au passage, une remarque pénétrante sur les doubles actions des drames shakespeariens), de l'admiration « en bloc », de la vanité de l'imitation. Il souligne que le véritable romantisme a été un « fait de l'âme », dont l'action n'est pas finie, et confirme sa position contre « l'art pour l'art » en lui opposant « l'art pour le progrès » : « La pensée est pouvoir », « le rythme est une puissance », autant de raisons pour viser l'idéal. Il prétend dans le prospectus que « ce livre continuera l'ébranlement philosophique et social causé par les Misérables ». Il y est lié, en effet. Il représente pour les œuvres de l'exil ce qu'était la Préface de Cromwell pour celles d'avant 1840.

En effet, dès le début (I,2), Hugo s'échappe du sujet limité pour replacer Shakespeare dans ce qu'il nomme pour Meurice (3 avril 1864) « la série des *génies*, un peu distincte de la série des *grands hommes* », soit « la série *mystérieuse* », qui exclut Voltaire et Molière, mais compte, soigneusement choisis, treize esprits capables de s'élever à « cet effrayant promontoire de la pensée d'où l'on aperçoit les ténèbres ». C'est ce qu'il appelle le « Promontoire du Songe », ouvert sur la « Contemplation suprême » (ou encore, le Surnaturalisme), dans ces fragments détachés de l'ouvrage et publiés dans le volume de l'Imprimerie Nationale sous les titres *Promontorium Somnii* et *Post-Scriptum de ma vie* (2). Ces « hommes océans » sont : Homère, Job, Isaïe, Eschyle, Lucrèce, Juvénal, Tacite, saint Jean, saint Paul, Dante, Rabelais, Cervantès, Shakespeare ; puis, il intercale encore Ézéchiel. Il les passe en revue dans une galerie de bustes d'une autorité et d'une densité provocantes. On remarque dans ce choix la part restreinte de la pensée moderne, bornée au XVIe siècle : Hugo reste formé par les classiques de l'Antiquité gréco-latine et les prophètes de la Bible. On reconnaît sans étonnement dans cette liste ses correspondants de l'au-delà, familiers des tables de Marine-Terrace. Dans un compte rendu du 13 janvier 1854, Shakespeare rapportait sa rencontre avec Cervantès, et D. Saurat a justement confronté des déclarations de ce livre avec les procès-verbaux des expériences spirites de Jersey. La faculté maîtresse de Shakespeare et des génies est l'imagination, « la grande plongeuse » ; c'est elle qui distingue ces « têtes fécondées », comme il disait dans *les Mages,* par « l'océan des idées ». Dans *Contemplation suprême,* Hugo précise : « L'observation, plus l'imagination, plus l'intuition [correspondant aux trois ordres de connaissance : Humanité, Nature, Surnaturalisme], donne Shakespeare. » Lacroix, au cours de la préparation du livre, soumit à l'auteur deux omissions : l'Allemagne (Gœthe ou Schiller) et l'Inde, dont H. Fauche publie la même année chez lui un abrégé du *Râmâyana* en deux volumes. Mais Hugo résiste. Il trouve Gœthe, qu'il n'aimait pas, « surfait » et Schiller secondaire ; pour lui, le génie germanique est musical, c'est Beethoven, qui sort de son sujet : « Quelle ombre que cette Allemagne ! C'est l'Inde de l'Occident ! » s'exclame-t-il. Pour celle de l'Orient, il n'est pas moins net : « Il y a beaucoup de fatras. Je suis un latin, j'aime le soleil » ; il note encore : « Ces épopées de l'Inde qui sont parmi les poèmes ce que les éléphants sont parmi les lions. » Pour simplifier, il n'a retenu que les « écrivains et les poètes », éliminant à regret Michel-Ange et Rembrandt, Beethoven, auquel il consacre deux admirables pages recueillies dans l'extraordinaire *Reliquat* (« Ce sourd entendait l'infini. Penché sur l'ombre, mystérieux voyant de la musique », etc.), mais aussi Platon ou Socrate. Hugo laisse la série ouverte : « L'auteur de Tout y ajoute un nom quand les besoins du progrès l'exigent. » Avec ce signalement, imagination, fécondité, « éternel *bifrons* », l'identité du quinzième génie laisse peu de doute.

---

2. Dans son projet de contrat du 6 décembre 1863, Hugo avait prévu le cas où il allégerait l'ouvrage d'un certain nombre de livres, dont notamment *l'Art et la Science*, pour en faire une préface séparée de ses œuvres sous le titre *Post-Scriptum de ma vie*. Il avait constitué un nouveau dossier : ce livre parut posthume en 1901, reconstitué par les soins de P. Meurice.

Dans le plan primitif, le livre III de la Ière Partie était occupé par Eschyle tout seul, le « prophète païen » dont Hugo possède la traduction Pierron de 1841. Il l'a interverti avec *l'Art et la Science,* qui distingue ces deux activités du cerveau humain pour prévenir une objection possible. La science reste dans le relatif, elle évolue, elle est « l'asymptote de la vérité ». L'art, quand il est grand, atteint l'absolu ; « les chefs-d'œuvre ont un niveau, le même pour tous, l'absolu », d'où le nom d'*Égaux* qu'il donne aux génies et que Chateaubriand, remarque R. Schwab, avait employé dans son *Essai sur la littérature anglaise* (1836), où il groupait autour de Shakespeare une « société d'illustres égaux ». Le dernier livre de cette partie, *les Ames,* est une addition et pose le problème de la nature du génie, « âme pénétrée d'un rayon de l'inconnu », dont il affirme encore que la souche n'est pas morte.

On voit que, dans ce livre de critique, le mouvement du génie hugolien entre 1856 et 1875 ne s'est pas démenti : c'est de la critique épique, océanique. Les fragments du *Reliquat* mériteraient une étude détaillée, notamment les trente pages de *Promontorium Somnii,* consacrées aux deux versants de l'art et du rêve (3). Dans une page du même dossier, Hugo attribue à Nodier le mérite de lui avoir révélé en 1825 Shakespeare dans sa grandeur. On trouverait encore, ici et là, des analogies avec l'*Essai sur les Types* et *le Pays du rêve,* du même auteur, si injustement négligé de nos jours, qui semblent indiquer que, dans cet hommage de sa vieillesse à sa jeunesse, Hugo n'a oublié aucun de ses premiers maîtres. Malgré les 5 000 exemplaires vendus presque aussitôt, ce qui était un succès pour ce genre de livre, l'accueil de la critique fut en général réservé ou hostile, moins cependant chez des ennemis avérés qu'on ne pouvait l'attendre d'un ouvrage aussi dogmatique. Mais Hugo avait besoin d'une approbation intégrale : « Je constate ma solitude », écrit-il à Vacquerie le 8 juin 1864. On commence seulement à reconnaître les richesses de ce livre étonnant.

Pour oublier ou confirmer cet isolement, Hugo se plonge décidément dans *les Travailleurs de la mer.* Il se met en juin à la rédaction, qu'il interrompt seulement pour son voyage d'été au Luxembourg, sur les bords du Rhin et en Belgique (mi-août à octobre), et reprend en décembre pour l'achever le 29 avril 1865. Entre temps, en janvier, François-Victor a eu la douleur de perdre sa fiancée Emily de Putron, et sa mère l'a emmené à Bruxelles où aura lieu en octobre le mariage de Charles avec Alice Lehaene. Victor Hugo les rejoint au début de juillet pour régler le contrat du roman et des *Chansons,* finir celles-ci et en corriger les épreuves, assister à la cérémonie. Au retour, la révision et divers projets l'accaparent : « Je suis donc, répond-il en janvier 1866 à sa femme, qui est toujours à Bruxelles avec ses fils, cloué là où est mon nid de travail. Car le penseur aussi a un atelier. » Le livre fut publié chez Lacroix, à la Librairie internationale, le 12 mars 1866. Il eut au moins autant de succès que *les Misérables* et parut en feuilleton dans *le Soleil.*

---

3. Voir les notes de l'éd. R. Journet et G. Robert, 1961.

Ce roman, écrit en sept mois, n'a pas connu les vicissitudes du précédent. Il n'en a pas non plus la grandeur, le fourmillement et le rayonnement. A l'exception du chapitre V du livre I (*le Revolver*), considérablement remanié et complété en décembre 1865, il a été composé
d'un seul jet. L'intrigue est simple, et les comparses, si importants
dans *les Misérables*, sont réduits au minimum. Un vieil armateur de
Guernesey, mess Lethierry, a perdu, par suite des agissements de son
associé sieur Clubin, son bateau à vapeur *la Durande*, échoué entre les
rochers des Douvres. Il lui reste sa fille Déruchette, qu'il promet à qui
rapatriera la précieuse machine (I). Un jeune pêcheur, farouche et de
mauvaise réputation, Gilliatt, tente l'épreuve et la gagne, à force de
ténacité et d'ingéniosité, contre toutes sortes de difficultés couronnées
par une tempête et le combat avec une pieuvre géante (II). A son
retour, Gilliatt renoncera à Déruchette, qui aime le pasteur Joë Ebenezer : il la mariera à celui-ci et choisira la mort par noyade, dont il a
jadis sauvé son rival (III).

Comme *les Misérables, les Travailleurs de la mer* ont d'abord eu
pour titre le nom du héros, *Gilliatt le malin*, c'est-à-dire le sorcier.
Le changement de titre, que Hugo fit à regret (« à tort », écrit-il),
avait pour but d'élargir l'épopée primitivement concentrée sur un individu à un groupement social, qui, à la vérité, n'est guère représenté
dans le roman et apparaît mieux dans les poèmes d'*Oceano nox* (1836)
et des *Pauvres gens* (1854 ; le héros de ce dernier poème est déjà
assimilé, pour son travail, à un « forçat »). Après l'épopée de la misère,
Hugo a voulu montrer, comme il l'explique dans un projet de préface
abandonné, que « le travail peut être épique ». Il l'a choisi sous sa
forme la plus noble, « l'effort de l'homme... contre l'élément », soit
ce qu'il appelle, en rapprochant ce roman de *Notre-Dame* et des *Misé-*
rables, la lutte contre « l'anankè des choses ». Cette lutte fait de l'œuvre, plus proprement qu'une épopée du travail, une épopée du héros.
Plus que J. Valjean encore, Gilliatt est un solitaire. D'origine peut-être
étrangère, il se tient à l'écart du peuple de Guernesey, qui se méfie de
lui. Sur le carnet de voyage de 1859, parmi les indications pour le
roman, Hugo répète après Rousseau le vers d'Ovide que le livre de
Janin (1858) lui a peut-être rappelé et dont il peut faire l'application
aussi bien à son héros qu'à lui-même :

Barbarus hic ego sum quia non intelligor illis.

Afin d'éprouver Gilliatt, Hugo a multiplié les obstacles dans le sauvetage de *la Durande*, qui occupe toute la IIe Partie (cf. note du *Reliquat*,
p.470) : froid, faim, soif, fièvre, vent, marée, tempête, pieuvre, voie
d'eau, sans parler des difficultés d'ordre technique. Ce n'est pas tout.
Comme J. Valjean, Gilliatt est un héros d'endurance qui devient un
héros d'abnégation, en se sacrifiant au bonheur d'une femme. Comme
lui, il éprouve que le martyre physique n'était rien au regard du martyre
moral. « Qu'est-ce que ceci : rentrer au bagne, demandait Valjean, à
côté de cela : entrer dans le néant ? » (*Immortale jecur*). Mais, si Gilliatt
a la force de consentir à son propre sacrifice, Hugo ne lui accorde pas
celle de le soutenir. Il fallait bien se défaire de Gilliatt, qui n'était pas

un vieillard épuisé. Gilliatt, héros païen, n'a pas Dieu jusqu'au bout avec lui, mais il a la nature. Elle lui donne une mort « élémentaire » : Gilliatt, installé sur la chaise du diable, attend que la marée montante lentement le submerge. Cette fin, qui émouvait Juliette Drouet, est une sorte de suicide passif qui prend l'aspect d'une mort *naturelle* et en est une dans toute la force du terme.

Peu après avoir reçu le volume, Michelet écrivit à Hugo : « L'auteur de *la Mer* vous remercie mille fois. – Il avait entrevu *l'épopée*, – vous avez fait le *drame*. » Il est vrai que, pour *les Travailleurs de la mer*, Hugo s'est inspiré de la formule dramatique qu'il avait inaugurée avec *Notre-Dame de Paris*. Si l'on fait abstraction de la partie descriptive qu'il a eu tendance à charger (4), il a visé à l'économie dans l'action et dans l'agencement des rôles, qui présentent plusieurs analogies avec ceux de *Notre-Dame* et des *Misérables*. Le schéma Quasimodo, Cl. Frollo, Phœbus, est simplifié en Gilliatt, Ebenezer. Ce « prêtre compliqué de passion », prêt à succomber au doute si son amour pour Déruchette ne triomphe pas, est Frollo croisé de Marius. Gilliatt a la sauvagerie taciturne de Quasimodo et, par misanthropie, partage son amour des choses, cloches ou barque : l'idylle muette au bag-pipe rappelle assez l'idylle au son des cloches ; il a aussi la générosité douloureuse de J. Valjean. Comme Valjean sauve Marius et Javert, et Quasimodo Claude Frollo, il a d'abord sauvé Ebenezer, devant lequel il s'efface. La Jacressarde est, à Saint-Malo, l'équivalent de la cour des Miracles ou du dédale du Petit-Picpus. Les comparses mineurs, utiles au déroulement de l'intrigue, sont des enfants, les « mômes », comme Hugo les nomme dans le *Théâtre en liberté*, ici les « déniquoiseaux » de Plainmont, et des bandits, Clubin, Rantaine, comme Thénardier et Montparnasse ou les truands du roi de Thunes.

Mais, pour reprendre le mot de Michelet, c'est bien l'épopée de la mer qu'à son tour Hugo a tentée, comme il a fait celle de la pierre dans *Notre-Dame* et celle du peuple dans *les Misérables*. Un des germes du roman, c'est la mort de Gilliatt, « mort terrible » de « l'homme glissé entre ces rochers... forcé d'attendre la marée qui vient remplir la crevasse », selon une note de son carnet de voyage, datée du 10 juin 1859. Hugo était allé à Serk « pour prendre les notes du roman futur » (à Charles, 14 mai) et ce carnet contient plusieurs ébauches préparatoires : description de l'escalade d'une falaise avec une « corde à nœuds armée de son grappin » (II,I,7), de la tempête qui s'amasse et éclate (II,III,7), croquis de la « maison visionnée » de Plainmont, peu après son retour (I,V,4) (5). Dès avant son départ, Hugo possédait l'idée de la pieuvre (note du 24 avril : « une pieuvre, *devil fish* »), que L. Séché fait remonter à l'aventure du grand-père Trébuchet et à un poème de Soumet qui s'en était peut-être inspiré. Une page datée du 8 juin montre cette esquisse du monstre : « hydre, yeux sanglants, suçoirs innombrables sous chaque patte (*sic*)... peau pustuleuse et vis-

4. Invoquant l'exemple de *Notre-Dame de Paris*, il pensait faire un volume d'introduction avec le livre préliminaire sur Guernesey, *l'Archipel*, et la 1ère Partie, exposition assez lente du sujet. Cette solution devait être ajournée jusqu'à l'édition de 1883, comme ce fut le cas, *sine die*, pour la préface des *Misérables*.

5. Voir *Un printemps à Serk*, dans *Victor Hugo à l'œuvre*, pp.103-131.

queuse — pas de gueule, les suçoirs la nourrissent — renversée sur le dos, c'est une étoile », etc. Ces notes et croquis ont servi en 1865 au poète, qui a mentionné sur le carnet leur utilisation. Le manuscrit du roman comporte trente-six dessins, qui sont moins des illustrations que des « maquettes », parfois corrigées et reprises (la position de *la Durande* entre les Douvres), destinées à préparer les descriptions. Comme à l'ordinaire, Hugo a complété cette documentation prise sur le vif par un bric-à-brac d'origine variée : coupures de journaux sur les pieuvres, l'encyclopédie de Lachâtre pour les noms de poissons et de plantes sous-marines, les livres de P. Meller et de Zurcher et Margollée sur les vents et les tempêtes, des histoires de Jersey et Guernesey, un glossaire du dialecte anglo-normand des îles, d'anciens dictionnaires de marine pour la terminologie de la navigation, de la charpenterie navale. En mélangeant ces termes techniques à son vocabulaire poétique, Hugo parvient à capter le rêve comme nulle part encore, sinon dans certains fragments de *la Fin de Satan*, et c'est aussi, avec le *Promontorium Somnii* inédit, le livre où, comme l'a remarqué H. Guillemin, il a consacré aux phénomènes du sommeil des observations justifiées par le caractère primitif et l'aptitude visionnaire de son héros. La description de son minutieux et titanique travail sur la machine de *la Durande*, celle des splendeurs sous-marines de la cave des Douvres, où règne cette « guenille » sinistre et fluorescente, la pieuvre, celle, enfin, du héros de la mer Gilliatt, devenu à son tour un monstre « hideux », velu, écorché, où se reconnaît avec enthousiasme mess Lethierry (III,II,1) : « C'est mon vrai gendre. Comme il s'est battu avec la mer ! il est tout en loques ! Quelles épaules ! Quelles pattes ! que tu es beau ! »), — ces trois ordres de description des choses, des êtres et des hommes font de ce roman, en effet, un immense poème épique de la mer, fondé sur l'animation et le combat de tout ce qui s'y rapporte. Cette apocalypse a aussi ses idylles : sans parler du cantique un peu mièvre d'Ebenezer et de Déruchette, telles pages sur l'enclos des Bravées, sur le printemps de l'île, sur la flore merveilleuse de la mer, sur la pudique idylle du marin avec la « poupée » complètent et éclaircissent cette composition préfigurée par une longue phrase rythmée de *William Shakespeare* (I,I,2) où le poète avait cherché à enfermer les terreurs et les grâces alternatives du « grand diaphragme vert ».

Conçu à Serk en mai-juin 1859, en même temps que *les Travailleurs de la mer*, le recueil des *Chansons des rues et des bois* est lié à ce roman comme la *Première Série* de *la Légende* aux *Misérables*. Hugo, on se le rappelle, avait écrit dans cette petite île une dizaine de pièces, et à Guernesey, pendant l'été, à peu près sept fois autant et le prologue, *le Cheval*. Dans l'été de 1865, en Belgique, il compose encore une vingtaine de chansons et l'épilogue, *Au cheval*. De ces deux ensembles, il garde pour le recueil à peu près les trois-quarts, soit, sur un total de 78 pièces, 44 de 1859 et 13 de 1865, si l'on s'en tient aux dates vérifiées. Hugo songeait à écarter quelques pièces (*Chelles*, p. ex.) plutôt qu'à en ajouter. Le classement, très vite, fut « à peu près définitif ». Il est artificiel et repose sur la même convention que celui

des *Contemplations. Autrefois*, c'est *Jeunesse* (livre I), et *Aujourd'hui,
Sagesse* (livre II) ; cette « jeunesse » est imaginée rétrospectivement à
travers une ardente maturité, et cette « sagesse » est épicurienne. Ces
deux parties sont encadrées par la mise de « Pégase au vert », *le Cheval*,
et son retour « aux pâles profondeurs » et à l'azur, à sa course prophétique, *Au cheval*, dont Hugo avait écrit une autre version dès 1859 sous
le titre *Rupture avec ce qui amoindrit*. Dans un article important de
la *Revue des Deux Mondes* (15 déc. 1865), le critique E. Montégut y
voyait, avec beaucoup d'ingéniosité, le développement des thèmes de
l'ode d'Horace *A Sestius*. Après une invocation libératrice à *Floréal*
(cf. *Châtiments*), le poète évoque en diverses sections les amours
d'une adolescence rêvée, qu'il fait suivre de pièces « pour Jeanne
seule » (sans doute Juliette, pour qui, dans *les Misérables*, il avait
rimé la chanson « Jeanne est née à Fougères... »), « pour d'autres »
et pour doña Rosita Rosa, la petite veuve de quinze ans qui vient
du Brésil et dont le modèle, non encore identifié, ne doit pas être
imaginaire. *Sagesse* réunit des chansons d'un ton plus varié, moins
exclusivement sensuel, en marge de la nature, de l'histoire et de la
politique, et même de Dieu. L'unité de ce recueil, composé en deux
étés, tient à l'air de vacances qu'on y respire et au léger quatrain d'octo-
syllabes ou d'heptasyllabes qui est dominant.

La fantaisie de ce nouveau recueil, dès sa publication en octobre
1865, a déconcerté la plupart des critiques. Les plus hostiles, Veuillot
et Barbey d'Aurevilly, y ont dénoncé, non sans raison, une veine fondamentale du génie hugolien, qui perçait dans *Châtiments* et apparaissait
dans les deux premiers livres des *Contemplations*. On blâma l'inspiration, mais on admira, presque unanimement, la virtuosité du poète
parvenu à la maîtrise de son art. L'édition fut un succès. Elle répondait
à la griserie superficielle d'une époque condamnée au silence, à la
mode légère du Second Empire qui vit triompher les opérettes d'Offen-
bach (*Orphée aux enfers*, 1858), *la Belle Hélène* de Meilhac et Halévy
(1864), où, comme dit Thibaudet, « les dieux de l'Olympe s'amusent »,
les poésies alertes de Gautier, de Daudet (*les Amoureuses*, 1858) et
surtout de Banville, qui, dans un article d'octobre 1864, fut l'intro-
ducteur bénévole des *Chansons*. Mais, si l'ambiance contemporaine
rend compte de l'opportunité que Victor Hugo, assez réticent d'abord,
vit à publier ces poèmes, elle ne suffit pas à expliquer ce jaillissement
impétueux, dont la source profonde doit être cherchée dans le tempérament du poète. Il y avait en lui un côté sensuel, jouisseur, apte à
saisir toutes les joies de la vie, qui se réveillait en voyage et dans la
liberté retrouvée. Depuis 1864, Hauteville House était désertée des
siens : Hugo n'en éprouva pas seulement de l'amertume ; « vers et
prose, écrit-il en juin, à Vacquerie, me pétillent par tous les pores,
je n'ai jamais été plus en train d'écrire qu'aujourd'hui ». Dans un
passage des *Misérables* (V,I,16), il avait évoqué ces « vivants qui, ayant
l'azur du ciel, disent : c'est assez ! » : dans cette famille d'esprits, il
citait Horace, Goethe, La Fontaine « magnifiques égoïstes de l'infini...,
auxquels le soleil cache le bûcher ». Chez lui, l'oubli était temporaire,
mais il était capable d'en jouir sans arrière-pensée. Certainement, il
se comptait parmi les génies qui « ont la réflexion double » :

« Shakespeare contient Gongora de même que Michel-Ange contient le Bernin. » Et plusieurs pages de *William Shakespeare* sont employées à développer et justifier cet équilibre artistique, dont le modèle est la nature, « rugissement et chanson ». Il est possible, enfin, que la disparition de Béranger en juillet 1857, deux ans avant le début des *Chansons,* ait encouragé le poète à briguer une succession souvent convoitée auprès de « ce peuple rabelaisien », qui, disait Lamartine dans son *Entretien* consacré au chansonnier, n'était « pas encore arrivé à son âge poétique dans ses couches profondes ». Hugo qui, en 1862, a touché le peuple par le roman, peut se flatter de trouver un langage poétique adapté aux besoins de ce public. Aussi a-t-il classé, à côté des *Misérables,* parmi ses livres « où naturalisme et socialisme sont mêlés », le projet de ce recueil où nous sommes tentés de ne voir que jeux des sens et de l'esprit. C'est la IIe Partie qui contient un acte de foi dans la religion de la nature, la joie des « oiseaux et enfants », et, notamment dans le livre III, *Liberté, égalité, fraternité* (variante sur épreuves : *Contre la guerre et pour la lutte*), des protestations politiques et sociales, parmi lesquelles le poème de *l'Ascension humaine* est un nouveau et précis manifeste de la croyance au progrès.

Ce calcul, si tant est que Hugo l'ait maintenu à l'exécution, était mauvais : les vers des *Châtiments* et des épopées napoléoniennes ont réussi à toucher le peuple, tandis que ce recueil l'a laissé indifférent. En revanche, il a séduit, par ses qualités poétiques, jusqu'à ses adversaires (Morny, p. ex.), et, depuis lors, il n'a guère été apprécié que des techniciens de la poésie légère, Verlaine, Apollinaire, Max Jacob et L.-P. Fargue. « Cet art inouï, reconnaissait déjà d'Aurevilly, si consommé qu'il est indépendant de ce qu'il exprime, ne peut guère être senti, du reste, que par les poètes, par ceux *qui sont du bâtiment,* comme dit l'excellente expression populaire. Mais pour ceux-là, c'est vraiment un plaisir divin... M. Victor Hugo est le génie de l'arabesque poétique. » Pour A. Joussain, auteur d'un essai sur *l'Esthétique de Victor Hugo*, le poète y atteint « le terme suprême de son art », dans la mesure où il se dégage de l'emprise visionnaire pour perfectionner encore le savoir-faire des *Ballades* et des *Orientales*. Hugo, de son côté, confiait à J. Claretie que c'était le livre où il était le plus lui-même. En effet, ce recueil était une libération de ses instincts par la joie, comme les *Châtiments* l'avaient été par la colère. D'un bout à l'autre, il est animé par un mouvement d'allégresse. On a l'impression que le poète a fait ces vers en jouant, sinon en se jouant. La spontanéité n'exclut pas le travail. C'est un jeu sur les rimes et la cadence, dont les brouillons des albums nous avertissent qu'il a été étudié. Plus que jamais, Hugo tire parti de la rime, mais le résultat n'est pas une somme de bouts-rimés : « c'est sur la rime, notait Gide, que s'exalte le génie verbal de Hugo... elle invite à l'aventure son imagination, donne à sa pensée la clef des champs infinis, et ses plus admirables embardées, c'est à la rime qu'elles sont dues, la plus imprévue, la meilleure. » Ce qui est vrai du sublime l'est *a fortiori* de la fantaisie, où la rime est reine et peut faire sortir de *bouc* « *chibouck* » ou *Babouc,* accouple *Webre* et *algèbre,* écrit *pore* pour *Singapore.* Hugo a cultivé avec bonheur et avec plaisir ces surprises de la rime, dont voici un échantillon :

> Et je donnerais la Castille
> Et ses plaines en amadou
> Pour deux yeux sous une mantille,
> Frais et venant on ne sait d'où.

Un tel éventaire de rimes suscite un univers poétique prodigieusement étendu dans l'espace et le temps, à la fois antique et moderne, cosmopolite et parisien, de Triptolème, Phryné et Amyntas, au parfumeur Botot, au banquier de Rothschild et au préfet Haussmann. Chaque strophe, par l'effet de tant de rimes sacrifiées, est dotée d'une vertu reproductrice : à la manière d'une cellule, elle se dédouble, et, de proche en proche, le poème s'ébauche, se fait et s'accroît assez arbitrairement, ainsi qu'il apparaît dans les brouillons d'albums.

Ce recours à toutes les dimensions du vocabulaire fait du *réalisme poétique* la caractéristique de ce recueil, « écrit beaucoup avec le rêve, un peu avec le souvenir ». Chose curieuse pour tant de poèmes esquissés en voyage — au milieu des prés et des bois, comme remarque Bellessort, beaucoup plus que des rues —, on n'y rencontre guère d'images identifiables de l'île de Serk ou des bords du Rhin. Ici et là, seulement, une « chose vue » saisie dans l'instant et notée sur l'album — « les grands socs qu'on traîne le soir », « des vaches qui passent le gué » (I,II,9) — coagule autour d'elle une strophe ou, avec un peu de chance, un poème entier comme *Saison des semailles — Le soir,* d'un lyrisme recueilli. Sur le Rhin, Hugo rêve de Romorantin, et, à Saint-Pierre-Port, d'un *Jour de fête aux environs de Paris*, charmant croquis de paysage où une rime incontrôlée fait surgir d'intempestives cigales. Peu importe : si les rimes ont la virtuosité des *Orientales*, la matière n'en présente pas le coloris pittoresque. Rien n'est plus différent, à cet égard, du brillant décoratif d'*Émaux et Camées* et du clinquant spirituel des *Odes funambulesques*. C'est une poésie de la réalité quotidienne, qui rejoint l'inspiration de 1830-1840 (le titre *Une alcôve au soleil levant* rappelle *Regard jeté dans une mansarde*) et distille parfois des impressions des *Voyages* et des *Choses vues*. Comme en un poème d'Apollinaire ou de Max Jacob, le notaire, le bedeau, le buveur, le gendarme, l'octroi et le 14 juillet s'y rencontrent avec bonhomie. L'antiquité est restituée d'une façon aussi familière autour d'un oignon cru, de cruches et de peaux de bêtes :

> Les femmes se laissaient charmer
> Par les gousses d'ail et l'eau claire.

Par un mouvement inverse, mais non contradictoire, grisettes et souillons incarnent les nymphes et divinités disparues :

> Si Babet a la gorge ronde,
> Babet égale Pholoé.

La mythologie, en s'inscrivant dans le décor de tous les jours, revit et donne à la réalité une promotion dans le rêve. Hugo l'avait noté dans une page de voyage de 1843 : « La nature nous rejette et nous redonne sans cesse, en les rajeunissant, les thèmes et les motifs innombrables sur lesquels l'imagination des hommes a construit toutes les vieilles poésies et toutes les vieilles mythologies. » Les deux mouvements se complètent pour pénétrer de poésie la vie moderne et rendre à la pastorale antique l'attrait piquant de la vie quotidienne. Dans *le Poète bat aux champs,* vrai prologue explicatif du recueil, Hugo s'explique claire-ment sur son intention de renouveler la pastorale :

> Fils, j'élève à la dignité
> De géorgiques les campagnes
> Quelconques où flambe l'été !
>
> Je nomme Vaugirard églogue ;
> J'installe Amyntas à Pantin..., etc.

On trouve en effet l'expression « bergerade biblique » dans le premier jet de *Senior est junior* (album, 1865). Il plaisait à Hugo de démontrer que, contrairement à ce qu'avait soutenu Lamartine, il n'était pas besoin d'être « à l'ombre des rochers de Sicile, comme Théocrite, ... ou des oliviers de l'Hymète, comme Anacréon » pour faire « soit des églogues pastorales, ... soit des odes négligées et badines ». Il n'avait manqué à Béranger que d'être Victor Hugo.

De fait, le poète des *Chansons* reste Victor Hugo, même dans la pastorale, par une nomenclature exhaustive de la banlieue parisienne (Triel, Chelles, Argenteuil, etc.), de l'églogue antique (Néère, Chloé, Phyllis, etc.) et de la pastorale ou de la comédie modernes (Estelle, Toinon, Javotte, etc.) ; il n'est pas de poète bucolique qui n'y ait sa mention. Dans les procédés, thèmes et motifs des *Chansons*, on recon-naît ceux qui étaient en germe dans les idylles des *Contemplations* : procédés de l'équivalence du réel au rêve mythologique, de la person-nification détaillée des animaux (oiseaux, surtout), végétaux et miné-raux, en accord avec les conceptions philosophiques et la fantaisie spontanée du poète ; thèmes de l'apparition de Galatée dans les arbres ou d'une servante à sa lucarne, des amours enfantines, des fêtes galantes (*Lettre* continue *la Fête chez Thérèse,* toutes deux bien connues de Verlaine), de l'amour parmi les insectes et les fleurs ; motifs, ou images de prédilection, d'une laveuse accroupie, d'un fichu entr'ouvert, d'un moineau babillard, d'un papillon volage, où Hugo se rencontrait, com-me souvent, avec Michelet (*l'Oiseau,* 1856 ; *l'Insecte,* 1857). Le tome III de notre étude sur *la Fantaisie de Victor Hugo* en offre un répertoire où se dessine, dans sa variété, la continuité de cette veine du génie hugolien, inséparable des autres, et seulement plus apparente dans *les Chansons*, où elle règne sans conteste. Cette unité de ton et de rythme ne rend pas le recueil monotone. Dans *Saison des semailles,* Hugo s'est plu à montrer les possibilités épiques de la strophe octo-syllabique (la strophe, et non le vers, est l'unité prosodique), qui élargit « jusqu'aux étoiles — le geste auguste du semeur », si souvent

admiré par le voyageur et peut-être rappelé par la célèbre composition
de Millet (Salon de 1850). *Jour de fête,* d'un autre côté, évoquerait
ces pochades des impressionnistes où les taches de couleur et le croquis
des formes mettent une note de gaîté (« Midi chauffe et sèche la mous-
se — Les champs... », etc.). Cependant, les vagues groupes mythologi-
ques, à la manière de Corot, d'*Orphée au bois du Caystre* sont le prétexte à une incantation symboliste sur des noms sinon sans rime, au
moins sans raison :

> Phtas, la sibylle thébaine,
> Voyait près de Phygalé
> Danser des formes d'ébène
> Sur l'horizon étoilé.

Dans l'ordre de la fantaisie, Hugo avait depuis 1838 accumulé
dans ses cartons des scènes et fragments de scènes, destinés à une
forme originale de sa veine théâtrale qui a pris pour nous le nom générique de *Théâtre en liberté* et dont le projet ne fut que partiellement
réalisé. Pour n'en pas disperser l'étude, nous serons obligé d'anticiper
sur les événements.

Peu de temps avant de se remettre aux *Chansons*, Hugo avait brossé
en une semaine l'acte en vers de *la Margrave* (18-24 juin 1865), plus
tard appelé *la Grand'mère*. Une fois *les Travailleurs* en cours d'impression, il bâtit un drame moderne en quatre actes et en prose, *Cinq cents*
(puis *Mille*) *francs de récompense*, entre le 5 février et le 29 mars 1866,
et, après la publication du roman, une comédie en un acte, encore
en prose, *l'Intervention* (7-14 mai). D'autre part, sur la couverture des
Travailleurs, il annonçait *Torquemada*, drame en cinq actes, *Margarita*,
comédie en un acte, et *la Grand'mère*, la seule pièce écrite à cette date.
Torquemada était en projet depuis 1859, et l'idée première de *Margarita*
(la fable du coq et de la perle) datait de 1848-1852. Le choc déterminant pourrait avoir été donné par la proposition du directeur de la
Porte-Saint-Martin, alors Marc Fournier, qui, mis au courant des travaux
du poète par Meurice, lui offrit en avril 1866 de monter le drame tenu
en réserve (*Mille francs de récompense*). La réponse ne tarda pas :
« Pour que le drame écrit par moi cet hiver pût être joué, il faudrait
des conditions de liberté refusées en France à tous, et à moi plus qu'à
personne... J'attends, et mon drame paraîtra le jour où la liberté revien-
dra. » C'est la clef du titre, presque un jeu de mots sur les deux libertés,
d'expression politique et artistique, au théâtre. « Le théâtre, note-t-il
pour un projet de préface attribué à cette époque, peut être libre de
deux façons, vis-à-vis le gouvernement, qui combat son indépendance
avec la censure, et vis-à-vis le public, qui combat son indépendance
avec le sifflet. Le sifflet peut avoir tort et avoir raison, la censure a
toujours tort. » Dans une note complémentaire, il envisage « de courtes
pièces », dont la plupart « sont jouables seulement à ce théâtre idéal
que tout homme a dans l'esprit ». Ébranlé par cette offre et toujours
soucieux de faire alterner ses publications, Victor Hugo, après avoir
fait paraître un roman et un volume de poésie, pouvait normalement

se tourner vers ce projet. Il y était encouragé par la reprise d'*Hernani* (mars 1867) et par son fils Charles, qui, songeant à « l'intérêt d'action » souvent négligé par son père, lui conseillait « un volume... renfermant deux drames et deux comédies » : « *Torquemada* sera certainement plus compris des masses que n'ont été *les Chansons des rues et des bois*. » Hugo, qui, au début de 1867, venait d'écrire *Mangeront-ils ?*, conçu en décembre 1865, en doutait. Il s'y décida pourtant, et, comme toujours, élargit le projet : « Le *Théâtre en liberté* sera publié par *séries*, — écrit-il à Lacroix en octobre. Chaque volume aura un titre spécial. La première série (un volume) sera intitulée *la Puissance des faibles* [thème développé dans *la Légende*] et contiendra quatre comédies, deux en vers et deux en prose, qui, à elles quatre, forment six actes. » Lesquelles ? Numériquement, *Mille francs* et *Torquemada* sont hors de compte. Restent probablement *la Grand'mère* et *Mangeront-ils ?* (peut-être encore considéré par Hugo comme un acte), soit trois actes en vers, plus *l'Intervention* : mais quel projet fournissait les deux ou trois actes manquants en prose ? Cependant, la rédaction d'un nouveau roman, *l'Homme qui rit*, entreprise dès 1866, absorbe Hugo pendant les deux années suivantes et relègue au second plan le projet de *Théâtre en liberté* jusqu'au début de 1869. Le besoin de détente lui rend alors son actualité : Hugo achève le 4 janvier *Margarita*, la première des *Deux trouvailles de Gallus*, ébauchée dès 1865, et la seconde, *Esca*, drame en deux actes, entre le 4 mars et le 3 avril. Entre temps, du 21 janvier au 24 février, il a fait *l'Épée* (autre titre : *Slagistri*), dont le pendant héroïque, *Welf, castellan d'Osbor*, est terminé le 22 juillet : « L'espèce d'écho que ces poèmes se renvoient, — note-t-il, envisageant de les placer respectivement à la fin et au début d'un même volume, — si on l'écoute attentivement, est un cri : *Liberté !* » *Torquemada*, de la même veine dramatique, est composé entre le 1er mai et le 21 juin. Enfin le *Prologue*, de juillet 1869, réclame le mélange de comédie, et de tragédie.

Lorsqu'en 1870 Hugo procède au reclassement de ses dossiers, il compte dans son *Théâtre en liberté*, qui aurait peut-être deux volumes, les manuscrits suivants : « 1. *La Grand'mère*, comédie. – 2. *L'Intervention*, comédie. – 3. *Mille francs de récompense*, drame. – 4. *L'Épée*, drame. – 5. *Welf, Castellan d'Osbor*. – 6. *Torquemada* [drame]. – 7. *Mangeront-ils ?* comédie. – 8. *Peut-être un frère de Gavroche*, comédie. » Soit quatre drames, quatre comédies. La dernière, peut-être un simple projet, est restée jusqu'à ce jour inédite. A la même date du 12 août 1870, le poète réserve *Gallus*, comédie et drame, pour en faire le livre dramatique des *Quatre Vents de l'Esprit*, recueil de poésie *intégrale* qui prend forme dans son esprit. *Welf* sera dissocié de *l'Épée* pour garnir la *Nouvelle Série* de *la Légende*. *Torquemada* sera publié séparément en 1882. La même force qui, quelque temps, a réuni ces actes et scènes, semble les avoir dispersés. Les deux pièces modernes, *Mille francs* et *l'Intervention*, publiées seulement en 1934 et 1951, sont restées à part du recueil que les éditeurs ont constitué, un an après la mort de Victor Hugo, avec les numéros 1, 4, 7, deux églogues, *la Forêt mouillée* (1854) et *Sur la lisière d'un bois* (1873), et divers fragments de la comédie inachevée des *Gueux,* considérablement augmentés dans le *Reliquat* de l'édition de l'Imprimerie Nationale. Il y faudrait ajouter encore les *Comédies injouables qui se jouent sans cesse*, recueillies dans *Toute la Lyre*, et les *Comédies cassées*, et tant d'autres ébauches publiées dans les tomes de *Ruy Blas* et du *Théâtre de jeunesse*.

Cette genèse embrouillée d'un *Théâtre en liberté* qui se fait et se défait à mesure est l'histoire d'un échec. Il paraît dû au fait que Hugo ne s'est pas résolu à opter entre les deux sens du titre. La véritable originalité de ce « théâtre idéal », nouveau « spectacle dans un fauteuil », se trouvait dans cette mine de comédies colorées, tendres ou picaresques, dont *la Grand'mère* et les fragments des *Gueux* offrent les meilleurs exemples. Mais lorsqu'il s'y arrêta tardivement, le poète ne semble pas avoir eu la force créatrice suffisante pour recoudre ces morceaux d'une éblouissante fantaisie en une composition cohérente et gratuite. Un théâtre idéal, soit, mais non un théâtre idéologique : or, Hugo ne s'est décidé à abandonner ni l'un ni l'autre. D'où un ensemble disparate, qui laisse voir l'effort de renouvellement et d'invention du recueil envisagé, mais qu'unit l'esprit de revendication, tantôt optimiste, tantôt pessimiste, qui a fait du proscrit de Guernesey, depuis 1862, l'avocat et presque le justicier des causes privées et nationales, de l'affaire Doise aux soulèvements européens. Du projet de 1870, seul significatif si l'on y adjoint *Gallus*, écartons *l'Épée*, qui, comme *Welf*, insère dans la veine des *Burgraves* les ressentiments et les proclamations du proscrit. Ce drame transpose dans les montagnes dalmates (c'est, en passant, la première œuvre de Hugo consacrée à la montagne) les mouvements d'indépendance qui se manifestent en Crète, en Irlande, en Sicile, etc., pendant ces années. Pour ceux qui prônent la réconciliation, Hugo montre le vieillard pacifique, Prêtre-Pierre, bafoué par le mensonge et la force, et donne raison à la farouche intransigeance de Slagistri, durci par « vingt ans de juste haine », dont son fils Albos prendra la suite. La coïncidence n'est évidemment pas fortuite. Cependant, par deux fois dans le drame, des chœurs de paysans et de jeunes filles répandent des fleurs et des chansons, par « un beau soleil d'automne », dans un paysage où la mer Adriatique se découpe au fond entre les sommets couverts de neige.

Ce dépaysement est commun à la plupart de ces pièces, qui, mis à part *Mille francs, l'Intervention* et le deuxième acte d'*Esca,* de décor parisien, se passent à l'étranger : *la Grand'mère* et *Margarita* en Allemagne au XVIIIe siècle, *Mangeront-ils ?* dans l'île de Man et *Torquemada* en Espagne au XVe siècle. Ce n'est pas tout. Si étranger qu'il paraisse à la tonalité fondamentale du *Théâtre en liberté*, ce petit drame, qui semble conduire au *Théâtre du peuple* de Romain Rolland, présente la clef du dossier : ce sont des scènes de *bannis* (les héros de premier rang, mais aussi des personnages secondaires comme le baron d'Holburg dans *Margarita* et le major Gédouard dans *Mille francs*), qui revendiquent les droits de l'amour et de la liberté contre les préjugés de la société et les intérêts de la politique. Sous des formes plus ou moins directes, Hugo peut y avoir transposé ses propres impulsions, et l'on y devine parfois une certaine mélancolie du déclin (Gallus), qui n'est pas étrangère aux réflexions que purent inspirer au poète ses plus récentes aventures.

Prenons *la Grand'mère*, qui, dans sa forme concise, représente l'aspect le plus achevé du *Théâtre en liberté*. Le héros, Charles, est un jeune noble banni, le propre fils de la margrave, chassé depuis dix ans parce qu'il est « philosophe » et qui, depuis lors, a ajouté à ce délit la disgrâce d'avoir fondé un foyer avec une jeune femme sans naissance et d'en avoir eu trois enfants, ce que la pétulante grand'mère appelle dans sa colère « faire des tas d'enfants dans les bois ». Cette sœur de M. Gillenormand cache sous ses préjugés et son amour-propre blessé un cœur qui se fondra de tendresse au spectacle de ses petits-enfants jouant dans l'herbe. « C'est puissant, les enfants ! » – puissance des faibles –, elle pardonnera. La comédie est alerte. Avec *la Fête chez Thérèse*, c'est la plus gracieuse fantaisie que Hugo nous ait donnée, de saillies délicieuses et imprévues. L'esprit de mots y fuse. Le caractère de la margrave, autoritaire et impulsif, est très animé.

Les types et les rapports de personnages de cette comédie se répètent à peu près ailleurs. Au confident immoral, Herr Groot, craignant sa maîtresse et peu fâché de la voir dupe, répondent mess Tityrus, dans *Mangeront-ils ?*, Gunich dans *Gallus* et le marquis de Fuentel dans *Torquemada*. Les couples d'amoureux bannis, Lady Janet et Lord Slada, George et Nella dans *Margarita*, don Sanche et doña Rose sont en butte aux pièges du roi de Man, du duc Gallus et du roi Ferdinand, sans cesser de répandre imperturbablement la joie et le printemps autour d'eux, fût-ce dans le sombre drame de l'Inquisition, où saint François apporte la note naïve et fraîche des *Fioretti*. Partout, enfin, un *deus ex machina*, bon diable comme Aïrolo, rival puis beau joueur comme Gallus, protecteur mais bourreau comme Torquemada. Les deux premières idylles triomphent, la dernière tourne court au drame : il y a de l'*Hernani*, du *Ruy Blas*, dans *Torquemada*. Autre idylle malheureuse, *Esca*, la deuxième « trouvaille » de Gallus, nous montre le duc, qui joue l'amant blasé, pris à son propre piège : Zabeth, alias Lison, se tue. Ce sont « les Caprices de Gallus », le drame d'un Octave vieilli et la pièce la plus proche de Musset. *Mangeront-ils ?*, aussi inénarrable que *Torquemada*, sent davantage la manière propre de Hugo. Le seul rapprochement possible serait avec Nodier, dont *le Roi de Bohême* offre la même fantaisie gratuite, plus fine et plus pure toutefois, et dont *la Fée aux miettes* a aussi l'île de Man pour décor. Aïrolo, gueux au nom de village suisse, le bouffon roi de Man et Zineb, la sorcière mourante au nom oriental, composent, autour d'une table tentatrice pour les deux amants affamés, un drame burlesque, véritable pitrerie laborieuse, évocatrice d'Alfred Jarry. On y trouve de tout, idylle au printemps, verve débridée de don César, couplets de la « Bouche d'ombre » placés dans celle de la sorcière, thème du « voleur à un roi » (*Légende, Dernière Série*). Cette comédie baroque offre le seul exemple de ce qu'auraient pu donner les rhapsodies des gueux. Il est permis de penser que leurs couplets brillants s'accommodent mieux de la présentation décousue des *Comédies injouables* et autres *Comédies cassées* : là est, finalement, l'obstacle technique qui a dû arrêter Hugo. Son invention verbale se déchaîne sous le masque de ces étranges vauriens, aux noms inouïs, Aïrolo, Maglia, Vaugirard, Gavoula-goule, Maravédis, don Félibio, etc., dont on ne voit pas d'antécédents dans notre littérature. Ils constituent une collection de noms sans personnages, de personnages sans rôles, de couplets sans emploi, à laquelle le Hugo des voyages a fourni une contribution que le poète a cherché en vain à ranimer et à coordonner de 1868 à 1872. *L'Homme qui rit*, roman baroque, y tient de fort près.

Les deux pièces à intention sociale, *Mille francs* et *l'Intervention*, s'apparentent plutôt aux *Misérables*. Ce drame et cette comédie consti-tuent un effort manqué, mais un des plus singuliers de ceux par lesquels Hugo tenta de se renouveler aux derniers temps de sa vie littéraire. Elles sont parisiennes, modernes, contemporaines même, malgré la mention prudente « à Paris, hiver 182.. » de *Mille francs*. Drame d'hiver et comédie d'été. Dans ce drame, estime M. Levaillant en conclusion d'une étude des *Mélanges Mornet*, « Victor Hugo apparaît comme un précurseur d'Henry Becque ». A ce compte, on pourrait risquer que, dans *l'Intervention*, il anticipe Anouilh en créant des personnages com-me le baron de Gerpivrac, ce gandin fantoche, Mademoiselle Eurydice, rouée et bonne camarade, et ce couple naïf d'ouvriers-artistes, les Gombert, qui essaient de défendre leur commun amour de la misère. Cette curieuse comédie d'une tentation, retenue à la fin par les pauvres défroques de l'enfant perdue (allusion évidente), pourrait, à première lecture, passer pour une niaiserie de patronage, n'était l'atmosphère de couture, de champs de courses et de coulisses du demi-monde dont la fantaisie du poète l'a pimentée. On l'y voit se pencher sur les points de dentelle, les cotes de la Bourse et les paris de Chantilly avec le sérieux d'un Mallarmé et le même intérêt documentaire qu'il a mis à l'étude de la fabrication du jais noir pour *les Misérables*. C'est l'esprit des quelques pages de son introduction à *Paris-Guide*, écrite en décembre 1866, contribution de l'exilé – ô ironie ! – à l'Exposition Universelle de 1867.

L'air négligé du *Théâtre en liberté* ne doit pas d'ailleurs nous donner à penser que Hugo s'y est jeté rêveusement. Tout comme il s'est servi de l'*Histoire de l'Inquisition* de Llorente et de l'*Essai sur les mœurs* de Voltaire pour *Torquemada*, il y a de-ci de-là des sources d'informa-tion à retrouver. *Mille francs* compose un monde de banque, d'agents d'affaires, d'huissiers, de tripot, de bal musette et de quais de la Seine tout à fait curieux, au moins dans les deux premiers actes. L'agence-ment du décor en trois compartiments, d'une mise en scène toute mo-derne, a été soigneusement mis au point et dessiné par Hugo. Le mono-logue de Glapieu (I,1) se souvient de ceux de Figaro (le Reliquat de *Littérature et Philosophie mêlées* nous montre que Hugo a étudié et aimé Beaumarchais : Gallus est un Almaviva). Ce gueux chargé d'orga-niser l'intrigue, qui annonce Aïrolo et rappelle don César-Zafari, ajoute à Figaro la gouaille de Gavroche et le cœur de Valjean. Dans la pièce, drame d'une saisie et comédie d'une escroquerie généreuse, il parvient, contre l'agent d'affaires lubrique et malhonnête (nouveau Varney), à réaliser *in extremis* le bonheur des jeunes gens, Edgar et Cyprienne (Edgar est un employé de banque et sa Cosette se révèle la fille naturelle d'un « M. Madeleine » banquier). Écœuré de voir l'estime toujours donnée à contretemps, Glapieu se dénonce, comme Valjean, au tribunal. « La vérité finit toujours par être inconnue », conclut-il sans s'embarrasser d'expliquer davantage la bonne action, le bon tour aussi, de sa vie de petite vertu : « Je sers dans les irréguliers », a-t-il prévenu, et il est, à sa manière, un de ces « originaux » de la charité qui jalonnent l'œuvre de Victor Hugo. Ces deux pièces prennent la défense du droit des pauvres au bonheur et à l'amour. Mais la préoccupation de la condition sociale, visible dans *Ruy Blas* et dans *les Misérables*, y est encore plus manifeste que dans le reste du *Théâtre en liberté*. « Je ne publierai pas ce drame, — répondait Hugo à ses amis. Je l'ai fait pour me délivrer de l'obsession d'une idée. »

Ainsi, tout ce *Théâtre en liberté* s'efforce d'instituer le triomphe du bien sur le mal qui s'attache à la misère et de montrer la « puissance des faibles », mais par des voies irrégulières dont la légitimation (évangélisation du code) est toujours en question. Ce mélange de misère et de vie brillante, de grotesques et de bons sentiments ajoute une note particulière au théâtre de Hugo et démasque rétrospectivement les drames de 1830-1840. Alors, Didier et Gennaro sortent de l'assistance publique, Hernani et don César se retrouvent bandits, Ruy Blas et Triboulet valets, sans oublier l'humble couple amoureux de Gilbert l'ouvrier et de Jane l'orpheline dans *Marie Tudor*. Hugo, maître des jeux providentiels, les touchait de sa baguette pour en faire des princes et des ministres, comme encore don Sanche dans *Torquemada* : c'était en général pour leur malheur. Il hésite à abuser aujourd'hui de ces métamorphoses superflues et confie le salut de ses héros à une bouffonnerie du hasard : le pessimisme latent de toute cette veine dramatique n'était et ne reste caché que par un optimisme de principe et la truculence de quelques personnages.

Cependant qu'il écrivait ces gueuseries espagnoles et ces contes de fées ourdis par des truands, Hugo s'était mis, peu après la publication des *Travailleurs de la mer*, à un nouveau roman consacré à l'Angleterre, dont, depuis 1862, son œuvre n'avait guère quitté l'atmosphère. Après avoir envisagé divers titres provisoires, *Lord Clancharlie, Par ordre du roi, Gwynplaine*, il se fixe à *l'Homme qui rit*. Il l'avait commencé le 21 juillet 1866 à Bruxelles et en écrivit « la plus grande partie à Guernesey ». La IIe Partie, sensiblement plus longue que la Ière, achevée à son retour, fut composée entre le 1er mai 1867 et le 23 août 1868, avec une interruption de près de cinq mois correspondant largement à son voyage de l'été 1867 en Belgique et en Hollande. A mesure que la rédaction avançait, une nouvelle trilogie se dessinait dans son esprit, qui ne pouvait s'empêcher de composer des ensembles avec ses œuvres. Trilogie politique, qu'il opposait à celle des trois *Anankè : l'Aristocratie* (son présent roman), *la Monarchie, la Révolution (Quatrevingt-treize,* une fois de plus remis). Hugo commentait lui-même avec humour cette traite sur l'avenir : « Un octogénaire plantait. » Il se vieillissait ; mais le second roman ne fut pas réalisé. « Si l'on demande à l'auteur de ce livre, notait-il en mars 1868 pour un projet de préface abandonné, pourquoi il a écrit *l'Homme qui rit,* il répondra que, philosophe, il a voulu affirmer l'âme et la conscience, qu'historien, il a voulu révéler des faits monarchiques peu connus et renseigner la démocratie, et que, poète, il a voulu faire un drame. » Cette analyse du sujet, qui rappelle celles de *Notre-Dame* et de *Ruy Blas*, est commode, mais trompeuse.

Dans une lettre adressée à Lacroix en décembre 1868, Hugo distingue définitivement ses œuvres, et celle-ci en particulier, du prétexte historique dont la mode romantique l'a fait abuser : « ... je n'ai jamais fait de drame historique ni de roman historique... Ma manière est de peindre des choses vraies par des personnages d'invention. » Ce jugement *a posteriori* est intéressant. Hugo, comme on l'a vu pour *la Légende des Siècles*, n'a demandé et ne demande encore à l'histoire qu'un décor pour ses personnages et un exemple pour ses idées. Mais, comme Balzac, il est très soucieux de lester par une partie documentaire ses créations idéologiques. P. Berret a cité quelques-uns des ouvrages utilisés, dont certains figurent encore dans la bibliothèque de Hauteville House : histoires d'Angleterre par Chamberlayne, Fox, Ledru-Rollin, A. Pichot, études de politique anglaise par son ami Esquiros, petits livres curieux, récoltés chez les brocanteurs, comme un almanach de 1761, où il trouve une collection de noms de pairs, une histoire des *Gypsies* (bohémiens), où il puise les renseignements de circonstance.

Mais le sujet, qui ne s'apparente qu'aux créations de Dickens (*David Copperfield* est de 1850, mais la traduction des œuvres du romancier anglais possédée par Hugo est seulement de 1877-1880), est familier à Hugo et s'obtient par la combinaison de ses schémas dramatiques. Gwynplaine, enfant mutilé « par ordre du roi », est recueilli, une nuit de janvier 1690, en même temps qu'une jeune aveugle abandonnée, Dea, par un bateleur solitaire, Ursus, qui préfère la compagnie de son loup, Homo, à celle des hommes. Les deux malheureux enfants grandissent en s'aimant dans la vie errante qu'ils mènent avec leur père adoptif à travers l'Angleterre. Reconnu pour le fils d'un noble proscrit à cause de sa fidélité républicaine, le nouveau Lord Clancharlie est jeté, vers 1705, en face d'une beauté diabolique, la duchesse Josiane, et d'une assemblée des pairs, qu'il cherche à émouvoir en faveur des misérables. Découragé par la dureté de la société aristocratique, il revient sur le bateau qui emporte Ursus et Dea bannis, à temps pour rejoindre celle-ci dans la mort.

On reconnaît en effet ce thème d'imagination idéologique : Gwynplaine et la duchesse Josiane, c'est Triboulet et Lucrèce Borgia, le double croisement de l'âme avec la laideur et du vice avec la beauté. On a déjà fait remarquer que Triboulet, bouffon de cour, est un chaînon indispensable entre le monstre Quasimodo et le héros Gwynplaine. En ce dernier, le monstre et le héros coïncident. Mais, à la différence de Quasimodo, et comme Triboulet, Gwynplaine est une victime de la société : c'est elle qui lui a imposé sa difformité. Élevé pauvre et devenu, du jour au lendemain, puissant, il se fait l'avocat de ses frères de misère, comme J. Valjean ; comme lui encore, il a sa « tempête sous un crâne » à Corleone-Lodge. Il échoue. La noble assemblée trouve à son réquisitoire contre la société un air farce : Hugo a condensé dans les ricanements des lords l'amertume que lui ont laissée les séances de 1849-1850. Ce n'est pas là tout ce qu'il a mis de lui-même. H. Guillemin y devine une transposition du drame amoureux qui a séparé Victor d'Adèle. *L'Homme qui rit* est le roman d'une tentation morale et d'un échec social qui aboutissent au suicide du héros et à la mort de sa compagne. C'est probablement l'œuvre la plus pessimiste de Victor Hugo. Cela tient sans doute à l'époque dans laquelle il situe un sujet qu'il avait à cœur et aux circonstances dans lesquelles il l'a traité : les deuils s'accumulaient autour de lui. Après quinze ans d'exil, le thème du proscrit, que nous avons vu se répandre dans *les Travailleurs de la mer* et jusque dans *le Théâtre en liberté*, est devenu une obsession. *L'Homme qui rit* est le drame d'un banni (de la société), fils de banni (volontaire), recueilli par un solitaire qui sera à son tour banni. Hugo le nourrit de son expérience désabusée : « D'ailleurs, un homme qui reste en exil, c'est ridicule. – Il y est mort. – Un ambitieux déçu. » (II,VIII,5). Supporté par le pouvoir d'amplification idéale de son auteur, Gwynplaine atteint la valeur d'un symbole apostolique. Ce clown douloureux est un martyr, *saint Gwynplaine*, écrit sans rire Hugo. Et Dea est une vierge et martyre. Sous le masque d'une joie figée et le voile de la cécité, ils incarnent la misère du peuple crucifié. L'histoire ouvre sur un gibet et finit dans l'eau glauque :

> Je suis la misère, s'écrie solennellement Gwynplaine devant les pairs. Je suis un symbole... Je représente l'humanité telle que ses maîtres l'ont faite. L'homme est un *mutilé*. Ce qu'on m'a fait, on l'a fait au genre humain. On lui a déformé le droit, la justice, la vérité, la raison, l'intelligence, comme à moi les yeux, les narines et les oreilles ; comme à moi, on lui a mis au cœur un cloaque de colère et de douleur, et sur la face un masque de contentement.

Ce symbolisme monstrueux déplut au public, orienté vers les horreurs modestes du roman naturaliste. Hugo s'en rendait compte : « Il est certain, notait-il, qu'un écart s'est fait entre mes contemporains et moi. » Et il reconnaissait ses torts : « J'ai voulu abuser du roman, j'ai voulu en faire une épopée. » C'est pour la même raison que cette œuvre, la plus étrange que l'imagination du poète ait conçue, nous intéresse aujourd'hui. C'est, par sa bizarrerie même, l'œuvre la plus perméable de Victor Hugo à la psychanalyse, et Ch. Baudouin y recourt constamment pour étudier « les complexes de mutilation et de destruction ». Du même ordre est la peinture de l'amour vicieux de Josiane pour le visage monstrueux de Gwynplaine, dont l'audace dépasse celle de la passion de l'ascète Frollo pour la bohémienne, en 1830. Pareillement remarquable est cette onomastique invertie, qui donne au sage un nom d'animal, celui d'homme à son animal et de déesse à la jeune aveugle : elle présente des analogies avec celle du *Théâtre en liberté,* et l'on retrouve dans ce roman la disposition antithétique du bon et du méchant gueux, Ursus et Barkilphedro, comme dans *Mille francs* Glapieu et Rousseline. M. Raymond, de son côté, souligne l'aspect *baroque*, auquel nous sommes plus sensibles. Ce mélange de l'Espagne (les souvenirs du séjour de 1843 affluent dans le roman), de la mer et de Londres, des pendus goudronnés et des caves de torture, des comprachicos, des saltimbanques de la Green-Box et du ring de boxeurs fait de cette œuvre un condensé de tout ce que l'imagination de Victor Hugo a d'exactement pittoresque et d'extravagant. Le style même a quelque chose d'orné et d'abrupt à la fois : il passe des phrases à volutes et à déroulement complexe aux entassements de sentences substantivées, où foisonnent les mots abstraits (ex. II,V,5) ; alors, il se fait haché, saute à la ligne en séquences proclamatoires, puis, soudain, se ramasse en blocs compacts de descriptions. L'humour, remarqué avec raison par P. Audiat dans *les Travailleurs de la mer*, pointe çà et là, volontiers macabre ou cinglant, et nous rappelle que nous sommes dans une baraque de clowns. Cette espagnolade à l'anglaise se caractérise par une sorte de luxuriance glacée, qui déconcerte. C'est en 1868 que Th. Gautier propose du génie hugolien une image arborescente, où *l'Homme qui rit* trouve assurément sa place : « Son énorme tronc rugueux, écrit-il, porte en tous sens, avec des coudes bizarres, des branches grosses comme des arbres ; ses racines profondes boivent la sève au cœur de la terre, sa tête touche presque le ciel » (6).

Ce géant n'a pas fini de nous étonner. Mais, en « cette douloureuse treizième année », comme l'appelle Juliette Drouet, de l'exil à Guernesey, il a reçu plusieurs coups, qui l'ont vieilli. C'est d'abord, en avril 1868, la mort, après un an d'existence, du premier enfant de Charles, Georges, dont le nom est redonné à l'enfant qui naît le 16 août. Peu de jours après, le 27, meurt à Bruxelles la femme du poète, atteinte d'une congestion cérébrale. Son chagrin est immense. A Hauteville House, il se retrouve plus solitaire que jamais, puisant sa consolation dans le travail, la compagnie de Juliette, qui a doucement repoussé son offre de mariage, et la vue de sa petite-fille, Jeanne, née le 29 septembre 1869, dont il raffole. Ce même mois, convié au Congrès de la Paix à Lausanne, Hugo revoit après trente ans le paysage inoublié : « Peu changé. Moi, je le suis », note-t-il mélancoliquement. Entre temps, il a préparé la publication du roman, dont la fin se ressent peut-être de ces épreuves et qui paraît en avril-mai, s'est remis au théâtre avec *l'Épée* et *Torquemada*, et, un peu à contre-cœur, s'est rapproché de la politique active : la fondation à Paris par ses fils et ses amis du journal *le Rappel* (mai 1869), divers discours recueillis dans *Actes et Paroles* (Espagne, États-Unis) sont le prélude à sa rentrée, que les événements de l'été de 1870 vont précipiter. Le 14 juillet, Hugo plantait à Guernesey le « chêne des États-Unis d'Europe ». Cinq jours après, la France déclarait la guerre à la Prusse. Un mois plus tard, il était à Bruxelles, prêt au retour. Du 31 août, il datait les stances émouvantes et patriotiques du poème *Au moment de rentrer en France,* qui s'ajoutera à l'édition des *Châtiments*, publiée à Paris en octobre. Capitulation de Sedan, le 2 septembre, la République proclamée le 4 : Hugo prit le train pour Paris.

6. Voir A. Ubersfeld, dans *Revue d'Histoire littéraire*, jan. 1984, qui rapporte le titre du drame joué, *Chaos vaincu*, au fragment d'un vers d'*Hercule sur l'Oeta*, tragédie de Sénèque : *Chaos victus est.* Elle voit aussi dans *rursus* (de nouveau), répété non loin, l'origine du nom d'*Ursus* ? — Lire aussi L. Cellier, *Chaos vaincu, V. Hugo et le roman initiatique* à la fin de l'*Hommage à V. Hugo*, Bulletin de la Faculté des Lettres de Strasbourg, janv. 1962 et G. Robert, *Chaos vaincu*, Belles Lettres, 1976, t.I, p.111-113, ainsi que ma *Fantaisie de V. Hugo*, t.II, p.409-423.

Cette date décisive de sa biographie, la fin de l'exil, n'en est pas une, à proprement parler, pour sa création littéraire, dont l'élan se poursuit jusqu'en 1875. Le roman de *Quatrevingt-treize,* conçu en exil et réalisé par la suite, fait le lien. Plusieurs poèmes de l'année 1870 prendront place dans des recueils posthumes, *les Années Funestes* et *Toute la Lyre.* Hugo a travaillé également à *Religions et Religion,* poème projeté plus de dix ans auparavant et achevé dix ans plus tard. Tous ces inédits, définitifs ou ébauchés, sont enfermés dans la fameuse malle de Guernesey, avant de partir pour la Belgique. Ce dépôt marque tout de même une coupure.

QUATRIEME PARTIE

SURVIVANT

CHAPITRE XI

L'ARBITRE
Epopées d'aujourd'hui et d'hier
(1870-1877)

> Mais il faut bien quelqu'un qui soit pour les étoiles !
> *L'Année Terrible, Juillet.*

Le lendemain de la proclamation de la République, le 5 septembre 1870, Victor Hugo, fidèle à sa parole, fait sa rentrée à Paris, au milieu de l'enthousiasme populaire. Tout le long du trajet, le spectacle de la déroute l'a ému jusqu'aux larmes. Il appréhende le pire, un honteux compromis : « Si le peuple ne bouge pas, je rentrerai en exil », écrit-il, adoptant l'attitude de Slagistri, son proscrit de *l'Épée*. De fait, l'exil lui reste une position de repli ; et Juliette regrette « notre cher petit paradis perdu ». Hugo refuse de prendre part au gouvernement, désirant se mettre au-dessus des partis, mais non hors du danger. P. Meurice lui a loué un appartement près de lui, 26, rue de Laval (aujourd'hui 5, avenue Frochot), mais, bientôt, le poète se tient à l'Hôtel de Rohan, rue de Rivoli, où Charles est descendu avec les siens. C'est là qu'il reçoit, au milieu des privations du siège, les princes, les poètes, les amis et les hommes politiques français et étrangers. Il a soixante-huit ans : ceux qui le revoient après dix-neuf ans d'exil le trouvent « bien conservé » ; mais les dernières années l'ont vieilli intérieurement.

Celles qui viennent sont les plus mouvementées qu'il ait encore traversées. De ces « jours tragiques revenus », on peut reconstituer l'histoire à l'aide de divers documents : fragments de journal intime publiés dans l'historique de *l'Année Terrible*, notes datées de *Choses vues*, pages du séjour au Luxembourg recueillies dans le tome II d'*En voyage* et discours d'*Actes et Paroles*. C'est la période de sa vie où il est à la fois le plus populaire et le plus discuté. Son nom sert de réclame aux commerçants (encre, machines à coudre, magasin de mercerie) et de drapeau aux assiégés (canon, ballon, une partie débaptisée du boulevard Haussmann). Les poètes viennent l'écouter, les hommes d'État le consulter. Mais il était moins seul en exil qu'entouré de ces visiteurs. Entre le gouvernement provisoire et le groupe extrémiste, où il compte respectivement des amis, sa position d'arbitre le rend progressivement suspect aux deux partis, et il l'est resté aux conservateurs. Le siège suspendu par l'armistice du 28 janvier 1871, Hugo est élu député de

Paris à la nouvelle Assemblée Nationale, second de liste après Louis Blanc. A Bordeaux, où il est arrivé le 14 février, il retrouve les déceptions des séances de 1849-1850 et les mêmes adversaires. Il refuse de s'associer à la reconnaissance de la défaite et à la conclusion du traité de paix. L'annulation de l'élection de Garibaldi lui est un prétexte, moins d'un mois plus tard, pour donner sa démission. Le 13 mars, la mort brutale de son fils Charles, le plus nonchalant et peut-être le plus cher, lui fait brûler Paris, où il se disposait à rentrer, et rejoindre Bruxelles, pour régler la succession. Se tenant plus que jamais responsable de la sécurité de ses petits-enfants, il assiste de loin au drame de la Commune, dont il réprouve les excès (avril), puis blâme la répression (mai). Il proteste alors contre « le déni d'asile du gouvernement belge aux vaincus de la Commune », se fait expulser lui-même du pays et se réfugie au Luxembourg, à Vianden, vieille ville qu'il avait aimée en 1863, 1865 et 1870, et à Mondorf, où il suit un traitement. Une halte de quatre mois (1er juin-25 septembre) lui permet d'achever là le poème commencé, *Paris assiégé,* et d'en faire, en y incluant les récents événements, *l'Année Terrible*, qui paraîtra en avril 1872 chez Michel Lévy.

Deux échecs, d'ailleurs attendus, aux élections l'écartent de la politique active (juillet 1871 - janvier 1872). De retour à Paris, en septembre, il a sous-loué un appartement 66, rue de la Rochefoucauld, mais il est plus souvent chez Juliette, 55, rue Pigalle, et s'y installe peut-être au début de 1872. Toujours « l'homme des vieilles amitiés », comme il dit, il intervient en faveur des membres de la Commune, se promène dans Paris en constatant avec mélancolie la disparition de la plupart des lieux où il a vécu. De nombreux coups l'attendent : en février 1872, Adèle rentre enfin, pour être internée. Encouragé par Juliette dans son désir de retrouver la paix de Hauteville House, Hugo part le 7 août 1872 pour Guernesey : « Car, allons, il faut bien que je le dise, décidément, j'aime l'exil ». Il a de sombres pressentiments :

> Le lion pour mourir se cache dans son antre.

Mais, en octobre, la mort de Gautier les devance. Il y consacre de grands vers :

> Je vois mon profond soir vaguement s'étoiler.

C'est le dernier fidèle des temps héroïques qui disparaît. « Gautier mort, note Hugo, je suis le seul survivant de ceux qu'on a appelés *les hommes de 1830.* » Il s'en distrait pourtant, si grande est sa vitalité, avec Blanche, la nouvelle cameriste de Juliette (*Alba*, dans ses poèmes) et avec la rédaction de *Quatrevingt-treize,* qui l'absorbe près d'un an, jusqu'au 31 juillet 1873. A cette date, sur la piste de Blanche, il retourne à Paris : Juliette constate avec dépit que la « chasse fantastique » n'est pas terminée. En effet, le travail et l'amour semblent seuls capables de le retenir au bord de l'abîme. La fin de l'année lui porte un dernier coup, le plus dur : la mort de François-Victor (26 déc.), auprès duquel il s'était installé, à la villa Montmorency. « Encore une fracture, note-t-il, et une fracture suprême dans ma vie. Je n'ai plus devant moi que Georges et Jeanne. » Sa superstition, alarmée depuis longtemps, s'en accroît.

En février 1874 paraît *Quatrevingt-treize*, et, le 29 avril, Hugo « quitte le 55 de la rue Pigalle pour le 21 de la rue de Clichy », non loin de la maison où il avait habité enfant. Là, il écrit sa plaquette d'hommage, *Mes Fils* (oct. 1874) : « Un jour, bientôt peut-être, l'heure qui a sonné pour les fils sonnera pour le père. La journée du travailleur sera finie... Il sera ce quelqu'un d'inconnu qu'on appelle un mort... Ce qui semble la sortie est pour lui l'entrée... Ainsi s'en ira le travailleur chargé d'années. » C'est là aussi que, réuni avec ses petits-enfants, il achève d'écrire les poèmes du *Grand-Père* (premier titre du recueil) qu'ils lui ont inspirés à travers tant d'épreuves et qui paraîtront en mai 1877, après la *Nouvelle Série* de *la Légende des Siècles* (février) et les trois tomes d'*Actes et Paroles* (mai et nov. 1875, juillet 1876), dont le dernier allait « jusqu'à l'entrée au Sénat » (janvier 1876). Ainsi, le « travailleur chargé d'années » faisait encore la preuve de son indomptable résistance aux forces de destruction, en ajoutant à l'œuvre de l'exil ce prolongement de trois créations authentiquement postérieures à 1870.

L'Année Terrible, dont une partie a été écrite au cours des événements et l'autre pendant le séjour de l'été 1871 au Luxembourg, unit la satire à l'épopée. Le 14 décembre 1870, Hugo note, non sans rapport, qu'il feuillette *les Désastres de la guerre* de Goya. Né de la colère contre l'empire et de l'indignation contre l'ennemi, ce recueil s'apparente aux *Châtiments* par les exhortations à l'héroïsme et l'évocation des misères nationales. Mais sa marque originale dans l'œuvre du poète vient de ce qu'elle est moins une poussée unilatérale de la passion que le fruit de ses déchirements intérieurs.

Au début, partagé entre la satisfaction de voir l'empire défait et la douleur de retrouver son pays envahi, Hugo surmonte vite ce premier désarroi et se donne au combat. Mais, il souffre encore de se trouver divisé entre son patriotisme et son vieil amour romantique de l'Allemagne (*Choix entre les deux nations*). C'est à la lettre qu'il faut prendre le vers de défi, où il fait allusion à cette origine germanique qu'il s'est plu à caresser :

> Je ne sais plus mon nom, je m'appelle Patrie !

Il résout ce débat en reportant les responsabilités sur les chefs infidèles. La bataille lui inspire des récits et des appels héroïques, des évocations fantastiques (*les Forts* : « Ils sont les chiens de garde énormes de Paris ») ou pathétiques (*Nos Morts*), qui font de *l'Année Terrible* une épopée contemporaine au même titre que *les Misérables*. Le projet primitif se bornait à chanter *Paris assiégé*, selon le titre qu'il avait d'abord choisi. Mais, après son départ pour Bordeaux, le soulèvement parisien plaça Hugo entre son amour du peuple et son horreur de la populace : « Toute ma pensée, écrivit-il le 28 avril 1871, oscille entre ces deux pôles : Civilisation, Révolution. Quand la liberté est en péril,

je dis : Civilisation, mais Révolution ; quand c'est l'ordre qui est en
danger, je dis : Révolution, mais Civilisation. » Aussitôt la Commune
vaincue, il n'éprouva plus que pitié pour les maîtres de la veille. Le
poète ne crut pas devoir séparer la guerre nationale de la guerre civile.
Certains de ses derniers poèmes ne purent paraître que dans l'édition
de 1879.

Cet élargissement du dessein général eut pour effet de modifier
le plan logique auquel il avait songé. Le poème couvrait désormais
un an, *l'Année Terrible*, d'août 1870 à juillet 1871. Sur ce plan chronologique, qui manifeste une fois de plus son goût de la recomposition,
Hugo distribua les pièces selon leurs dates et les lacunes de son calendrier poétique. C'est ce qui confère à ce recueil son aspect original de
« journal » en vers d'un an de guerre et d'insurrection. « Une bombe
aux Feuillantines », les gestes de Jeanne, la mort de Charles, la fraîche
apparition à Vianden de Marie Mercier, jeune veuve du communard
Garreau, viennent tisser leurs fils personnels dans la trame des jours
tragiques. L'homme se détend parfois à sourire avec bonne humeur
des privations qu'il partage, et l'on voit déjà percer un impressionnisme
enjoué, fait de notations vives et familières, qui caractérisera le « journal » contemporain du *Grand-Père* et qui est la marque de son suprême
renouvellement (*Lettre à une femme, Une nuit à Bruxelles*).

Ce double intérêt fait oublier la facilité verbeuse de trop de développements. Le poème, comme l'a jugé P. Berret, ne retrouve sa vertu
que dans des circonstances analogues, par sa gravité, sa conviction et
sa flamme. Le vieux prophète rumine l'amertume de la déception
présente (« Une dernière guerre ! hélas, il la faut ! oui » fait un douloureux écho à l'appréhension exprimée au Congrès de la Paix de
1869 : « peut-être, hélas ! une guerre, qui sera la dernière »), mais
s'obstine dans son optimisme (*Loi de formation du progrès* et « Terre
et cieux ! si le mal régnait... » qui sert de conclusion). Les mots qu'il
adressait *Aux marins de la Manche* en 1870 forment un commentaire
anticipé, émouvant et profond à ce suprême déchirement intérieur :

> ... Je suis un combattant du gouffre. J'ai sur moi un déchaînement d'aqui-
> lons... Je ruisselle et je grelotte, mais je souris, et quelquefois comme vous je
> chante. Un chant amer. Je suis un guide échoué, qui ne s'est pas trompé, mais
> qui a sombré, à qui la boussole donne raison et à qui l'ouragan donne tort, qui
> a en lui la quantité de certitude que produit la catastrophe traversée, et qui a
> droit de parler aux pilotes avec l'autorité du naufragé. Je suis de la nuit, et
> j'attends avec calme l'espèce de jour qui viendra, sans trop y compter pourtant,
> car si Après-demain est sûr, Demain ne l'est pas.

Cet acharnement à croire aux États-Unis d'Europe et du monde en
temps de guerre nationale et civile donne à *l'Année Terrible* un accent
pathétique. Elle porte, au milieu de tant de déchirements, la marque
de la voie d'espoir que le poète se fraie parmi eux avec persévérance.
Dans le déluge qu'il évoque symboliquement en épilogue, il s'attribue
sans doute le poste de Noé, ou, comme il dit dans une note contemporaine, de « fonctionnaire de Dieu ».

C'est encore ce rôle d'arbitre que le romancier assume, quelques mois plus tard, entre les bleus et les blancs, entre le jacobin Cimourdain et le ci-devant Lantenac, celui de Gauvain, dans *Quatrevingt-treize*. Hugo portait en lui le sujet : il n'oubliait pas qu'il incarnait cette union d'un citoyen et d'une « brigande ». Ce roman, dont le sous-titre, *Premier récit, La guerre civile*, laissait prévoir une suite, est directement rattaché au choc émotif qu'ont produit sur Hugo les événements de 1870-1871. La situation politique de la France est la même, la guerre au dehors et la guerre au dedans. L'idée de ce roman, on l'a vu, remontait au moins au lendemain des *Misérables* (à Meurice, oct. 1862 ; à Lacroix, janvier 1863). En mai 1863, après avoir rêvé « tout l'hiver, *passim* » au sujet, il confiait ses appréhensions à Meurice : « Dieu me donnera-t-il vie et force pour mener à fin cette immensité que mes ennemis appelleront énormité ? Je suis un peu vieux pour mettre en mouvement ces montagnes, et quelle montagne ! la Montagne même ! 93 ! enfin ! *Diex el volt.* » L'incubation, selon son mot, avait duré dix ans de plus. De retour à son « atelier » de Guernesey, où notes et livres l'attendaient, Hugo se mit à l'ouvrage le 16 décembre 1872 et l'acheva le 9 juin 1873.

L'historique de G. Simon, dans l'édition de l'Imprimerie Nationale, et l'étude de P. Berret permettent de suivre la documentation et la marche du travail. Hugo, avant l'auteur de *les Dieux ont soif,* a voulu restituer un visage de la vie quotidienne sous la Révolution française, avec le coût de la vie et les survivances de l'ancien régime. Il a lu, sur l'insurrection bretonne, les *Mémoires* du comte de Puisaye (1803-1807) et les *Lettres sur l'origine de la Chouannerie* par Duchemin-Descepeaux (1825), auxquels il a emprunté des figures, des noms, des expressions locales, des détails du costume et du mode de vie, ainsi que des événements. Il a consulté les *Mémoires* de Garat, de Gohier, de Linguet, de Sénart pour les actes des Comités de Salut public et de Sûreté générale, et la collection de *l'Ancien Moniteur* pour les séances de la Convention. Il a étudié les ouvrages de Michelet, de Louis Blanc, de Thiers, de G. Bonnin, dont l'*Histoire de la Révolution française* garde encore un signet marqué « Situation critique par le 31 mai 1793 », ce qui est devenu le point de départ du roman (Hugo avait d'abord songé à le faire commencer en 1773, le héros, appelé alors duc de Rethel, avait 60 ans). Il s'est servi de l'*Histoire des Girondins* de Lamartine (l'exemplaire de Guernesey est encore rempli de signets), de l'*Histoire de Robespierre* par E. Hamel, et sans doute un peu de celle des *Derniers Montagnards* de son ami J. Claretie. Enfin, divers livres lui ont fourni des informations précieuses, comme *le Nouveau Paris* de Sébastien Mercier pour le tableau de la vie en 1793 et des traités de fortification pour la description de la bataille dans la Tourgue.

Hugo a dominé cette masse de documents, et la ligne de l'intrigue se dégage aussi clairement que celle des *Travailleurs de la mer*. La rédaction se fit également sans arrêt, en six mois. Le vieux marquis de Lantenac (80 ans) débarque en France pour organiser l'insurrection royaliste en Bretagne : « Pas de quartier » est son mot d'ordre. Le Comité de Salut public répond en dépêchant Cimourdain, un ancien prêtre, pour contrôler le commandant des bleus, l'ex-vicomte Gauvain, son ancien élève et le neveu de Lantenac, cependant que Marat fait adopter à la Convention un décret condamnant à mort tout chef militaire qui fait évader un rebelle prisonnier. C'est une lutte sans merci entre les deux partis. Lantenac, réfugié dans la Tourgue, menace, après le massacre de ses partisans, de faire sauter le château avec les trois petits enfants, otages des républicains. Mais au dernier moment la pitié prévaudra : le vieillard sauve les enfants de la mort, et Gauvain, ébranlé, le fait échapper. Cimourdain fait juger et condamner son ami, et se tue pendant l'exécution.

Ce nouveau roman contient plus d'un trait de ressemblance avec les précédents. Il a son monstre, l'Imânus, et son siège, comme *Notre-Dame de Paris* ; sa machine animée, la caronade de la corvette, comme *les Travailleurs de la mer* ; son début en mer, comme ce roman et *l'Homme qui rit* ; comme ce dernier, sa séance d'assemblée et ses intrigues politiques. Des situations se répètent : Lantenac, proscrit caché par un mendiant comme Valjean par le jardinier du couvent, est arrêté par Cimourdain au moment où il vient de sauver les enfants de la fournaise, comme Valjean par Javert au moment où il vient de sauver Marius. Cimourdain lui-même détourne un coup meurtrier de Gauvain, comme Valjean de Marius à la barricade. Michelle Fléchard, mère hagarde, rappelle Fantine. Le chapitre *Gauvain pensif* est une nouvelle *Tempête sous un crâne*. Les types moraux eux-mêmes se retrouvent d'un roman à l'autre. Le sergent Radoub a l'esprit et le jugement de Gavroche. Cimourdain, instrument de la loi aveugle, a la froideur résolue de Javert (« il avait en lui l'absolu ») et, bien que plus sensible, finit comme le policier. Lantenac sur sa Tourgue est un burgrave, « homme de granit » qu'attendrit l'innocence d'une petite fille. Plus encore, le grand thème de justice et de « pitié suprême » anime toute la structure du récit. Celui-ci se présente comme une composition historique à la manière de Hugo : les personnages réels, campés d'ailleurs avec pittoresque (Robespierre, Danton, Marat), sont au second plan, et les créatures de fiction au premier, d'ailleurs inspirées par l'histoire (Hoche, Fouché, la veillée des Girondins) et par l'exemple des *Chouans*, dont Hugo a certainement étudié la disposition (les commissaires aux armées, Marche-à-terre – cf. III,I,6 – et l'Imânus).

Mais, à la différence du roman de Balzac, aucune idylle ne vient distraire l'intérêt de cette âpre lutte d'hommes sur laquelle le roman de Victor Hugo est concentré. Roman héroïque, dit Thibaudet, roman fruste, roman d'hommes, épopée nette et bien coupée, sans le désordre grandiose des *Misérables* ou de *l'Homme qui rit*. « Le correct dans le farouche, c'est un peu toute la révolution », écrit Hugo sur l'art de cette époque (II,III,1) : c'est l'effet que, inconsciemment ou non, il a visé et atteint dans la peinture de « l'année intense ». Le rapprochement des deux *années* dans l'esprit du poète éclaire le sens de l'œuvre :

93, c'est la guerre de l'Europe contre la France et de la France contre Paris. Et qu'est-ce que la révolution ? C'est la victoire de la France sur l'Europe et de Paris sur la France. De là l'immensité de cette minute épouvantable, 93, plus grande que tout le reste du siècle.

Ainsi, 71 était la défaite de la France battue par la Prusse et de Paris battu par la France. Ici et là, la guerre est « essai inconscient de parricide » (III,I,7). Pour rendre apparent ce caractère, Hugo condense le drame en une même famille, dont les vertus se heurtent au service des idées. La Convention est « peut-être le point culminant de l'histoire », mais à quel prix ! C'est la négation de la pitié et de l'amour, c'est-à-dire de la justice divine. Ce point de vue fondamental fait de l'œuvre, comme toujours, bien plus qu'un roman historique. Elle reste marquée par les dernières désillusions de Victor Hugo. Aucun de ses romans ne contient une leçon plus amère et malgré tout plus courageuse : « Quel salaire de l'héroïsme ! » s'écrie-t-il. Le « salaire de l'héroïsme », c'est cette cascade de désastres : l'emprisonnement d'un vieillard, la mort d'un héros, le suicide d'un « pur », tous victimes de leur générosité. *Quatrevingt-treize* marque dans la solitude apaisée de Guernesey une dépression stoïque après l'espoir à tout prix de *l'Année Terrible*. Hugo y réitère la condamnation de la société humaine, que la nature accuse du « contraste de la beauté divine ». Vieille conclusion reprise du *Dernier jour d'un condamné*. Seuls, les enfants insouciants, enjeu innocent de cette « chicane de titans », viennent dérider, dans les pages sur la bibliothèque, les personnages et l'auteur, et nous rappeler qu'il est aussi « le grand-père ».

Georges et Jeanne ne quittent pas sa pensée, et, à son retour de Guernesey, il les retrouve pour ne plus les laisser. « Il y a des hommes — écrit-il avec paradoxe dans un fragment non daté d'*Océan* — qui sont faits pour la société des femmes, moi, je suis fait pour la société des enfants ». Le plus ancien des poèmes de *l'Art d'être grand-père*, qui est daté de 1846 et renoue avec la veine d'*A des oiseaux envolés* (recueils de 1830-1840), montre en effet que le poète a toujours eu le goût des enfants. Au milieu des pièces qui leur sont consacrées, se glissent quelques *Chansons* et des poèmes graves, de l'inspiration de *l'Année Terrible* ; en revanche, toutes les pièces qu'il écrivit sur ses petits-enfants entre 1868 et 1876 n'ont pas été réunies dans ce recueil et certaines sont passées dans les recueils postérieurs, notamment dans *Toute la Lyre*. Mais les enfants sont les vrais maîtres de ce poème, et le vieillard voue à leur aurore le respect qu'il a toujours eu pour ce qui est faible, c'est-à-dire proche de Dieu, comme les animaux et les plantes, qui sont de leur monde et tiennent à côté d'eux une grande place dans ces vers. Il les idéalise et se borne à sourire de leurs défauts. Pour lui, les enfants sont encore « ivres du paradis ». Il s'accroche à la croyance de Rousseau en l'innocence première, qui lui rend si antipathique le dogme catholique du péché originel. Le grand-père partage les jeux de ses petits-enfants, apprend d'eux la joie et la liberté, leur enseigne à prier et à aimer (*Ora, Ama* : « La prière est la porte et l'amour est la clé... »). Ainsi s'égrènent à l'aventure les souvenirs d'une fin de vie parmi les enfants, dont les extraits des *Carnets*, recueillis dans l'historique de l'édition de l'Imprimerie Nationale et le livre de Georges Hugo, *Mon grand-père*, nous montrent qu'ils ne sont pas des inventions poétiques, qu'il s'agisse d'un vol de confitures, des visites au Jardin des Plantes ou des contes qu'il leur fait (*Épopée du Lion*).

La structure du recueil est faible et ne cherche pas à le dissimuler. Mais elle est rythmée par quatre sections, portant le même titre *Jeanne endormie* et numérotées I, II, III, IV (sections II, V, XII, XVII), où le sommeil rend à l'enfant un peu des rêves du paradis. L'intention est claire : l'enfant est respectable en ce qu'il a de moins conscient. Et certes, ce recueil, si négligé et naturel, n'exercerait pas un tel attrait, s'il ne provenait d'un fond de croyances familières au poète, qui donne à sa vision des enfants à la fois sa nouveauté et sa profondeur. L'art même est, sous son apparente simplicité, d'une recherche savante, où la poésie prosaïque, longtemps cultivée par Hugo et mise à la mode en ces années, atteint jusqu'à l'impressionnisme de *Fenêtres ouvertes*. Dans ces vers, où l'on retrouve le style des notes de voyage, apparaît un dernier effort de renouvellement, qui charma les contemporains et nous séduit encore. On peut seulement regretter que ce suprême succès ait interposé entre Hugo et nous cette image du grand-père « doucement insensé » que nous ont léguée nos parents, ravis de la métamorphose du « vieux rôdeur sauvage de la mer » en bonhomme souriant.

Le jour de son 75e anniversaire (26 fév. 1877) avait pourtant vu sa réapparition avec la publication de la *Nouvelle Série* de *la Légende des Siècles*. Le retour à l'atelier de Guernesey en 1872-1873 semble avoir réveillé sa veine épique. En même temps qu'il compose sa fresque de *Quatrevingt-treize*, Hugo écrit une douzaine de poèmes, consacrés notamment, d'après Eschyle et Hérodote, à l'antiquité grecque (*les Trois Cents*), chère aux parnassiens, mais interprétée dans le mode farouche : neuf passent dans cette série et les autres dans la dernière. A vrai dire, Hugo ne s'était pas arrêté de faire des poèmes épiques. Ces deux nouveaux volumes contiennent des pièces réservées depuis longtemps, apocalypses de 1853-1854 (*l'Abîme, Tout le passé, tout l'avenir*), petites épopées de 1856-1859 (*le Romancero du Cid, Gaiffer-Jorge, Masferrer*), ou poèmes à symboles philosophiques de 1862 (*les Sept merveilles, l'Épopée du ver, Chutes*). Dès son retour à Paris, le vieux barde travaille régulièrement à des épopées, coupées ici et là d'idylles, notamment en 1874 (*le Cimetière d'Eylau*) et aussi en 1875 et 1876 (*le Titan, l'Aigle du casque*), destinées au recueil en préparation ou au volume complémentaire annoncé. Le poète n'a rien perdu de son souffle. Peut-être une observation de Meurice sur l'austérité du recueil l'engage-t-il effectivement à constituer *le Groupe des Idylles* et à en écrire, en série, une douzaine au début de 1877 pour compléter la *Nouvelle Série* à la veille même de sa publication et maintenir les droits de la fantaisie. Ces pièces légères et sensuelles, écrites à la gloire de l'amour libre et liées à la passion du vieillard pour Blanche et quelques autres, sont les seules à rétablir l'équilibre un peu compromis du recueil. On a remarqué que sa tonalité dominante est assombrie, et les derniers romans nous avaient imposé la même observation. Au lieu de finir en « plein ciel », il termine sur *l'Abîme* : Dieu seul peut retenir le monde sur sa pente à retourner au chaos. Aussi trouve-t-on plus de poèmes philosophiques, anciens et nouveaux, qui insistent sur la nécessité de croire (*le Temple, l'Homme*). Autrement, à l'exception du bloc d'antiquité grecque, qui comble une lacune, la distribution et la documentation n'ont guère changé. La plupart des « petites épopées » de ce recueil sont des années 1856-1859 ou en rappellent l'esprit et la forme (*l'Aigle du casque* répond au *Petit roi de Galice, le Titan* au *Satyre*). Quelques-unes bénéficient cependant de l'expérience prosaïque de *l'Art d'être Grand-père* et de *l'Année Terrible (Guerre civile, Jean Chouan)*. Il semble que le style épique de Victor Hugo, dans les années 1860-1875, se fasse plus sévère, plus abstrait, et, pour ainsi dire, se décolore, en même temps qu'il s'abandonne encore davantage à l'amplification verbale.

Le « complément » annoncé dans la préface, la *Dernière Série*, paraîtra seulement en 1883. Mais il était prêt. Il contient des poèmes de 1874-1875 et le bloc oratoire de mille vers d'*Elciis* (1857), d'une publication longtemps différée, dont le message, « Dieu n'est pas mort », retentit avec autant de fidélité que jamais à la pensée du poète. Il est balancé par l'anticléricale *Vision de Dante*. Le recueil se termine par la perspective d'espoir d'*Océan*, qui corrige l'effet du précédent. Plus d'un écho à l'actualité s'y fait entendre, à peine déguisé. Le succès, comme l'a noté P. Berret, varia en fonction des opinions politiques.

CHAPITRE XII

L'IDOLE (1877-1885)

On ne le jugeait plus en effet que de parti pris. Mais sa stature dominait cette fin de siècle. Il était « l'idole », comme l'écrit Mme A. Daudet, pour les poètes, qui le respectaient sans le suivre, pour le peuple, qui l'aimait et le comprenait à sa mesure, pour les républicains de gauche, qui, déjà, se servaient de lui et le déformaient selon leurs idées. Ses nombreux adversaires, catholiques et conservateurs, poursuivaient contre lui une campagne de dénigrement que vingt-cinq ans n'avaient pas affaiblie et à laquelle sa vie privée et ses interventions généreuses donnaient toujours prise. Ils n'étaient pas les seuls : en 1892, un Romain Rolland pourra évoquer dans une lettre « la vieillesse incohérente d'Hugo ». La surenchère, de part et d'autre, accentuait les réactions. Ce dieu vivait, comme beaucoup d'anciens dieux, dans une atmosphère d'adulation et de solitude. Une nuance de véritable affection ne se trouvait que chez les siens, sa belle-sœur Julie Chenay, sa belle-fille Alice, remariée en 1877 avec Lockroy, qui, lui, ne l'aimait guère, quelques disciples fidèles, comme Meurice, ou de rares écrivains, comme Flaubert, pour qui il était « l'immense vieux ». La disparition de ses derniers contemporains, Michelet, Quinet, G. Sand, et de plus jeunes, Baudelaire, Flaubert, faisait le vide autour du survivant, qui n'attendait plus que le signe de Dieu.

Un avertissement lui fut donné dans la nuit du 27 au 28 juin 1878, où il eut une congestion cérébrale. Remis après un séjour de quatre mois à Guernesey, il s'installa, à son retour à Paris en novembre, 130, avenue d'Eylau, son dernier domicile. Mais il cessa pratiquement de créer, sinon d'écrire, débitant selon un programme d'ingénieux opportunisme les manuscrits qu'il avait retirés de la Banque de Guernesey, lors d'un séjour d'une semaine en avril 1875. La mort même n'en devait pas arrêter l'exécution : depuis le début de l'exil, Hugo avait prévu cette éventualité et préparé pour ses exécuteurs testamentaires, à plusieurs reprises et très sérieusement à partir de 1875, toutes les dispositions nécessaires à la publication ininterrompue et intégrale de son œuvre inédite. L'entreprise en 1880 par Hetzel-Quantin de l'édition *ne varietur* (terminée en 1885), marquée du fameux monogramme dans un ceinturon bouclé, une fête populaire donnée sous ses fenêtres pour célébrer l'entrée du poète dans sa 80e année (27 fév. 1881), le baptême à son nom de l'avenue qu'il habite (son domicile devient le n° 50), apportent leurs consécrations officielles au vieillard qui s'éteint. La mort de Juliette, le 11 mai 1883, le prive du dernier témoin d'un passé de lutte et d'amour. Il a encore la force de faire un voyage, le dernier, en Suisse et en Italie, qu'il découvre. Le 22 mai 1885, après une semaine de maladie, il meurt de congestion pulmonaire, et le gouvernement lui fait, le 1er juin, de l'Arc de Triomphe au Panthéon, des funérailles nationales, dont Barrès nous a conservé le tableau dans une page des *Déracinés.*

Dans les premières années, Hugo était pourtant resté encore le batailleur, le « vieillard avertisseur », qui, jusqu'en 1880, rompt des lances pour l'amnistie politique, ou même criminelle, et contre la dissolution de la chambre demandée par le président Mac-Mahon (16 mai 1877), tous discours destinés à enrichir une édition ultérieure du dernier tome d'*Actes et Paroles.* Il saisit alors cette occasion pour augmenter l'*Histoire d'un Crime* d'un long épilogue sur les événements de 1870 et pour la publier (oct. 1877-mars 1878). La mort du Pape Pie IX et l'avènement de Léon XIII (fév. 1878) lui en offrent une autre de publier une série de poèmes d'inspiration spiritualiste et anticléricale, de composition plus ou moins récente. Il écrit (fin 1877?) *le Pape,* paru en avril 1878, « rêve en deux scènes » qui confronte le pontife dans son sommeil avec son modèle idéal inspiré par un évangile d'amour, c'est-à-dire de conciliation et de simple bonté : « Quel rêve affreux je viens de faire ! », soupire le Pape à son réveil (sc. II). Un mois plus tard, Hugo glorifie en Voltaire, à l'occasion du centenaire de sa mort (30 mai), l'apôtre de la tolérance, « l'identité de la sagesse et de la clémence ». *La Pitié suprême,* dont nous avons parlé en son temps (1855-1858), s'insère par sa publication en février 1879 dans la lutte pour l'amnistie, bien qu'il y soit question des princes et non des insurgés. 1880 voit paraître respectivement en avril et en octobre *Religions et Religion* et *l'Ane.* Le premier de ces poèmes, écrit en majeure partie en 1870 et complété en 1880, oppose, en plein positivisme, le spiritualisme profond du penseur à tous les matérialismes, des religions et des philosophies. Si la conception anthropomorphique de Dieu y est copieusement raillée, la stérilité de l'athéisme est un objet de pitié pour le poète, qui préfère encore « l'enfer, rêve hideux de Rome » à « rien » et réaffirme sa croyance en l'existence de Dieu. Pourquoi Hugo a-t-il préféré ce poème à celui de *Dieu,* plus ample ? Sans doute pour sa relative rapidité et son ton d'actualité. C'est ce caractère actuel que *l'Ane* retrouve en 1880 : l'animal y donne plus d'un coup de pied à la suffisance des savants et des philosophes (on sait l'horreur de Hugo pour un Taine), dont le poète console à la fin le représentant, Kant, en l'assurant qu'aucune pensée n'est inutile. Ces quatre poèmes didactiques ont été groupés dès 1881. Enfin, une tradition veut que Victor Hugo ait été faire deux visites à dom Bosco, lors du séjour du saint apôtre à Paris en mai 1883.

Bien des poésies lyriques, satiriques ou épiques restaient à recueillir. De cette masse que le poète intitulait ambitieusement *Océan* ou *Toute l'âme,* il avait retiré, en 1880 semble-t-il, de quoi composer un recueil où l'échantillonnage, qu'il avait toujours aimé, était systématisé en quatre livres, satirique, dramatique, lyrique, épique : *les Quatre Vents de l'Esprit* (mai 1881). Comme dans *Toute la Lyre*, cette distinction correspond seulement à la prédominance de l'élément considéré. Le livre dramatique est constitué par *les Deux trouvailles de Gallus*, dont s'appauvrit le *Théâtre en liberté*, et le livre épique par *la Révolution* (1857), qui ne trouvait pas d'issue dans *la Légende des Siècles*. La satire comprend une quarantaine de pièces de l'exil ou d'après l'exil, qui attaquent l'empire ou le clergé. Le livre lyrique comporte notamment des poésies de bord de mer, contemporaines de l'exil, souvent rythmées en strophes octosyllabiques à la manière des *Chansons*. *Torquemada* échappait également au *Théâtre en liberté* pour paraître seul, en juin 1882, à la faveur de son inspiration anticléricale, qui le relie au *Pape*, et des reprises du répertoire dramatique du poète. La *Dernière Série* de *la Légende des Siècles* se trouve être le dernier volume important publié du vivant de l'auteur (juin 1883). Les trois *Séries* furent alors refondues dans l'édition définitive, qui perd en composition symbolique ce qu'elle gagne en effet de masse et en étendue historique.

Mais le programme de publication s'est poursuivi, selon les prévisions du poète, par les soins de P. Meurice, qui fit paraître de 1886 à 1902 dix-huit volumes d'œuvres posthumes, dont il a été question à leur date de composition. Parmi ceux-ci, trois recueils poétiques n'ont pas été mentionnés : *Toute la Lyre* (1888 et 1893), *les Années funestes* (1898), *Dernière gerbe* (1902). Sous le premier de ces titres, restitué au lieu de *Toute l'âme*, P. Meurice a classé en sept rubriques plus une *Corde d'airain*, consacrée aux poèmes politiques, une grande quantité de pièces inédites, dont l'ensemble résume les divers aspects du génie poétique de Hugo : Dieu et l'humanité, la nature, la pensée, l'art, le moi, l'amour, la fantaisie (notamment les *Comédies injouables*, qui auraient dû faire partie du *Théâtre en liberté*), et la satire. Ce recueil contient des richesses, sinon des nouveautés, mais présente un défaut : sa composition, si elle est en gros logique, n'est pas de Victor Hugo et ne s'inspire pas de ses ébauches de plans, d'ailleurs probablement irréalisables dans l'état des choses. Le second recueil contient les restes des *Nouveaux Châtiments* et de *l'Année Terrible*. *Dernière gerbe* (titre de Meurice) récoltait pour le centenaire de la naissance du poète un certain nombre de pièces sans lien, dont certaines inachevées.

Après 1902, Meurice a tracé le plan de l'édition définitive, dite de l'Imprimerie Nationale, sur lequel il s'est expliqué dans l'avant-propos du tome de *Quatrevingt-treize*. De 1904 à 1906, il a publié les premiers volumes. Ce travail a été continué, à sa mort, par G. Simon jusqu'en 1928, et, depuis lors jusqu'à la fin, par Mme C. Daubray. Cette édition a complété chaque œuvre, le cas échéant, par le dossier ou *Reliquat* (terme de Hugo) qui s'y rapportait, et a abouti à une redistribution partielle du contenu des œuvres posthumes (ainsi des vers de *Toute la Lyre* sont passés au *Reliquat* des *Chansons*, etc.). En 1942, un tome de prose et vers mêlés a recueilli, sous le titre *Océan, Tas de Pierres*, des fragments de longueur et de qualité inégales, des pensées, des ébauches, tous éléments dont Hugo se réservait l'usage pour de nouveaux édifices et dont il avait formellement voulu la publication. Il en est encore resté assez pour permettre à H. Guillemin d'en tirer un volume de *Pierres* en 1951. On peut présumer qu'il demeure encore sur la grève du poète Hugo de quoi faire pour un temps quelques « tas de galets ». Tous ces volumes collecteurs sont précieux pour les amateurs et indispensables pour les spécialistes. Enfin, la correspondance, éditée primitivement en deux volumes chez Calmann-Lévy (1896-1898) et complétée par les *Lettres aux Bertin* (1890), les graves et ardentes *Lettres à la Fiancée* (1901), la correspondance entre Victor Hugo et P. Meurice (1909), et des séries de lettres inédites publiées dans des revues par G. Simon, est rééditée en quatre volumes dans cette collection. Ce n'est encore qu'un choix, dans l'attente d'une édition complète, mais il est juste de dire que cette correspondance, encore en partie perdue ou inédite, n'intéresse que les passionnés du poète ou ceux qui l'étudient, et n'a presque aucune des qualités nécessaires pour constituer une œuvre épistolaire.

CONCLUSION

LE GÉNIE DE VICTOR HUGO

« Un génie est un accusé », a écrit Hugo dans *William Shakespeare*.
Loué et discuté de son vivant jusqu'à l'excès de l'idolâtrie et de la
haine, il a continué de susciter après sa mort, et encore aujourd'hui,
des réactions exclusives : c'est le signe qu'il est bien « vivant ». Elles
avaient, elles ont des raisons souvent étrangères à l'art, croyances,
opinions politiques, vie privée, mais aussi de pure esthétique. La principale tient à sa différence. Celle-ci était si accentuée que les contemporains de Victor Hugo ont eu recours, pour l'évoquer, aux images anor-
males : Gautier voit en lui un arbre immense ; Sainte-Beuve, qui l'appelle avant 1830 « un jeune roi barbare », raille dès 1836 « le cyclope »,
appréciation d'une justesse seulement anticipée, et, au moment des
Misérables, reconnaît avec répulsion que c'est « un homme qui a des
facultés extraordinaires et disproportionnées » ; Leconte de Lisle le
compare à l'Himalaya. Toutes ces images concordent pour suggérer
l'idée de la puissance et d'une démesure étrangère à ce qu'on est convenu d'appeler le génie français. Mais celui-ci est si divers que sa mesure
apparente n'est qu'une moyenne de différences. Sans doute Hugo a
subi, de manière diffuse, l'influence de Shakespeare et du génie germanique, mais aussi de la Bible, et sur le tard, d'Eschyle, et il n'y était
sensible que parce qu'il y trouvait des forces exceptionnelles, appro-
priées à son génie.

Pourtant, celui-ci ne s'est pas imposé d'un coup, à la manière d'un
Rimbaud, mais il semble plutôt s'être fait et dégagé continûment de
lui-même et des autres. Des libérations successives, dues à l'esprit
romantique, à l'émancipation de 1834 et à l'exil, ont aidé à cet élargissement audacieux de son imagination jusqu'à des horizons cosmi-
ques. Lui-même a distingué de son « ancienne manière » celle de
l'exil, qu'il lui préférait, et c'est une question préliminaire que l'appréciation hiérarchique de son œuvre dans le temps. Longtemps, on a considéré les œuvres de l'exil comme une sorte de complément au principal,
Hernani et *Notre-Dame de Paris*, et, dans le premier tiers encore du
XXe siècle, Thibaudet faisait commencer les « années inutiles » dès
après 1860-1862, égalant aux *Contemplations* la « tétrade des années
30 », plus ordonnée, plus à notre portée. A l'opposé, les critiques de
1950, attelés à redécouvrir Hugo sous l'influence du symbolisme et
du surréalisme, limitent leur admiration aux poèmes noirs de l'exil :

« entre deux sécheresses vingt ans de déluge », écrivait récemment
P. Schneider dans *Temps modernes*. Ces deux attitudes souffrent
d'exclusivisme. Faut-il croire à une révélation de l'exil ? Un examen
attentif montre que tout se préparait avant l'exil, que *la Pente de la
rêverie, Saturne* ou certaines *Orientales* sont de même nature que *la
Fin de Satan, la Légende* ou *les Chansons*. Faut-il croire, à l'inverse,
avec D. Saurat, à un calcul ? Hugo se serait contraint à la mode sentimentale de 1830 par désir de plaire et ne se serait révélé tel qu'il était
qu'au moment où l'exil chassait cette préoccupation ? L. Mabilleau,
dont les pages de conclusion sont à relire, voyait au contraire dans
l'époque romantique le véritable climat de Victor Hugo et pensait que
le poète l'avait maintenu en lui-même au mépris de l'évolution du
siècle. Plus justement, on pourrait dire qu'il s'est accordé jusque vers
1840 au goût avancé de son siècle, et qu'après, loin de rester fixé à
l'esprit d'une époque révolue, il a dépassé, comme hors du temps,
le mouvement littéraire contemporain pour suivre sa propre évolution,
ce qui vérifie un autre mot de ce même critique : « il n'avait cessé
d'être à demi étranger que pour devenir à demi ancien », mais ancien
à la manière « de Dante et de Shakespeare ».

Autre question préalable : sa gloire littéraire. Th. Maulnier, ayant
épuisé en Hugo le poète de la quantité et de la démesure, voit en
définitive en lui la parfaite réalisation du mythe de l'homme de lettres :
« Une fois, au moins, dans l'histoire des lettres, une œuvre a été consacrée à faire passer dans la légende humaine non ses créatures, mais son
créateur. » C'est qu'il s'agissait, plus que d'un romancier ou d'un dramaturge véritables, avant tout d'un poète. Mais il est vrai que la « carrière » de Victor Hugo, même dans ses accidents, semble dessinée à
souhait pour proposer un modèle de vie littéraire. On n'en devrait
pas tirer d'excessives conclusions sur « Hugo le malin ». H. Guillemin
fait remarquer avec raison qu'il y entre autant de maladresses cons-
cientes et d'actes à contre-temps que d'opportunisme heureux et de
calculs prudents. La générosité et l'orgueil demeurent les caractéristiques de son fond moral. Il reste que l'écrivain qui, parti de rien, a élevé
sa famille avec le produit exclusif de sa plume et, en accumulant une
œuvre considérable, a laissé à sa mort une fortune importante, représente un exemple de réussite sociale dont ses contemporains se sont
bien avisés. J. Janin reconnaissait qu'on lui devait d'avoir fait entrer
dans l'état-civil le métier d'homme de lettres. « Ce Hugo, c'était l'honneur de notre profession », disait encore, avec son humour sérieux,
le poète L.-P. Fargue. La préparation soignée de ses manuscrits d'appa-
rat, destinés à être légués à la Bibliothèque Nationale, prolonge ce
propos.

On connaît la définition de Hugo par Péguy : « un génie gâté
par le talent ». Aidé aussi. Il avait, en effet, des qualités régulatrices
qui, sans nuire à son génie, l'ont soutenu et discipliné. D'une façon
générale, il a joui d'une santé et d'une volonté qui lui ont assuré la
continuité dans l'effort créateur : celui-ci atteint son maximum d'effi-
cacité dans ces vingt années d'exil, d'un régime et d'un débit surveillés.
Car Hugo créait laborieusement et se corrigeait attentivement. Cette
discipline n'aurait rien valu sans un assemblage de dons et d'acquis

techniques fortifiés par l'entraînement. Il y faut compter la connaissance approfondie et cultivée de la langue, syntaxe et vocabulaire, qui fait de lui un de nos meilleurs écrivains, et des plus riches — « la royauté des mots, nul ennemi ne la lui conteste », écrivait Thibaudet, et c'est aussi l'avis d'A. Rousseaux —, une virtuosité poétique qui réunit le sens de l'équilibre et du déséquilibre étudié du vers, la curiosité des rimes, qui lui découvrent des rapports inattendus — Gide a souligné cet aspect de la poésie hugolienne —, un goût de la composition, c'est-à-dire à la fois du composé et du composite, qui se fait sentir dans tous ses grands recueils poétiques, enfin une facilité oratoire et un art du récit, réprouvés par Valéry et les amateurs de « poésie pure » comme non poétiques, qui entraînent et font des poèmes de *la Légende des Siècles* comme de la 1ère Partie des *Misérables* des lectures passionnantes : or, si le cas est fréquent dans le roman, il est rare en poésie.

Sa puissance, qui exerce à plein ces dispositions, tient à son imagination exceptionnelle et à sa sensibilité très impressionnable, qui sont liées. De la première, qu'on a étudiée à plusieurs reprises, on convient qu'elle était surtout visuelle : « Ses yeux plongent plus loin que le monde réel, a dit de lui Gide, mais ce monde réel, il sait, quand il veut bien, le voir et le peindre admirablement. » Ce réalisme, poussé parfois jusqu'au morbide, a été accusé par ses nombreux dessins. Mais ceux-ci nous montrent également son goût du surréel. Et celui-ci, loin de lui cacher le réel, permet au contraire à Hugo de lui donner un relief et une profondeur inusités. Car son imagination ne se borne pas à enregistrer ou créer des images, elle les relie et les ordonne selon un réseau à deux dimensions, d'harmonies d'après les formes et les fonctions et de symboles d'une réalité transcendante : or, la découverte de tels rapports inaperçus en étendue et en profondeur constitue une part essentielle de l'activité poétique. Hugo lui-même s'est préoccupé de définir, dans le texte de *Post-Scriptum de ma vie* intitulé *Contemplation suprême*, les trois degrés de la connaissance poétique : « Peu à peu l'horizon s'élève, et la méditation devient contemplation ; puis, il se trouble, et la contemplation devient vision. » Ils correspondent à trois formes de l'activité spirituelle, « observation, imagination, intuition », ayant pour objet respectif « humanité, nature, surnaturalisme ».

La sensibilité du poète, qui ébranle son imagination et lui donne le ton, oscille entre plusieurs pôles d'émotion, notamment la joie et l'effroi. C'est ce dernier qui attire le plus nos critiques modernes. Baudelaire, le premier, dans une étude célèbre de *l'Art romantique*, a mis l'accent sur le monde mystérieux où, dès avant l'exil, flottait la conscience poétique de Victor Hugo. De nos jours, Claudel, dans un texte de *Positions et Propositions*, y a rendu un hommage asscz rare de la part de ce poète, si proche à certains égards, pour qu'on le cite : « On peut dire sans exagération que le sentiment le plus habituel à Victor Hugo, celui où il a trouvé ses inspirations les plus pathétiques, ... sa chambre intérieure de torture et de création, c'est *l'épouvante*, une espèce de contemplation panique. Personne ne peut contester la sincérité du grand poète et qu'il fut vraiment et réellement un voyant à la manière de l'Anglais Blake. Non pas un voyant des choses de Dieu, il n'a pas vu Dieu, mais personne n'a tiré tant de choses de cette ombre que fait l'absence de Dieu. » Pur parti pris. Si Hugo n'a pas vu Dieu comme une personne, il n'est aucun de ses livres, au moins depuis le début de l'exil, qui ne soit écrit en sa présence, et presque, comme dit M. Raymond, en la « complicité » de Dieu. C'est ce qui leur confère leur dimension cosmique. Mais cette présence est diffuse, comme Hugo s'en est plaint, car Dieu reste pour lui ce que Romain Rolland appelle « le sans-mesure », incompatible avec la familiarité personnelle d'un Péguy : « Croire des choses qui ont des contours, lit-on dans *Pierres*, c'est très doux. Je crois des choses qui n'ont pas de contours. Cela me fatigue » (1865). Son imagination seule pouvait à la fois nourrir et exorciser, en cherchant à les circonscrire dans des formes, ses terreurs de rêve endormi ou éveillé, que H. Guillemin a étudiées. Cercle vicieux, d'où Hugo s'est évadé plus d'une fois en se donnant au monde des créatures. Mais l'énigme du Créateur et de sa Création a développé en lui une impatience réelle de connaître qui devait faire de la mort, pour cet homme qui avait tant aimé la vie, la bienvenue : « Je pense par instants avec une joie profonde, a-t-il noté en 1863, qu'avant douze ou quinze ans d'ici, au plus tard, je saurai ce que c'est que cette ombre, le tombeau, et j'ai une sorte de certitude que mon espoir de clarté ne sera pas trompé. »

« Ces génies déconcertent », a-t-il écrit. J'ai mis en lumière ailleurs, assez pour ne pas y revenir ici, cette aptitude à la joie qui se manifeste dans sa vie par la bonne humeur et dans son œuvre par *la fantaisie*, diverses nuances de l'humour, la verve épanouie du *Théâtre en liberté* et enjouée des *Chansons*. M. Raymond a signalé « son génie du grotesque, qui ne doit pas être confondu avec celui de la satire politique ou morale, et que révèle en premier lieu son théâtre » : « Un Hugo rabelaisien et « espagnol » s'y ébroue (lisez *l'Homme qui rit*) sous les haillons d'un *picaro*, dans un monde irrégulier, au milieu d'une nature déchiquetée, *baroque*, toute en excroissances et en tumeurs. » Là encore, c'est la même imagination qui joue, avec autant d'intensité et dans un registre différent, pour aboutir à la constitution d'un monde étrange, plein de fermentations joviales ou gracieuses. On y voit ce que J. Vianey appelait un peu inconsidérément un « badinage » prendre, parallèlement à l'inspiration fantastique, une expansion cosmique dans le domaine de l'infiniment grand ou surtout dans celui de l'infiniment petit. Hugo était conscient de ce double aspect de lui-même et s'est plu à le retrouver chez d'autres, notamment dans Shakespeare : « Il y a de certains hommes mystérieux, a-t-il écrit dans l'essai consacré au poète de *Hamlet* et du *Songe*, qui ne peuvent faire autrement que d'être grands... (c'est insupportable) ... Ils s'en vont, ils tournent aux choses terrestres leur dos formidable, ils développent brusquement leur envergure démesurée... Puis tout à coup ils reparaissent... Ils consolent et sourient. Ce sont des hommes. »

La coexistence de ces deux tonalités fondamentales, jointe à la variété des moyens d'expression et à la maîtrise des techniques, ajoute à la puissance de l'œuvre hugolienne une diversité dans les genres pratiqués et les créations qui n'est masquée que par la marque insistante de son génie propre et son aptitude à produire des variantes multiples sur les mêmes schémas romanesques ou dramatiques, les mêmes types de monstres et de héros, les mêmes thèmes et motifs poétiques. Mais ce tour rapide serait incomplet si l'on ne reconnaissait, à l'origine, une source d'émotions incomparable, le cœur de Hugo. Un grand cœur, ouvert et fidèle à ses affections. F. Mauriac a récemment rendu hommage à cet « héroïsme de la banalité », qui assure à ce poète une large audience de lecteurs obscurs et reconnaissants. Homme à femmes, Hugo a la générosité des désirs satisfaits. Seuls, les envieux et les délicats, parfois les mêmes, Sainte-Beuve et Vigny, ont pu en prendre ombrage. Cet amour pour les femmes, les amis, les enfants et les bêtes lui ouvre sur les êtres une perspective de tendresse et de pitié suprême qui s'affecte, mais ne se rebute presque jamais de ses illusions déçues. Il y entre, en effet, de la naïveté. Ce grand orgueilleux, comme il arrive souvent, était un grand naïf. Ce trait est-il à mettre au compte du « primitif » qu'on s'est plu à découvrir et qui était aussi un grand civilisé, ami du luxe *et* des pauvres ? Hugo fait de la naïveté une condition de grandeur : « Chose admirable, pour que le génie soit complet, il faut qu'il soit de bonne foi... Homère est dupe de l'*Iliade*. De là sa grandeur. » On peut le répéter de lui-même et de son œuvre, à laquelle il croyait et qui regorge d'espoir et de confiance. Elle a une vertu réconfortante, qui lui attirait l'affection d'un Alain, juge difficile, et qui, en dépit des ennemis irréconciliables que la politique et l'esthétique lui garderont, lui assurera, tant que son œuvre sera vraiment vivante, la fidélité du peuple : réconciliation trop rare de l'art et de la masse pour ne pas être considérée.

Mais les délicats, et, plus simplement, les amateurs d'art ont leur part : encore doivent-ils la chercher. Le recul nous permet de poursuivre avec précision l'exploration d'immenses domaines de son œuvre, inconnus ou qu'on croyait connus. Il est permis de préférer à Victor Hugo Baudelaire, Rimbaud ou Mallarmé, la poésie de la densité, de l'aventure ou de la pureté, mais on ne peut méconnaître la somme de poésie, le phénomène poétique qu'il représente, ni contester que son œuvre, ici ou là, englobe ces aspects. Le soupir de Gide, souvent mal interprété et rectifié par ses commentaires, n'a pas d'autre sens. L.-P. Fargue voyait en Hugo la « matrice poétique » du XXe siècle. Tous les poètes français de la fin de son siècle et du début du nôtre lui ont une dette, car il les contient tous en partie, parnassiens, symbolistes, fantaisistes, impressionnistes, et même surréalistes, de Verlaine à G. Apollinaire et à Max Jacob, et de Baudelaire et Rimbaud à Péguy et à Claudel. Mallarmé lui-même, si distinct, est parti de lui et lui a conservé son admiration.

Dans un moment d'amertume, Hugo vieillissant, qui voyait tant de générations passer le long de lui, a écrit en 1865 : « Jeunes gens d'aujourd'hui, réfléchissez avant de dire que c'est nous qui sommes les vieux. Vous pourriez bien vous tromper. Nous sommes la jeunesse du siècle ; vous en êtes la vieillesse. » Cette superbe parade se vérifie à plusieurs points de vue. Je me contenterai de celui-ci : son œuvre ne représente pas seulement, dans sa première moitié, la jeunesse de son siècle, mais l'œuvre de *la* jeunesse ; sa maturité, la concentration de toutes les facultés d'un poète sur les problèmes fondamentaux ;

et l'œuvre de sa vieillesse, l'œuvre vraiment digne de *la* vieillesse, avec ce qu'elle peut avoir d'âpre et d'indulgent, et de déjà étranger à la terre. Ainsi son œuvre vit et réalise la performance d'accorder sa courbe générale aux grandes étapes de la vie humaine. Elle n'offrirait pas l'image d'un cycle, si elle ne provenait d'un effort sans cesse renouvelé pour s'exprimer dans les problèmes et les impressions de son âge et de son temps. « Le grand dans les arts, a-t-il écrit, ne s'obtient qu'au prix d'une certaine aventure... Le génie est un héros. » Son œuvre est, en effet, avant celle de Rimbaud et sur une échelle plus étendue, une extraordinaire aventure. On peut conclure au succès ou à l'échec : son existence seule est un fait considérable. Hugo a été le plus grand aventurier poétique d'un siècle qui en compte quelques-uns de taille, et, probablement, de toute notre littérature.

Il ne lui manque, en somme, que d'être vraiment lu : ce qui est grave. Notre temps le boude encore. Son œuvre gigantesque met trop ou mal à l'aise. Des écrivains qui lui ont consacré un hommage à l'occasion du cent-cinquantième anniversaire de sa naissance, bien peu se sont donné la peine de le relire. « Victor Hugo, a noté L. Jouvet, apparaît comme un monument public où chacun dépose ses impressions après je ne sais quel pique-nique spirituel, raturant ce qu'ont dit les autres, rajoutant aux premiers graffiti, sans entrer peut-être dans l'édifice. » Ce n'est que trop vrai. A. Maurois a rappelé le décret piquant de L.-P. Fargue : « un poète d'avenir ». Acceptons-en l'augure.

Le Caire et Mont Olympe (Chypre)
1951-1952

Cambridge 1984

NOTE BIBLIOGRAPHIQUE

1 — Bibliographies

La plus récente et la meilleure est la bibliographie critique d'E. M. Grant, *Victor Hugo : a select and critical bibliography*, University of North Carolina, Studies on the Romance Languages and Literatures, n° 67, Chapel Hill, 1967. On trouvera des listes d'ouvrages et d'articles à la fin des livres cités ci-dessous de P. Albouy, J.-B. Barrère, Cl. Gély, J. Gaudon, H. Guillemin, A. Ubersfeld. Voir aussi *Aperçu des recherches sur Victor Hugo* dans *Aspects de Victor Hugo* par J.-B. Barrère, à paraître, 1985.

2 — Editions des œuvres

La plus complète et la plus récente est l'édition chronologique p. p. J. Massin, Club Français du Livre, 18 vol. dont deux de *Dessins*, 1967-1970. L'édition de référence de nombreux ouvrages était jusqu'à présent celle des *Oeuvres complètes*, en 45 vol., Ollendorff-Albin Michel, dite « de l'Imprimerie Nationale », 1905-1952, qui s'est achevée sur un volume d'inédits, *Océan*, 1942 (à compléter par *Pierres*, publié par H. Guillemin, Milieu du Monde, Genève, 1951) et quatre de *Correspondance* (encore incomplète ; une édition est en préparation). Ce texte a été reproduit et complété dans les quatre volumes de la monumentale édition réalisée par F. Bouvet chez J.-J. Pauvert, 1961-1964. Parmi les extraits, P. Moreau et J. Boudout, *Oeuvres choisies*, deux volumes, Hatier, 1950, restent un guide précieux.

Les éditions critiques des *Châtiments* et de *la Légende des Siècles* par P. Berret, des *Contemplations* par J. Vianey, Hachette, Grands Écrivains de la France, 1932, 1922-1927, 1922), les deux premières surtout, contiennent une documentation toujours valable. Il faut y ajouter l'excellente édition des *Contemplations* par L. Cellier, Garnier, 1969, et les études critiques du manuscrit par R. Journet et G. Robert, Belles Lettres, 1955-1958 : *Autour des C., le Manuscrit des C.,* surtout *Notes sur les C.,* ainsi que leur étude des manuscrits des recueils de 1831-1840, *Des « Feuilles d'automne » aux « Rayons et les Ombres »,* *ibid.,* 1957. E. Barineau a donné une édition critique des *Orientales* en deux volumes, Didier, 1952-1954. Aux Presses Universitaires, P. Savey-Casard a publié une édition critique de *Claude Gueux*, 1957, et A. Ubersfeld une de *Ruy Blas*, deux volumes, 1971-1972, aux Belles Lettres ; A.R.W. James une en deux volumes de *Littérature et Philosophie mêlées*, Klincksieck, 1976, et Cl. Gély une édition critique de *Voyages : France et Belgique (1834-1837)* aux Presses universitaires de Grenoble, 1974.

On ne compte plus les travaux irremplaçables de R. Journet et G. Robert : entre autres une édition critique de *Promontorium Somnii*, Belles Lettres, 1961, une du *Manuscrit des « Misérables »*, *ibid.*, 1963, à compléter par *Un Carnet des « Misérables »* p.p. J.-B. Barrère, Minard, 1965 et B. Leuilliot, *V.H. publie les « Misérables »*, (correspondance avec A. Lacroix), Klincksieck, 1970 ; une édition critique de *Dieu*, Nizet, deux volumes, 1960-1961, à compléter par *Dieu, Fragments*, trois volumes, Flammarion, 1969 ; *Mangeront-ils ?*, *ibid.*, 1970 ; enfin un important volume de *Notes sur « les Chansons des rues et des bois »*, Belles Lettres, 1973. Dans les *Cahiers Victor Hugo*, chez Flammarion, relevons par les mêmes *Boîte aux lettres* et *Journal de ce que j'apprends chaque jour (1846-1848)*, 1965, par P. Albouy une édition de *l'Ane*, 1966, et par F. Lambert, *Épîtres*, 1966, et *la Légende des Siècles, Fragments*, 1970. Enfin, aux Belles Lettres, *Contribution aux études sur V.H.*, deux volumes (le second sur *la Fin de Satan*), 1979. G. Robert a signé seul *Chaos vaincu, ibid.*, 1975, qui couronne cette série.

Dans la Bibliothèque de la Pléiade, P. Albouy a présenté et annoté excellemment trois volumes d'*Oeuvres poétiques*, le dernier comprenant *les Chansons, l'Année terrible, l'Art d'être grand-père*, 1964-1974, J. Seebacher et Y. Gohin deux romans, *Notre-Dame de Paris* et *les Travailleurs de la mer*, un volume, 1975. Chez Garnier, avaient paru, annotées par M.-F. Guyard, d'utiles éditions du premier en 1959 et des *Misérables* en 1963, ainsi que *Quatrevingt-treize* par J. Boudout, 1957. Divers textes ont paru chez Garnier-Flammarion ou dans la coll. Poésie, Gallimard, avec d'intéressantes préfaces par P. Albouy, J. Gaudon, J. Seebacher (*Châtiments*), etc. Une édition commentée par J.-B. Barrère des *Poésies (1831-1840)* paraît dans la coll. « Lettres françaises », Imprimerie Nationale, 1984 ; une du *Rhin* par J. Gaudon dans la même collection, 1985. Enfin, une édition de la *Correspondance entre V.H. et P.-J. Hetzel*, Klincksieck, 1979, rassemblée et annotée par Sheila Gaudon fait attendre la *Correspondance générale*.

3 – Études sur l'homme

La plus récente est due à H. Juin, Flammarion, premier volume, 1980. A. Maurois avait donné un récit alerte et sympathique, *Olympio ou la vie de V. Hugo*, Hachette, 1954, après la valable mise au point de P. Audiat, *Ainsi vécut V.H., ibid.*, 1947. H. Guillemin a brossé un vivant portrait de *V.H. par lui-même*, le Seuil, 1951 et A. Laster un utile et original recueil de connaissances datées, *Pleins feux sur V.H.*, Comédie Française, 1981.

Sur les amours du poète, voir R. Escholier, *Un amant de génie*, Fayard, 1953, et H. Guillemin, *V.H. et la sexualité*, Gallimard, 1954. Les livres classiques de L. Guimbaud et P. Souchon peuvent être consultés. Ce dernier a publié *Mille et une lettre d'amour* de Juliette Drouet à V.H., Gallimard, 1951, et J. Gaudon quelque trois cents *Lettres à Juliette Drouet* de V. Hugo, Pauvert, 1964. Voir aussi *V.H., J.D. et « Tristesse d'Olympio »*, par M. Levaillant, Delagrave, 1945.

Sur les débuts, G. Venzac, *Les premiers maîtres de V.H.,* Bloud et Gay, 1955, P. Flottes, *L'éveil de V.H.*, Gallimard, 1957, P. Miquel, *V.H. touriste*, La Palatine, 1958, complètent ou reprennent les livres anciens de G. Simon, L. Séché et E. Benoît-Lévy. Sur la fin, J.-L. Mercié, *V.H. et Julie Chenay,* Minard, 1967.

Sur la période de l'exil, J. Delalande, *V.H. à Hauteville House,* Albin Michel, 1947, complété par le *V.H. à l'œuvre : le poète en exil et en voyage*, par J.-B. Barrère, Klincksieck, 2e éd. 1970. Ce dernier livre contient une étude sur *V.H. et les Arts plastiques*, à compléter par *V.H. et le Grotesque, Dessins et Poésie*, dans *Aspects de V. Hugo* (voir 1). J. Sergent a donné un album, *Dessins de V.H.*, La Palatine, 1957, suivi par J. Delalande, *V.H. dessinateur génial et halluciné,* Nouvelles Éditions Latines, 1964, et par R. Cornaille et G. Herscher, *V.H. dessinateur*, Minotaure, 1964, enfin par P. Seghers, en attendant les ouvrages de P. Georgel et d'A. R.W. James.

Sur la vie politique du poète, après l'ouvrage de P. de Lacretelle, Hachette, 1928, et celui d'Audiat, déjà cité, E.M. Grant, *The Career of V.H.*, Cambridge (U.S.), 1945, et P. Angrand, *V.H. raconté par les papiers d'état*, Gallimard, 1961, sur les rapports de police pendant l'exil.

4 – Études sur la pensée et l'art

Après le livre de Renouvier, *V.H. le philosophe,* 1900, on a vu paraître l'*Essai sur la philosophie de V.H.* par J. Heugel, 1922, et *la Religion de V.H.* par D. Saurat, 1929, reprise dans *V.H. et les dieux du peuple*, La Colombe, 1948, et *Psychanalyse de V.H.*, par Ch. Baudouin, Éditions du Mont-Blanc, Genève, 1943, tous essais à manier avec précaution, comme le chapitre de J.-P. Weber dans *la Genèse de l'œuvre poétique*, Gallimard, 1960. L'essai de J. Roos, *les Idées philosophiques de V.H.*, Nizet, 1958, les rapproche de celles de Ballanche et Ch. Le Cœur en présente une anthologie, *la Pensée religieuse de V.H.*, Bordas, 1951.

Sur ce sujet, l'enquête considérable de G. Venzac, *les Origines religieuses de V.H.*, Bloud et Gay, 1955, a remplacé des ouvrages plus anciens (voir aussi le petit essai de J.-B. Barrère, *V.H.,* les Écrivains devant Dieu, Desclée de Brouwer, 1965). Dans un ordre voisin, Cl. Grillet, *la Bible dans l'œuvre de V.H.*, Lyon, 1910, reste utile, sinon son *V.H. spirite*, ibid., 1929 ; à ce sujet voir G. Simon, *les Tables tournantes de Jersey,* 1923, prolongé par *Ce que disent les tables parlantes*, par J. Gaudon, Pauvert, 1963. Dans cet ordre, on peut consulter A. Viatte, *V.H. et les Illuminés de son temps*, Montréal, 1943, P. Zumthor, *V.H. poète de Satan*, Laffont, 1947, et le suggestif essai de M. Levaillant, *la Crise mystique de V.H. (1843-1856)*, José Corti, 1954.

A cheval sur la pensée et l'art, en 1963, la grande thèse de R. Albouy, *La création mythologique chez V.H.*, José Corti, ainsi que *les Mythes grecs dans la poésie de V.H.*, d'A. Py, éd. Droz. Les études d'influences sur la formation des idées et de l'art de V. Hugo sont anciennes : celles de S. Chabert et d'A. Guiard sur Virgile, 1910, d'E.M. Schenck sur Nodier, 1914 et plus récemment d'H. Temple Patterson sur Sébastien Mercier, auteur du *Tableau de Paris*, lu par Hugo, qui lui doit certaines images et idées (*Poetic genesis* dans *Studies on Voltaire and eighteen century*, XI, Genève, 1960). *Victor Hugo à l'œuvre* de J.-B. Barrère (voir 3) contient plusieurs études sur les lectures (catalogues de la bibliothèque de Hauteville House) et le travail du poète sur certaines œuvres de l'exil.

Le même auteur a étudié l'imagination en liberté du poète dans *la Fantaisie de V.H.* (t.I, 1802-1851 ; t.II, 1852-1885 ; t.III, *Thèmes et Motifs*), José Corti, 1949-1960, nouvelle éd. Klincksieck, 1972-1973. B. Guyon a scruté la signification spirituelle des *Odes et Ballades* et des *Orientales* dans *la Vocation poétique de V.H.*, Aix-en-Provence, éd. Ophrys, 1953. J. Gaudon s'est penché sur le côté sombre dans *le Temps de la contemplation* (1846-1856), Flammarion, 1969, remarquable étude des *Abîmes* du poète, naguère esquissés par G. Bounoure, cependant que Cl. Gély publiait un *V.H. poète de l'intimité*, Nizet, 1969, étude des quatre recueils lyriques de 1831-1840. J. Gaudon avait déjà donné un essai sur *Hugo dramaturge*, L'Arche, 1955, O. Russell une *Étude des « Burgraves »*, Nizet, 1962, pour aboutir au travail important d'A. Ubersfeld sur le théâtre de Hugo (1830-1839), *Le Roi et le Bouffon*, José Corti, 1974. Signalons, dans la collection *Archives des Lettres*, M. Carlson, *l'Art du romancier dans « les Travailleurs de la mer »*, 1961, les essais subtils de P. Moreau et F. Pruner sur *les Contemplations*, Minard, 1962, d'Y. Gohin, et de Ph. Lejeune, 1968. Le même éditeur entreprend à la *Revue des Lettres modernes* une série Victor Hugo.

Une nouvelle génération de chercheurs scrute le langage poétique de V. Hugo. Après M. Butor dans *Répertoire II*, Éditions de Minuit, 1964, M. Riffaterre, dans trois chapitres de ses *Essais de stylistique structurale*, Flammarion, 1970 et H. Meschonnic, rassemblant et développant ses introductions de l'édition J. Massin dans *Écrire Hugo*, deux volumes, Gallimard, 1977. Y joindre le chapitre de V. Brombert, dans *la Prison romantique*, José Corti, 1975.

Des ouvrages d'ensemble encadrent ces recherches : H.J. Hunt, *The Epic in Nineteenth century France*, Blackwell, 1941 ; L. Cellier, *L'épopée romantique*, Presses Universitaires, 1954 ; H. Riffaterre, *L'orphisme dans la poésie romantique*, Nizet, 1970 et B. Juden, *Traditions orphiques et tendances mystiques dans le romantisme français*, Klincksieck, 1971 ; R. Trousson, *Le thème de Prométhée dans la poésie européenne*, Droz, 1964 ; R. Mortier, *La poétique des ruines en France de la Renaissance à V.H.*, Droz, 1974, Ed. Guitton, *J. Delille (1738-1813) et le poème de la nature en France de 1750 à 1820*, Klincksieck, 1974 et S. Menant, *La chute d'Icare : La crise de la poésie française (1700-1750)*, Droz, 1981.

Pour les jugements évoqués à la fin, voir : P. Claudel, *Oeuvres en prose*, Pléiade, 1965, pp.19-27 et 467-481 ; Th. Maulnier, *l'Énigme Hugo*, Livre des Lettres, 1944 ; M. Raymond, *Hugo mage*, La Baconnière, 1942 et introduction à *V.H. Poésies*, Skira, 1945 ; A. Gide, *Interviews imaginaires,* Schiffrin, New York, 1943, et introduction à l'*Anthologie de la poésie française*, Pléiade, 1950 ; P. Valéry, *V.H. créateur par la forme* dans *Vues*, La Table Ronde, 1948 et *Cahiers,* choix par J. Robinson, Pléiade, II, 1974, *passim* ; G. Bounoure, *Marelles sur le parvis*, Plon, 1958 ; sans oublier l'excellent chapitre d'A. Thibaudet, *Histoire de la littérature française,* Stock, 1931. Voir Cl. Gély, *V.H. et sa fortune littéraire*, Nizet, 1973.

TABLE DES MATIERES

Composé par C.D.U. et SEDES
JOUVE, 18, rue Saint-Denis, 75001 Paris
N° éditeur 1050 - N° 13056. Dépôt légal : Septembre 1984